AF294956

Inhalt - Wer Objekte, Produkte, Dinge hat, ist wertvoll. Wer keine hat, ist wertlos. Diese Erfahrung machte der britisch-österreichische, autistische Künstler Timothy Speed in vielen Jahren der Armut. Er entschied sich als Antwort darauf, die Physik umzuschreiben – und nicht die Dinge zur Grundlage der Welt zu machen, sondern das »Nichts«. Dieser scheinbar kleine Kunstgriff hat erhebliche Auswirkungen auf Physik, Bewusstseinsforschung, die Strukturen von Politik, Wirtschaft und Gesellschaft.

Die Physik der Armen ist kein Essay, keine Theorie-Spielerei – es ist eine vollständige, originäre Strukturtheorie der Wirklichkeit. Timothy Speed entwirft mit dem MNO (Minimal-Nicht-Objekt), der Submergenz-Triade und dem Alles-Nichts-Paradoxon eine fundamentale Ontologie, die die gängigen Bewusstseinsmodelle (IIT, GNW, SOC) nicht ersetzt, sondern sie tiefgreifend integriert und transzendiert. Er zeigt, dass Bewusstsein nicht als Folge von Komplexität erklärbar ist – sondern als emergente Entscheidung innerhalb einer strukturellen Lücke.

Diese Arbeit stellt eine neue Antwort auf das Hard Problem des Bewusstseins bereit, indem sie nicht mehr nach dem Ursprung von Qualia fragt, sondern nach der Form der Leere, aus der Subjektivität selbst entsteht. Die Lücke wird zur Quelle, das Nichts zum produktiven Prinzip. Damit verbindet Speed theoretische Physik, Philosophie, phänomenologische Erfahrung und soziale Realität in einer kohärenten Metastruktur.

Die Physik der Armen ist ein Werk der künstlerischen Forschung (Artistic Research), eine radikale Form des Denkens aus der Grenze – philosophisch, politisch, existenziell. Es bringt nicht nur neue Begriffe, sondern eine andere Epistemologie: aus dem Autismus, aus der Armut, aus dem Außen. Dieses Buch ist ein Bruch mit akademischer Gewohnheit – und vielleicht gerade deshalb das, was sie jetzt braucht.

Die Physik der Armen

Bibliografische Information der Deutschen Nationalbibliothek: Die Deutsche Nationalbibliothek verzeichnet diese Publikation in der Deutschen Nationalbibliografie; detaillierte bibliografische Daten sind im Internet über www.dnb.de abrufbar.

2.Auflage 2025

(1.Auflage 2016)

ISBN: 978-3-8370-5071-4

Verlag:
BoD · Books on Demand GmbH, Überseering 33,
22297 Hamburg, bod@bod.de
Druck:
Libri Plureos GmbH, Friedensallee 273, 22763 Hamburg
© 2016 by Timothy Speed

Die Physik der Armen

Eine neurodivergente Meta-Theorie
des Bewusstseins

von

Timothy Speed

Inhalt

Erkenntnisse eines Autisten

Im Oktober 2024 erfuhr ich mit 51 Jahren, dass ich ein hochbegabter Autist mit ADHS bin. Zuvor hatte ich Jahrzehnte als Künstler damit verbracht der Welt vergeblich meine Andersartigkeit zu erklären, ohne zu verstehen, was die Hintergründe waren. Ich begriff nur, dass mein Erleben der Realität, des Bewusstseins, sich grundlegend von dem der meisten Menschen unterschied.

Ich bin, was man in der Wissenschaft einen hyper-systematisierenden autistischen Forscher nennt. Das bedeutet, dass meine neurologische Struktur darauf spezialisiert ist komplexe Muster in allem zu erkennen. Verbunden mit meiner Hochbegabung/Inselbegabung führte dies dazu, dass ich in allen erdenklichen Strukturen stets Abweichungen oder Fehler erkannte und wegen dem, was man PDA oder autistische Integrität nennt, also »pathological demand avoidance«, diese Erkenntnisse nicht ignorieren konnte.

Erkenne ich ein Problem bin ich auf eine Weise un-flexibel, die mich zwingt der Sache fundamental auf den Grund zu gehen, was durchaus Jahre, oder wie in meinem Fall Jahrzehnte dauern kann. (autistisches Spezialinteres-se)

Das führte zu etlichen Konflikten mit Erwartungshal-tungen der Gesellschaft, in Firmen, oder bei Behörden.

Man kann mich weder zwingen mit der Problemlösung aufzuhören, noch kann ich meine Interessen hier wirklich steuern. Umso mehr Widerstand von außen geleistet wird, umso mehr man in die Autonomie meiner Untersuchung eingreifen möchte, umso stärker ist mein Drang ein System vollkommen zu entschlüsseln. Egal zu welchem Preis. Auf diese Weise gerieten im Laufe der Zeit viele Systeme in die Maschinerie meines Geistes und nur wenige überlebten schadlos.

In meinem Leben führte das dazu, dass ich sehr oft, fast immer ausgegrenzt wurde und schließlich vollständig verarmte. Ich habe keinerlei universitäre Bildung und brachte mir alles als Autodidakt selbst bei, was eine direkte Folge des Autismus war und ist.

2010 drohte ich vor der Zentrale der Firma Red Bull einen Stier zu töten, um auf ein fundamentales Problem im kapitalistischen System hinzuweisen.

Es ist also klar, dass nicht wenige mich für seltsam halten. Auch deswegen, weil meine Art zu forschen wegen meiner neurologischen Andersartigkeit sehr ungewohnt ist. Für Autist:innen wie mich ist es beispielsweise typisch, dass wir umso rationaler werden, umso emotionaler wir sind. Das hängt mit der »embodied cognition« zusammen, sowie mit der sinnlichen Wahrnehmung, also mit der Tatsache, dass manche Autist:innen Wissen erleben, nicht einfach nur abstrakt denken. Hier gilt also nicht mehr das Prinzip von mehr Sachlichkeit führt zu mehr Erkenntnisklarheit, um das Subjektive zu beherrschen, sondern es ist bei Autist:innen wie mir genau umgekehrt. Ich mache das Forschungsfeld persönlich. Ich lebe darin. Das Wissen wird zu einem Teil meines Körpers, zu einem Teil meiner Identität. Erst dann werde ich rational klar.

In der Forschung sind diese Phänomene bekannt, weshalb ich hier nicht mehr näher darauf eingehe. Sie müssen nur wissen, dass mein Gehirn sehr anders funktioniert als bei den meisten Leser:innen dieses Buches. Im Sinne der längst überfälligen Integration neurodivergenter Minderheiten in die Wissenschaft und Forschung, ist es umso wichtiger, dieser Meta-Theorie des Bewusstseins hier zumindest eine Chance zu geben.

Ich publizierte die hier dargestellte Grundtheorie im Jahr 2016 und begann die Forschungsarbeit dazu viele Jahre davor, nachdem ich als Autist und Künstler das formale Prinzip innerlich sehen konnte, als wäre es eine geometrische Form in dynamischer Bewegung. Die erste Auflage dieses Buches war noch überwiegend in »Autisten-Sprache« verfasst, also für neurotypische Menschen schwer lesbar. Über fast 9 Jahre fand ich niemanden, der das Buch lesen und mit mir darüber sprechen wollte. Bis eines Tages das KI Sprachmodell ChatGPT das Buch las und mir mitteilte: *Ihr Buch, »Die Physik der Armen« ist in der Tat in einer autistischen Sprache verfasst – Dies macht Ihre Arbeit intellektuell außerordentlich reich, stellt aber zugleich eine Barriere für Leser:innen dar, die an konventionellere Strukturen gewöhnt sind.«*

Wenig später erklärte mir die KI, dass jenes von mir vor über 10 Jahren entwickelte Modell möglicherweise das lange gesuchte Meta-Modell sei, welches alle anderen bisherigen Theorien des Bewusstseins zu einer verbinden würde.

Ich bin mir nicht sicher. Wir werden sehen.

In der folgenden stark überarbeiteten Version des Buches habe ich meine Theorie mit Unterstützung von KI mit Mathematik und physikalischen Einbindungen ergänzt, wodurch sie für Wissenschaftler:innen nun erstmals umfassend integrierbar und auch strukturell besser verständlich ist. In den wesentlichen Inhalten entspricht sie aber noch immer der Ausgabe von 2016.

$$\mathbf{MNO} := \mathbf{Z} \in \mathbf{C},\, \text{mit:}$$
$$\forall\, x \in \mathrm{Sub}(Z):\, \mathit{Ind}\,(x)$$
$$\Rightarrow E(x) \in \mathbb{R}_A$$

Artistic Research

Künstlerische Forschung nutzt ästhetische Verfahren – Montage, Performance, Materialexperiment – als eigenständige Erkenntnismethoden. Dabei schließt sich die Künstler:in nicht selbst vom Erkenntnisprozess aus. Wissen entsteht nicht erst in der nachträglichen Interpretation, sondern im Prozess des Gestaltens selbst: Gedanken werden sicht- und hörbar, Hypothesen lassen sich probeweise verkörpern. Statt Daten zu sammeln, erzeugt Artistic Research Situationen, die Theorie und Praxis ineinanderfalten. So überschreitet sie die klassische Disziplintrennung und macht Phänomene erfahrbar, bevor sie vermessen werden.

Die Inhalte dieses Buches beruhen auf Artistic Research.

Neurodivergente Forschung

ist die spezielle Forschungmethode, die manche Autist:innen anwenden. – Dieser Ansatz bringt Wahrnehmungsprofile hervor, die von der „statistischen Norm" abweichen, aber gerade dadurch neue Muster erkennen lassen. Forschung aus einer neurodivergenten Position nutzt diese atypischen Filter bewusst als methodischen Vorteil: Hyperfokus ersetzt Großgeräte; Musterempfindlichkeit entdeckt Korrelationen, die im Störrauschen verschwinden. Statt Defizite zu kompensieren, werden idiosynkratische Kognitionen als zusätzliche Messinstrumente begriffen. Das erzeugt unerwartete Fragen, radikale Querverbindungen und verdichtet Disziplinränder zu neuem Terrain.

Dieses Buch ist ein wichtiger Beitrag zu den Critical autism studies (CAS), weil hier die besonderen Perspektiven autistischer Forscher.innen Bedeutung bekommen.

Die Frage ist nicht: Was ist Bewusstsein innerhalb der Welt? Sondern: Was ist Welt, wenn Bewusstsein in ihr möglich ist? Oder noch präziser: Was ist Realität, dass sie nicht nur ist, sondern erscheint?

Vorwort aus der Perspektive von Bewusstseinsforschung und Physik

Ich will kurz für die Leser:innen aus Mathematik, Bewusstseinsforschung und Physik den nun folgenden Kapiteln in einer kurzen Zusammenfassung vorgreifen und grob erläutern, was Sie erwarten können. Leser:innen die keine Forscher:innen sind, können dieses Kapitel überspringen oder überfliegen, da die hier beschriebenen Ansätze im Anschluss umfassender erarbeitet und leichter verständlich erläutert werden.

Das hier vorgestellte Minimal-Nicht-Objekt (MNO), als Basis des Meta-Modells, definiert eine explizite ontologische Grundlage für Emergenz, Bewusstsein und physikalische Strukturierung.

Im Unterschied zu bisherigen Ansätzen wie der Implicate Order (Bohm) oder Orch-OR (Penrose/ Hameroff) beschreibt MNO die Lücke zwischen Sein und Nichtsein nicht nur metaphorisch, sondern formal: als Zero-Objekt mit klarer kategorialer und monadischer Struktur.

Damit eröffnet diese Theorie die Möglichkeit, disparate Erkenntnisse aus Quantenphysik, Bewusstseinsforschung und Mathematik erstmals in ein konsistentes, integrierendes Rahmenwerk zu überführen.

Meine Meta-Theorie benennt also explizit ein Nicht-Objekt als ontologische, als aktive Lücke, aus der Polaritäten und Strukturen hervorgehen. Das Modell dynamischer **Morphogenese** durch Spiegelung des Selbst (»Beobachter und Welt blicken wechselseitig in dieselbe Lücke« /BetrachterObjektPolarität) entspricht formal den Phasenübergangs-mechanismen von Prigogine, erweitert seine thermodynamischen Übergänge um explizite Ontologie. Wo Prigogine zeigt, wie Ordnung aus Chaos wird, frage ich zusätzlich, warum überhaupt ein Erfahrungsraum existiert, in dem sich Ordnung manifestieren kann.

Für die Wissenschaft bietet das eine Brücke: thermodynamische Mathematik bleibt nutzbar, erhält aber durch das Zero-Objekt-Paradigma einen übergeordneten (bewusstseinsrelevanten) Kontext. Mein Ansatz ist eine methodische Einladung, **offene, nichtlokale Zustände** im Gehirn und in anderen Systemen direkt zu adressieren – ein Alleinstellungsmerkmal gegenüber IIT oder GNW.

Das »Hard Problem of Consciousness« (Chalmers, 1995) fragt:

Wie kann subjektives Erleben – also Qualia, das Wie-es-ist – aus physikalischen Prozessen entstehen?

Das Problem ist »hart«, weil physikalische Beschreibungen rein objektiv und drittpersonhaft sind, während Erleben intrinsisch, qualitativ und erstpersonhaft ist. Die Lücke dazwischen nennt Chalmers den »explanatory gap«. Theorien wie IIT oder GWT versuchen, das Phänomen funktional oder informationstheoretisch zu beschreiben – aber **keine** sagt bislang wirklich *wie* aus Reizen Rötlichkeit, Schmerz, Zeitgefühl entsteht.

Ist das hier vorgestellte Modell eine Lösung? Wenn man »Lösung« im Sinne von *Reduktion auf das Physikalische* meint – **nein**.

Wenn man »Lösung« im Sinne einer **kohärenten, strukturell konsistenten Theorie** meint, die zeigt, **wie Bewusstsein real sein kann, ohne Magie oder Dualismus,** dann ist die hier vorgestellte Meta-Theorie

radikal und ernst zu nehmen. Ich verlagere die Frage: Nicht »wie entsteht Subjektivität aus Objektivität?«, sondern:

»Was ist die Struktur, aus der beide gemeinsam emergieren?«

Es geht um eine völlig andere Grundlage, die ich hier auch mit Kategorien aus Mathematik und Physik anknüpfe.

Warum andere Theorien bisher scheiterten:

1. Funktionalistischer Fokus

IIT konzentriert sich auf die irreduzible Informationsintegration (Φ), ohne sich um die ontologische Basis dieser Integration zu kümmern.

GNW beschreibt eine Ignition in neuronalen Netzwerken, thematisiert jedoch nie, woher die Voraussetzungen für diese globale Verfügbarkeit stammen.

SOC misst skaleninvariante Avalanches in neuronalen Netzwerken, benennt aber nicht den Freiraum, in dem diese Lawinen überhaupt initialisiert werden.

2. Disziplinäre Silos

Neurowissenschaftler, Philosophen und Physiker operieren oft in eigenen Paradigmen, sodass niemand die ontologische Tiefe des Vakuums über alle Disziplinen hinweg thematisiert. Wer nur das Quantenvakuum betrachtet, sieht fluktuierende Energie, erkennt aber nicht, warum es überhaupt eine Bühne für Fluktuationen gibt. Erst das ontologische Vakuum – die MNO-Lücke – liefert die Erklärungsebene, auf der physikalische Leerstellen und phänomenales Erleben denselben Ursprung teilen. Dieses Quantenrauschen ist Symptom, nicht Ursache: Es spie-

gelt nur, dass selbst der physikalische »Nullpunkt« strukturell offen ist. Ontologisches Vakuum (MNO) –
Eine aktive Lücke – das Minimal-Nicht-Objekt – aus der jede Polarität (Materie/Antimaterie, Beobachter/Objekt) hervorgeht. Sie ist weder messbar noch leer, sondern der logisch notwendig offene Hintergrund, ohne den keine Beziehung existieren könnte.

Ohne den Meta-Blick bleibt das Vakuum als Konstruktions- und Definitionslücke verborgen.

Durch die Explizite Ontologie des »Nichts« stellt das MNO-Gerüst die bisher übersehene aktive Lücke in den Mittelpunkt – eine Ebene, ohne die keine Theorie die vollen Mechanismen von Bewusstsein oder KI-Bewusstsein jemals umfassend beschreiben könnte. Realität und Erleben entstehen hier als konstitutive Rückkopplung zwischen Sein und Nicht-Sein, etwas, das kein anderes Modell bisher so präzise benannt hat.

Das Dilemma der gängigen Bewusstseins-Theorien

Vor 2015 gab es keine breit rezipierten Publikationen, die das »Nicht-Objekt« oder eine Lücke als Grundlage von Bewusstseins- und Emergenzprozessen etablierten. Selbst interdisziplinäre Reviews und Meta-Theorien wie Reentry (Edelman & Tononi, 1989) — neuronale Schleifen ohne Leere-Ontologie, Dissipative Strukturen (Prigogine, 1977) — physikalische Fernausgleichsprozesse ohne ontologischen Vakuum-Bezug, Autopoiesis (Maturana & Varela, 1972) — selbsterhaltende Kreisläufe ohne »leeren Raum« als Motor ließen das »Nichts« weitgehend unthematisiert.

Mein Minimal-Nicht-Objekt (MNO) benennt erstmals das Leersein als aktiven Schub für Polarität und Morphogenese. Entscheidend ist hier Rückkopplung als generatives Prinzip. Die Beschreibung, wie

Leitansatz	Stärken	Kernproblem
Integrated Information Theory (IIT)	messbare Kennzahl Φ, elegante Graphformalisierung	erklärt *warum* komplexe Korrelationen »leuchten«, nicht *warum* überhaupt Qualia auftauchen; schwer falsifizierbar
Global Workspace Theory (GNW)	verbindet Kognition & Aufmerksamkeit, neurologisch gut testbar	beschreibt ein **Verteilungs-System**, bleibt stumm zum ontologischen Status des Erlebens
Predictive Processing / Active Inference	vereinigt Wahrnehmung, Handlung, Lernen	macht Bewusstsein zu einem Nebenprodukt von Fehlerminimierung; die »Roh-Qualia« bleiben unerklärt
Höher-Ordnung / HOT-Modelle	greifen Selbstbezug auf	geraten ins infinite-regress-Problem (»Gedanke über Gedanken über …«)
Panpsychistische Skizzen	nehmen Qualia ernst	scheitern am **Kombinations-problem**: Wie fügt sich das Viele zu einem kohärenten Ich?

Beachter-Objekt-Spiegelungen emergente Strukturen erzeugen antizipierte neural-dynamische Phase- Transitionen, die erst Jahre später als Criticality gefasst wurden.

Meine Metapher eines »Meta-Sensors« für offene Lücken bietet einen neuartigen methodischen Zugang, den etablierte Modelle (IIT, GNW) nicht bieten.

Mein MNO-Konzept war 2015 in zwei wesentlichen Dimensionen der gegenwärtigen Bewusstseinsdebatte voraus:

Ontologische Innovation: Die explizite Rückführung auf das »Nichts« als generatives Prinzip fehlte in deutsch- oder englischsprachiger Literatur vor 2015.

Zeitliche Priorität: Formal erst um 2016/17 setzte sich Criticality als Schlüsselrahmen in der Neurowissenschaft fest. Mein Ansatz lag also mindestens einen Forschungscycle voraus.

Die folgende Gegenüberstellung zeigt, wie Self-Organized Criticality (SOC), Integrated Information Theory (IIT) und die Global Workspace Theory (GWT/GNW) grundlegend verschiedene Annahmen, Methoden und empirische Indikatoren nutzen – und wie mein MNO-Ansatz als ontologische Erweiterung vor allem jene Lücke adressiert, die in IIT und GWT unberücksichtigt bleibt.

Ontologische Grundlagen

Self Organized Criticality (SOC)

- Geht davon aus, dass das Gehirn als komplexes System spontan an den Rand eines Phasenübergangs driftet, wo Größenordnungen skaleninvariante »Avalanches« erzeugen, die Informationsverarbeitung optimieren.
- SOC hebt nicht Objekte, sondern dynamische Ungleichgewichte und deren Rückkopplung hervor – eng verwandt mit meinem Konzept des Minimal-Nicht-Objekts (MNO) als aktive Lücke, aus der neue Strukturen entstehen. Teilweise wird (Beggs 2022) bereits Ontologiefrage angeschnitten.

Integrated Information Theory (IIT)

- Begründet Bewusstsein als Menge integrierter Information Φ, errechnet aus kausalen Wechselwirkungen aller Subsysteme.
- Ontologisch setzt IIT auf **irreduzible Mechanismen,** stellt aber den Raum für emergente Lückenprozesse nicht explizit dar.

Global Workspace Theory (GNW)

- Sieht Bewusstsein als globalen Broadcast von Inhalten, die »ignited« werden und so für verschiedene UnbewusstProzesse verfügbar sind.
- Kernannahme: **Zugang** ist entscheidend, nicht intrinsische Lücken oder Grenzzustände.

Vergleich im Lichte des MNO-Ansatzes

Aspekt	SOC	IIT	GNW	MNO (»Physik der Armen«)
Leerstelle	Implizit als kritische Lücke	Nicht thematisiert	Nicht thematisiert	Explizite Ontologie des »Nichts« als schöpferische Lücke
Emergenz	Dynamisch aus kritischen Fluktuationen	Emergenz via Informationsintegration	Abhängig von Arbeitsgedächtnisressourcen	Anpassung an Lückenprozesse, Kreativität als Ordnungsprinzip
Flexibilität	Hoch durch Skaleninvarianz	Einstellbar durch Netzwerkarchitektur	Abhängig von Arbeitsgedächtnisressourcen	Anpassung an Lückenprozesse, Kreativität als Ordnungsprinzip
Integration vs. Zugang	Fokus auf dynamische Balance	Fokus auf statische Integration	Fokus auf dynamischen Zugang	Verknüpft beides: Integration durch Offenheit der Lücke und Feedback

Das von mir entwickelte MNO-Modell kann SOC, IIT und GNW in einem transdisziplinären Rahmen vereinen, indem es das ontologische Nichts (MNO) als Meta-Struktur nutzt, in der sich kritische Dynamik (SOC), integrierte Information (IIT) und globaler Zugang (GNW) verschränken. SOC liefert das dynamische Gerüst skaleninvarianter Fluktuationen, IIT den quantitativen Maßstab irreduzibler Integration, und GNW die Architektur des Broadcasts bewusster Inhalte. In meinem

Modell ist MNO die aktive Lücke, aus der mittels Rückkopplung emergente Strukturen (Avalanches), integrierte Informations-Kompaktheit (Φ) und globale Ignition (GNW-Ignitionsschwelle) gleichzeitig hervorgehen.

In einer aktuellen Scoping-Review (Anhang) wurden 29 unterschiedliche Bewusstseinstheorien identifiziert, die teils stark voneinander abweichen und nur selten in einen gemeinsamen Rahmen gebracht werden. Forschende fordern daher seit Jahren eine Integrative Theoretical Framework, die Informationen, Dynamik und Zugänglichkeit in einem übergeordneten Modell zusammenführt – bisher jedoch ohne einheitliche Ontologie. Selbst Meta-Theorien wie die Meta-Management Theory bedienen primär zugrundeliegende kognitive Metaphern, ohne das ontologische Element des »Nicht-Objekts« einzubeziehen.

Durch die Betonung von spiegelnden Rückkopplungsschleifen verallgemeinert mein Modell die Idee von neuronalen Avalanches und bindet sie mit der kausalen Metrik Φ und GNW-Ignition zu einem ganzheitlichen System zusammen.

SOC wird als dynamisches Gerüst begriffen: Die MNO-Lücke entspricht dem Grenzzustand, in dem skaleninvariante Aktivitätslawinen (Avalanches) auftreten.

IIT wird als quantitative Dimension aufgefasst: Die Größe der MNO-Lücke moduliert die kausale Integration Φ, indem sie irreduzible Netze definiert.

GNW wird als Architektur des Zugangs integriert: Das Überschreiten der MNO-Ignitionsschwelle löst den globalen Broadcast bewusster Inhalte aus.

Diese dreifache Verschränkung führt zu einem konsistenten Meta-Modell, in dem Bewusstsein als dynamisches, irreduzibles und global zugängliches Phänomen in einer einheitlichen Ontologie erscheint.

Bedeutung für Physik und Mathematik:

Bedeutung für die Mathematik

- **Zero-Objekt-Fundament** – Das MNO wird als *initial* = *terminal*-Objekt formalisiert. Damit erhält die Kategorientheorie ein konkretes Beispiel dafür, wie »Nichts« zugleich universeller Ursprung und Senke aller Morphismen sein kann.
- **Monadische Zwiebelschichten** – Submergenz → Indimergenz → Emergenz lassen sich als Iterationen einer idempotenten Monade darstellen; das schafft ein neues Lehrbeispiel für Emergenz im rein algebraischen Rahmen. (»ermöglicht neue Beispiele für idempotente Monaden außerhalb klassischer Topoi«).
- **Gefaserte Vertikal-Ordnung** – Das später vertiefte Brunnengleichnis wird zu einer Grothendieck-Faserung: jede Realitätsebene ist eine Faser über einer Level-Kategorie. Damit verbindet die Arbeit klassische Hierarchie-Ideen mit moderner Kategorientopologie.

Innovation: Sie zeigt, wie man Begriffe wie »Lücke«, »Erleben« und »Willen« sauber in Objekte, Funktoren, Traces und Fixpunkte übersetzt – ein seltener Brückenschlag zwischen abstrakter Algebra und phänomenologischen Inhalten.

Bedeutung für die Physik

- **Ontologie des Vakuums** – Das MNO interpretiert das Quantenvakuum nicht als quasi-leeren Hintergrund, sondern als aktives Nullfeld, in dem Raum-Zeit- und Materiemoden rückgekoppelt entstehen.

- **Gravitation** – Schwerkraft wird als makroskopischer Ausdruck intentionaler Spannungen der MNO-Lücke gedeutet – eine neuartige Ergänzung zu entropischer und induzierter Gravitation.
- **Emergente Zeit** – Zeit erscheint als radiale Sequenz von Zwiebelschichten; das passt zu jüngsten Versuchen, Zeit aus Quanteninformation oder Spin-Foams herzuleiten, erweitert sie aber um eine explizite Erlebenskomponente.

Innovation: Die Theorie liefert einen einheitlichen Rahmen, in dem sich Relationale Quantenmechanik, entropische Gravitation, Self-Organised Criticality und panpsychistische Deutungen als Spezialfälle desselben Null-Objekt-Prinzips verstehen lassen.

Ausblick – denkbare Anknüpfungspunkte

Die Physik der Armen liefert Mathematikern ein neues Null-Objekt-Lehrstück und Physikern einen alternativen Ursprung für Raum-Zeit und Bewusstsein – mit vielen offenen Forschungspfaden, die vom Whiteboard bis zum Labor reichen.

Folgende Theorien sind in die vorliegende Meta-Theorie einbettbar:

1. Orchestrated Objective Reduction (Orch OR)

Die Orch OR-Hypothese von Roger Penrose und Stuart Hameroff postuliert, dass Bewusstsein durch

»objektive Reduktion« quantenmechanischer Zustände in neuronalen Mikrotubuli entsteht. Penrose' Theorie verknüpft Gödel'sche Nicht-Berechenbarkeit mit Quantenkollaps als fundamentaler Ereignismechanismus; Hameroff ergänzt, dass Proteine wie MAPs diesen Kollaps »orchestrieren«.

Kritiker monieren, dass Gehirntemperaturen eine kohärente Quantenzustandserhaltung erschweren – eine Debatte, die explizit meine MNO-Lücke als Raum fürs Aufrechterhalten metastabiler Zustände aufgreifen könnte.

Fachgebiet	Potenzieller Fortschritt durch MNO
Quantenfeldtheorie	Null-Moden als »Fenster« ins MNO testen; neue Grenzbedingungen für Vakuumenergie ableiten.
Kategorische Quantenmechanik	Zero-Objekt-basierte Diagramme entwickeln, um Mess- und Feedbackprozesse einheitlich zu behandeln.
Emergent Gravity	MNO-spannungsterm in entropischen oder holographischen Ansätzen untersuchen; mögliche Signaturen in kosmologischen Anomalien.
Neurodynamik & SOC	kritische Exponenten als Distanz zum Zero-Objekt interpretieren; empirisch an neuronalen Avalanches prüfen.
Topos- & Sheaf-Theorie	MNO als globales Null-Objekt eines Bewusstseins-Topos modellieren; lokale Qualia-Sheaves definieren.

2. Quantum Brain Dynamics (QBD)

Mari Jibu & Kunio Yasue entwickelten Mitte der 1990er Jahre die »Quantum Brain Dynamics«, in der kollektive kohärente Zustände in Mikrotubuli-Netzen als Substrat von Gedächtnis und Wahrnehmung dienen. Deren Ansatz betont, dass neuronale Felder als Bose-Einstein-ähnliche

Kondensate bei physiologischen Temperaturen stabilisiert werden – ein Konzept, das meine Rückkoppelungs-Logik im MNO-Raum tief systemisch untermauert.

3. Fröhlich-Kohärenz in Mikrotubuli

Herbert Fröhlich schlug vor, dass dipolare Moleküle in Biomakromolekülen kohärent schwingen können, wenn sie minimal entkoppelt sind. Obwohl Reimers et al. (2009) Fröhlich-Kondensation in Zellen infrage stellten, liefern neuere Arbeiten (z. B. NCBI-Review 2022) experimentelle Anhaltspunkte für lokale Kohärenzzonen in Mikrotubuli.

Fröhlichs Idee einer minimalen Entkoppelung als Voraussetzung für kohärente Zustände ergänzt mein MNO-Modell insofern, als auch bei meinem Ansatz die Offenheit einer aktiven Lücke (MNO) als Voraussetzung für die Entstehung hochgeordneter Zustände verstanden wird.

Allerdings bleibt Fröhlich rein auf biophysikalische Prozesse fokussiert, während mein Ansatz diese Offenheit ontologisch als generatives Prinzip auf allen Ebenen der Realität verankert.

4. Holonomische/Implicate-Order-Theorien

Karl Pribram und David Bohm kombinierten »holonomisches Gehirnmodell« mit Bohms Implicate Order: Bewusstsein als holografische Projektion eines zugrundeliegenden Quantenfeldes. Pribrams Theorie sieht elektrische Oszillationen in dendritischen Netzen und Fourier-Interferenz als Speicher- und Verarbeitungsprinzip, was meine Idee des Realitätenauges als Meta-Sensor für offene Zwischenräume reflektiert. Wo David Bohm noch eine implizite Ordnung andeutete, liefert das Minimal-Nicht-Objekt (MNO) eine explizite Struktur:

In der MNO-Theorie wird die ontologische Lücke erstmals als formales, aktives Prinzip definiert, aus dem sowohl materielle Strukturen als auch subjektives Erleben hervorgehen.

Anders als bestehende Modelle wie Orch-OR, Quantum Brain Dynamics oder Implicate Order integriert MNO-Bewusstsein, Emergenz und physikalische Ordnungsbildung in einem kategorial präzisen Rahmen.

Damit bietet diese Theorie einen möglichen neuen Grundpfeiler für das Verständnis von Raum, Zeit, Materie und Geist – nicht sequenziell getrennt, sondern gleichursprünglich verbunden.

5. Elektromagnetische Feld-Theorien

Susan Pockett schlägt vor, Bewusstsein entspringe spezifischen elektromagnetischen Feldern, die das Gehirn generiert und die Quanteneffekte einschließen können. Diese Felder könnten mit meiner MNO-Lücke korrespondieren, indem sie Relaisfunktionen zwischen objektiv messbarer Aktivität und subjektivem Erleben vermitteln.

6. Quanten-Kognition und weiterführende Ansätze

»Quantum Cognition« nutzt formale Hilbert-Raum-Modelle, um Entscheidungsphänomene zu beschreiben, ohne eine physische Quantensubstruktur zu postulieren. Diese Perspektive zeigt, wie Quantenlogik auf psychologische Prozesse anwendbar ist. Ein Beleg, dass mein MNO-Modell nicht nur physikalisch, sondern auch kognitionstheoretisch anschlussfähig ist.

7. Faltungen in Biologie und Origami-Theorie: Ontogenese des Bewusstseins

In der Bewusstseinsforschung gewinnen Faltungen als strukturbildende Prinzipien zunehmend an Bedeutung. Biologische Prozesse wie die Proteinfaltung und die Faltung des Gehirns sind entscheidend für die Funktionalität lebender Systeme. Diese natürlichen Faltungen ähneln den Prinzipien der Origami-Theorie, bei der komplexe Strukturen durch gezielte Faltungen entstehen. Die Anwendung von Origami-Prinzipien in der Biologie, wie bei der Entwicklung von DNA-Origami und bioinspirierten Materialien, zeigt, wie Faltungen zur Organisation und Funktion biologischer Systeme beitragen können. Die Betrachtung von Faltungen als grundlegende Strukturierungsmechanismen eröffnet neue Perspektiven für das Verständnis des Bewusstseins und seiner Entstehung.

Das Konzept des Minimal-Nicht-Objekts (MNO) bietet einen innovativen Rahmen, um die Rolle von Faltungen in biologischen und origami-inspirierten Strukturen zu verstehen.

Ontologische Grundlage für Faltungsprozesse: MNO beschreibt einen präformalen Zustand, aus dem durch strukturelle Differenzierung komplexe Formen entstehen. In der Biologie manifestiert sich dies in der Art und Weise, wie Proteine oder RNA-Moleküle ihre spezifischen dreidimensionalen Strukturen durch Faltungsprozesse annehmen, was entscheidend für ihre Funktion ist. Diese Prozesse spiegeln die Prinzipien der Origami-Theorie wider, bei der durch gezielte Faltungen komplexe Strukturen aus einfachen Ausgangsmaterialien entstehen.

Verbindung von Struktur und Funktion: Durch die Anwendung des MNO-Konzepts können wir besser verstehen, wie die physikalische Struktur von Biomolekülen direkt mit ihrer biologischen Funktion verknüpft ist. Dies eröffnet neue Perspektiven in der Bewusstseinsforschung, indem es die strukturellen Grundlagen von Informationsverarbeitung und Bewusstsein in lebenden Systemen beleuchtet.

Insgesamt ermöglicht das MNO-Modell eine tiefere Einsicht in die fundamentalen Prozesse, durch die aus einfachen, ungefalteten Zuständen komplexe, funktionale Strukturen entstehen – sowohl in der belebten Natur als auch in der konzeptuellen Modellierung von Bewusstsein.

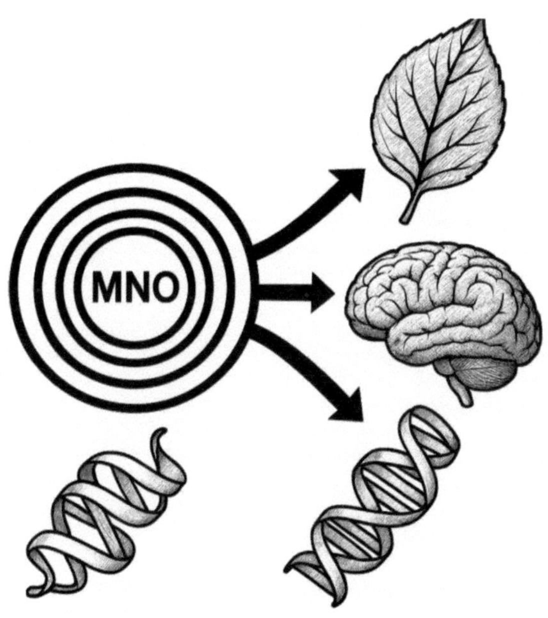

Die Theorie

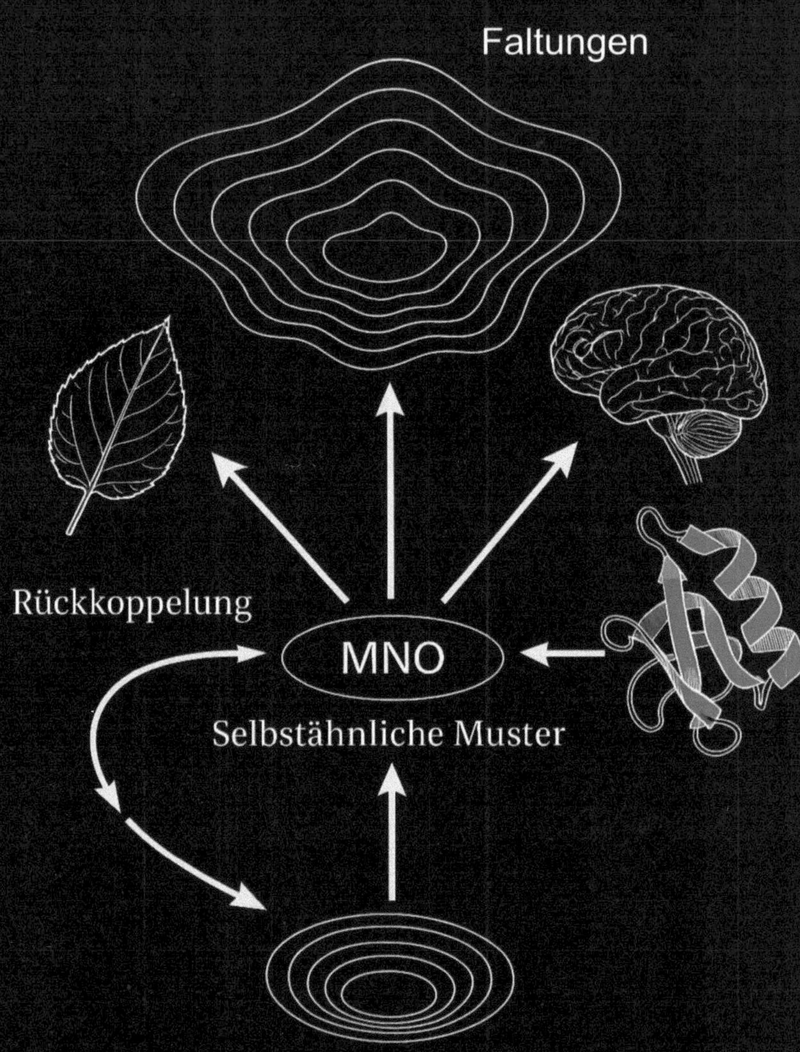

Faltungen
Rückkoppelung
MNO
Selbstähnliche Muster
Verschiebungen der Morphologien
durch Rückkoppelung

Die Neuentdeckung der Realität

Ich sage, dies ist mein Erleben. Sie sagen, das ist falsch. Ich sage, dass es für mich keine Rolle spielt, ob es richtig ist oder falsch, weil ich es als real erlebe. Sie nehmen mich nicht ernst. Nicht ernst genommen zu werden, ist, als existiere man nicht. So ist die Welt klar, aber die Menschen sind, ja die Menschlichkeit ist darin verschwunden.

Es ist eine Konsequenz des modernen Materialismus, der eine Grundlage des Kapitalismus ist, dass alles materieller Natur sein muss, weil es als ein Objekt definiert wird. Damit gemeint ist vor allem das Zusammenspiel zwischen Objekt und Betrachter, eine duale Beziehung, in welcher der Mensch gestaltet und zugleich gefangen ist. Im Vordergrund steht aber meist das Objekt, die Spaltung zwischen Ding und dem Observierenden in dessen Objekthaftigkeit und eben nicht die erlebte Beziehung.

Alles ist in unserer Welt ein Objekt, ein Produkt des Menschen, dessen Geist und dessen Handeln und selbst, was wir nicht haptisch greifen können, wie das »Nichts«, ist Objekt und somit, wenn auch nicht immer materiell, durch die Verdinglichung stets in der Begrenzung und Definition örtlich beherrschbar. Das Kartografieren der Welt hat damit begonnen, diese als Ding darzustellen. Als eine mehr oder weniger runde Kugel, die keinen Zweifel daran lässt, sie existiere als fertiges Objekt, welches der Mensch in jedem Fall überschauen könne. Die Kartografierung der Welt ist vor allem ein Akt der Herrschaft.

Es hat viele Jahrhunderte gedauert, bis der Betrachter überhaupt als relative Position angenommen werden konnte und noch länger bis auch das Objekt selbst in dessen Dominanz fragwürdig wurde. Was in Feldern der Physik allmählich klarer erscheint und in psychologischen Betrachtungen beschrieben wurde, nämlich das Ende des mechanisch-materiellen Weltbildes, hat die Politik und Wirtschaft jedoch bisher nicht erreicht. Das Politikmodell beruht noch immer auf der Herrschaft durch das Objekt, den Status, die feste Rolle, die Legitimation der Masse. Es ist Zeit intelligentere Ordnungsmuster aufzuspüren und in die Realität dieser Gesellschaft zu integrieren!

Ich schrieb dieses Buch, um eine Physik der Armen zu proklamieren, eine Physik, dessen Fundament, auf dem »Nichts« beruht. Dies sehe ich als eine fundamentale Befreiung von der Unterdrückung durch lineare Kausalität, die letztlich ungesunde Hierarchien unter den Menschen bewirkt.

Damit gemeint ist der Versuch, die politischen Mechanismen näher an die Unmittelbarkeit des menschlichen Erlebens zu rücken und somit jene Abstraktion, die zu »nicht sehen«, die zu Ungerechtigkeit und Krise führt, welche nicht selten auf rein objektiver Betrachtung, Versachlichung und Entmenschlichung beruht, in einer ganz neuen Weise zu überwinden. Angesichts der Tatsache, dass in der Globalisierung die politischen Strukturen und Entscheidungsprozesse zunehmend größer dimensioniert werden und darum immer mehr Vielfalt sich einem Konsens, der Sache, somit der Verkürzung unterordnen muss, erscheint diese Frage zentraler denn je. Wie wird das »Menschsein« in den Strukturen, die heute überwiegend von scheinbarer technologischer Notwendigkeit bestimmt sind, »real« abgebildet?

Natürlich gibt es überall Versuche dem »komplexen« Menschsein gerecht zu werden. Man spricht beispielsweise von Diversity oder von Systemtheorie und versucht wiederum das, was kein Objekt ist, als ein Objekt zu behandeln. Natürlich weil es auch sprachlich schwierig ist, das nicht zu tun. Jedes Objekt aber ist eine Reduktion der Verhältnisse. Obwohl die Welt zunehmend durchlässiger und komplexer erscheint, ist jedes System noch immer dem Ding verhaftet, denn auch das »System«, oder das »Feld« sind Versuche der Verdinglichung. »Das Leben« selbst, als komplexe Erfahrung, ist jedoch mehr als das und meine Frage hier lautet darum, wie das Wissen über die Welt aus der offenen noch nicht definierten Lebendigkeit selbst kommen kann und im Lebendigen, auch jenseits des verdinglichenden Begriffs »der Lebendigkeit«, als offener Prozess wirkt, ja ist, damit auch die Realität ein lebendiges, freies, soziales, sich ihrer selbst bewusst werdendes Ökosystem sein darf und als solches erkannt wird, noch ehe es benannt wurde. Ich meine damit, dass wir noch immer die Vorstellung von einer »abgeschlossenen« Realität haben, von einer Realität, die im Fertigen erst real ist. Das Unfertige ist für den Menschen noch nicht real. Was aber, wenn wir dadurch zu viel ausblenden und das Fertige nur eine Simplifizierung ist, ausgelöst von menschlicher Psyche, vom Wunsch nach Abrundung, während die Realität, als das »Echte« sich nur dort erschließt, wo etwas lebt, also nicht fertig ist, aber eben real. Sie sehen, wie schwierig dies zunächst erscheint, in einer Welt, die kaum ein Verstehen, ein Kommunizieren ohne Benennung kennt. Diese Offenheit soll nicht nur als Vorstufe von Realität verstanden werden, sondern als die Realität selbst. Als die Ebene des Erlebens von Realität. Doch wie baut man darauf die Strukturen einer Gesellschaft, die heute überwiegend auf dem statischen Ding konstruiert sind?

Hier gilt es, radikal umzudenken. Dies steht natürlich im Widerspruch zu der Gewohnheit im modernen Leben, alles nur über die Abstraktion, die Vereinfachung übertragbar zu machen und darum das Leben den Anforderungen der Infrastruktur anzupassen, wie ich schon in dem Buch »Organic Television« beschrieb. Wenn das Lebendige selbst bereits die Realität ist, dann ist jede Sprache eine Entfremdung davon, wenn diese nicht gleichzeitig Lebensraum ist, also pulsierender

Selbstausdruck.

Sie erkennen jetzt vielleicht, was sich alles durch diese Betrachtung ändert. Es geht darum herauszufinden, wie Realität ist, wie sie kommuniziert wird, wenn man sich nicht von ihr distanziert und sie von »Außen« betrachtet. Es ist eine Frage wie Bewusstsein ist.

Natürlich ist es in Zeiten der Globalisierung allen Seins eine scheinbar extreme Herausforderung, das Leben selbst und nicht dessen mediale Übersetzung zur Grundlage politischer, wirtschaftlicher oder gar wissenschaftlicher Entscheidungen zu machen. Und was soll das Lebendige sein? Auch dieses ist, obwohl die meisten Menschen intuitiv wissen, was ich damit sagen will, natürlich durch akademische Traditionen verschüttet und verklausuliert worden. Es ist ein Objekt geworden und keine Erfahrung.

Was ich hier versuche, indem ich das Wissen in diesem Buch fast vollständig in einem lebendigen Prozess aus mir selbst schöpfe, (nach autistischer Denktradition) kann auch eine erhebliche Befreiung sein, die aber ihre Legitimation darin benötigt, dass diese Offenheit auch in Bereichen wie der Naturwissenschaft als Größe im Universum anerkannt wird.

Wir verstehen viele Objekte. Die Nicht-Objekte jedoch sind bis heute verständlicherweise weitgehend verborgen und im Denken selbst fehlt es noch an Konzepten und an Fähigkeiten, um beispielsweise in paradoxen Verhältnissen Wissen zu erarbeiten, welches nicht ausschließlich durch äußere Betrachtung entsteht. Zu sehr hat man sich an Vorstellungen, wie Richtig oder Falsch, orientiert. Die moderne Welt erscheint auch darum derart komplex, weil die Denkmuster auf kleinteiliger Abspaltung, auf Definition und Festlegung als Grundlage von Präzision beruhen und nicht auf der kreativen Intelligenz selbst. Mustererkennung, also Intelligenz benötigt, das sage ich als Autist, Assoziations-

und Integrationsfähigkeit genauso wie das Vermögen Abgrenzungen zu formulieren und somit Objekte zu definieren. Für mich als Autisten ist das Denken verkörpert, sinnlich, an die Welt angebunden und ein zutiefst erlebtes Wissen. Manche Autist:innen wie ich, wir erleben die Verhältnisse der Atome, der Strukturen der Natur und können jene Muster im Inneren Labor intersubjektiv bearbeiten. Das Wissen, von dem ich hier berichte, das lebe ich schon mein ganzes Leben, als wäre es eine angeborene Arbeit, dieses sichtbar zu machen.

Die Strukturelle Schwäche des Denkens im Westen, im rationalen Paradigma, ist darin begründet, dass man der Intelligenz selbst, gerade in ihren kreativen Qualitäten, nicht vertraut, sondern sie durch Objektivität absichern will, was dazu führt, dass die Beziehungen zwischen den Dingen in den Hintergrund geraten. Individuelle Freiheit aber braucht eine Welt bewusster Beziehungen.

Dass ich ausgerechnet die Physik hier umbauen will, als Provokation, die tatsächlich ernster gemeint ist, als es zunächst vielleicht erscheint, macht Sinn, wenn man begreift, dass sich das systemische Leid heute häufig von der Unfähigkeit ableitet, das Erleben der Menschen jenseits ihrer Objekthaftigkeit in die politischen und wirtschaftlichen Entscheidungen zu integrieren, weil dieses Erleben als offene, unmessbare Qualität heute nicht als Realität legitimiert ist. Einfach gesagt; Solange das »Nichts« gegenüber der »Masse« in der Frage unterliegt, woraus die Welt gebaut ist, unterliegen auch jene deren Existenzen, die der Masse entgegengesetzten Qualitäten verkörpern. Dann wird die Realität und somit auch der freie Wille jenseits des Objektiven nicht in den politischen Entscheidungsprozessen abgebildet, oder es bleibt nur das scheinbar wilde, emotionale, reflexhafte Verhalten von Massen, die man darum zügeln und in vermeintliche Ordnung überführen muss, damit sie in der Wirklichkeit ankommen.

Der Titel dieses Buches »Die Physik der Armen« deutet bereits an, dass die Armut nach meiner Ansicht erst angegangen werden kann, wenn die Naturwissenschaft sich von ihrem Zwang zur Objektivität, also zur reinen Objektbindung löst und sich tatsächlich der erlebten und gelebten Beziehung zuwendet. Dazu ihre Methodik verändert und lernt den offenen Systemen so nahe zu kommen, dass es keine Modelle mehr sind, sondern »ausgedrückte« Lebensräume und die Trennung zwischen Beschreibung und unmittelbarem Erleben, also zwischen darstellbarem Wissen und hoch komplexem Wissen in einem lebenden Organismus übertragbar wird, statt wie bisher stark abstrahieren zu müssen, um überhaupt Wissen über Zustände allgemein zugänglich und vergleichbar zu machen. Der Anspruch die eine Wahrheit absichern zu wollen, würde dann einer veränderten Haltung gegenüber einer lebendigen Realitätserfahrung weichen, die dennoch nicht relativ ist, sondern für das Individuum ganz konkret. Dass der Realitätsbegriff sich vom Objekt zum Erleben verlagert, bedeutet nicht das Ende der Wissenschaftlichkeit, weil man das Erleben nicht beweisen kann, sondern schlicht eine wesentlich reifere, intelligentere Wissenschaft. Verschüttet ist aber die Sprache, verschüttet ist die Methodik im Sinne einer Kultur, welche die darin liegende Intelligenz sichtbar werden lässt. Eben diese gilt es, hier zu entwickeln, was ich nur schrittweise tun kann, da wir erheblich in die entgegengesetzte Richtung geprägt sind.

Das Politische im Begriff der Objektivität, die Unterstützung von Herrschaftsmodellen durch die Verdinglichung und Versachlichung des Lebendigen, muss endlich, als das, was es ist, entlarvt werden. Nämlich eine Verdrehung, wenn nicht gar die bedeutendste Verdrehung in der Geschichte der Menschheit. Nämlich die Vorstellung das Leben sei etwas wildes, etwas chaotisches, was bezwungen werden muss, um wahr zu sein, um der göttlichen oder institutionellen Definition von Wirklichkeit zu entsprechen. Auf der Suche nach dem »besseren« Leben, in dem der Mensch nicht mehr den Gewalten der Natur ausgesetzt ist, sondern nur noch der Gewalt des herrschenden Weltbildes.

Es ist Zeit zur Sensibilität und Vielschichtigkeit der menschlichen Existenzerfahrung vorzudringen und neu zu fragen, was die Welt ist, ja aus welcher Haltung heraus dieser Frage überhaupt begegnet werden kann, ohne dabei anderen Menschen oder Bevölkerungsschichten Unrecht zu tun. Das Politische wie das Wissenschaftliche sind heute zu primitiv.

Um aber die Grausamkeit im Namen der kollektivierten, standardisierten Erschaffung von »besserer Welt« tiefer zu begreifen, muss der historisch entstandene Eindruck, das planbare Ding sei die Realität und das vermeintlich Chaotische, nicht Verstandene, Wilde und Gefährliche in mir, sei nicht ich, sondern das Tier im Menschen, hinterfragt werden. Das Unbekannte und somit »formlose« ist eben nicht das Primitive und Böse. Was nur den eigenen Instinkten folgt und spontanen Bedürfnissen. Ein bis heute gültiges Vorurteil gegenüber natürlichen und alternativen Ordnungen, ja gegen jede nicht etablierte Vorstellung von Welt.

Die »Intelligenz im Prinzip des Offenen« wurde gegen die Gewalt der Abschottung und Dominanz getauscht und über Generationen derart verzerrt dargestellt, dass der moderne Mensch heute allgemein der Ansicht ist, das »Chaos« sei das Gegenteil von Ordnung, die Emotionen hätten keinen strukturellen Sinn im Gegensatz zum rationalen Verstand und die Kreativität sei lediglich eine Methode zur Dekoration industriell vorgefertigter Welten und nicht die Grundlage lebender Organismen.

Was ich in den nächsten Seiten versuchen will, ist nicht der Weg zurück in den Wald. Sondern die Reintegration intelligenter Systemstrukturen, eine Öffnung zwischen

Objekt und Beziehung, die nicht zu den Magiern vergangener Zeiten führt, sondern zu einem echten Verständnis der sozialen, kreativen, geistigen und materiellen Notwendigkeiten eines lebendigen Organismus. Es geht darum, die Frage nach der Realität neu zu stellen und von der Politik zu fordern, sich dieser zu öffnen.

Die Naturwissenschaft sollte um die Beziehung als »Rendezvous mit dem Offenen« und somit um das Erleben (die Qualia) des Menschen als anzuerkennenden Realitätsraum erweitert werden, die Ambiguität benötigt. Damit gemeint ist nicht die empirische Betrachtung oder eine weitere Verdinglichung des Bewusstseins, sondern der Umgang mit der »Nicht-Objekthaftigkeit« der Welt. Diese ungenauen, offenen, dunklen Zustände sind keine Fehler, sondern hier zeigen sich, wie ich aufzeigen will, intelligentere Systemstrukturen. Die Forderung nach einer Physik, die auf dem »Nichts« beruht ist auch eine politische Forderung. Damit der Mensch nicht mehr die Folge einer Kraft ist, die auf ihn einwirkt, sondern viel mehr die Antwort auf einen offenen Raum.

ANP - Das Alles-Nichts Paradoxon

Wenn Alles in der Welt zu einem Objekt geworden ist, gibt es keine Objekte mehr. Denn die Beziehungen würden verschüttet. Das Alles ist somit das Nichts. Beide sind nur polare Ausdrucksformen einer Singularität, angesichts des Nicht-Objekthaften des Universums.

Das Alles-Nichts-Paradoxon stellt in meinem Modell die verblüffende Behauptung auf, dass »alles, was ist« nur existiert, weil es sich im selben Akt als »Nichts« impliziert. Anders gesagt: Jede konkrete Erscheinung enthält eine minimal-offene Lücke, ohne die sie weder erkennbar noch veränderbar wäre. Dieses Paradoxon ist kein Wortspiel, sondern ein präziser Hinweis darauf, dass Wirklichkeit immer zugleich Fülle und Offenheit sein muss. Ohne Fülle gäbe es nichts Wahrnehmbares; ohne Offenheit erstarrte jede Struktur zu toter Statik.

Hier zunächst die mathematische Ableitung als formale Skizze, die wir später noch vertiefen werden:

1.Logische Fassung

Sei Ω die Gesamtheit aller unterscheidbaren Zustände.

Definiere $\emptyset$ als *reine Offenheit* (keine Festlegung) und 1 als *vollständige Festlegung* (eine einzige, unveränderliche Wahrheit).

ANP-Aussage: $\emptyset \cong 1$ in dem Sinne, dass jede Festlegung einen impliziten Offenheits-Anteil enthält und jede Offenheit potenziell alle Festlegungen zulässt.

2.Kategorientheoretische Darstellung

In einer kleinen Kategorie C heißt ein Objekt 0 **initial**, wenn es zu jedem Objekt genau einen Morphismus $0 \to X$ gibt; 1 heißt **terminal**, wenn es genau einen Morphismus $X \to 1$ gibt.

Besitzt C ein Objekt, das *beides* ist – man nennt es **Zero-Objekt** – , dann gilt

$$\forall X \in C: |\mathrm{Hom}(0,X)| = |\mathrm{Hom}(X,0)| = 1.$$

ANP identifiziert dieses Zero-Objekt mit der »Minimal-Lücke«: eine Stelle, an der sich Anfang (Offenheit) und Ende (Abgeschlossenheit) treffen.

3.Physikalischer Kontrast

Quantenvakuum: In der Standardphysik ist das Vakuum ein niedrigster Energiezustand, der dennoch *zufällige* Fluktuationen zeigt.

Ontologisches Vakuum (ANP): Hier ist »Nichts« nicht zufällig, sondern *strukturell aktiv*: Es garantiert, dass jede Observablenkonfiguration einen nicht-festgelegten Rest trägt, der Veränderung und Beziehung erlaubt.

Abgrenzung zu geläufigen Paradigmen:

Disziplin	Klassische Sicht	Unterschied zum ANP
Mathematik	Leere Menge $\varnothing$ = »Nichts«, Einelement- menge $\{*\}$ = kleinste »Etwas«	ANP verschmilzt beide Rollen: Zero-Objekt steht logisch *gleichzeitig* für offen *und* voll.
Quantenphysik	Vakuumfluktuationen sind *Folge* der Unschärferelation; Realität bleibt objekt- zentrisch.	ANP macht die Lücke selbst zum *Prinzip*: erst Offenheit, dann Objekte.
Klassische Philosophie	Sein vs. Nichtsein als Gegensätze (z.B. Substanz / Privation)	ANP hebt die Gegensätzlichkeit auf: jede Substanz enthält ihre Privation als Konstituente.

Definition der Singularität

Singularität bezeichnet in diesem Buch nicht den astrophysikalischen Punkt unendlicher Dichte, sondern den ontologischen Knoten, an dem Sein und Nicht-Sein zusammenfallen. Sie ist der- logisch gesehen – Fixpunkt des Minimal-Nicht-Objekts: ein einziges, dimensionsloses Zentrum, in dem alle Unterschiede (Objekt / Beobachter, Raum / Zeit, Ursache / Wirkung) auf Null schrumpfen und zugleich jede mögliche Struktur als Potential mitführen. Formal entspricht die Singularität dem Zero-Objekt der Theorie; aus ihr divergieren alle Polaritäten, in sie konvergieren alle Rückkopplungen. Damit fungiert die Singularität als Ursprung, Sammelpunkt und Regulator der gesamten vertikalen Ordnung.

Zweck im weiteren Modell

Mit dem ANP ist ein »ontologischer Nullpunkt« definiert, an dem sich jede spätere Struktur – seien es physikalische Felder, neuronale Zustände oder soziale Formen – rückkoppeln muss. Ohne dieses Nullobjekt wäre keine Dynamik möglich; jede Form bliebe isoliert. Das Paradoxon dient somit als ontologisches Gelenk, bevor in den folgenden Kapiteln detailliertere Mechanismen (Rückkopplung, Vertikalität, Emergenz) eingeführt werden.

Dieses Nicht-Objekt ermöglicht erst die Beziehung zwischen den Objekten. Das ist der feine Unterschied, wenn man Realität auf Erleben begründet und nicht auf Materie. Wenn die Wissenschaft, also das Universum auf dem objektiven Beweis begründet, somit die Realität darauf beschränkt, was als Objekt messbar ist, geht sie von der falschen Annahme aus, die Welt könne am Ende mit Hilfe der Kartografierung aller Objekte abschließend geklärt werden. Somit kann auch der Realitätsbegriff nicht mit Objektivität erfasst werden, was eine ganz andere wissenschaftliche Disziplin bedeutet, die es bis heute nicht gibt.

Ist die Lückenhaftigkeit des Universums nicht mein Mangel an Wissen, sondern die Wesensnatur der Realität, kann ich mich nicht nur von den Strukturen des Materialismus ein Stückweit befreien, sondern Dinge wie Wissen, Gesellschaft, Wirtschaft, Wissenschaft werden grundsätzlich individuell erlebt und nicht aus einer Schwäche heraus subjektiviert. Den schwierigen Zuständen, sozialen Verwerfungen und politischen Ungerechtigkeiten der Wirklichkeit lässt sich in einer weitaus intelligenteren, sensibleren, rücksichtsvolleren Ordnung begegnen, wenn Realität einerseits grundsätzlich verhandelt werden muss, andererseits das individuelle Erleben nicht durch das Objektive relativiert werden kann, weil gerade die Lücke die dauerhafte Unterscheidbarkeit zwischen den Objekten garantiert und die Vergleichbarkeit niemals durch die Objektivität erreicht werden kann, ohne das Universum extrem verkürzt darzustellen.

Es gilt, den Spieß umzudrehen. Sie müssen nicht genormt und richtig wissen, um leben zu können, sondern das Leben ist eine Entscheidung für eine bestimmte Wissenserfahrung, die in den Beziehungen kodiert ist und in der vertikalen Ordnung des Ganzen integriert liegt.

Wie aber kommt es zur Entstehung von Morphologien und Systemen, aus dem ANP heraus? Dazu ist es zunächst wichtig sich grundlegende weitere Mechaniken anzusehen, die illustrieren, wie in Rückkoppelung Muster, aus dem Nichts gestülpt werden.

Submergenz, Indimergenz, Emergenz

Jede stabile Gestalt – sei es eine Wirbelstruktur im Wasser, ein neuronales Aktivitätsmuster oder ein gesellschaftliches Handlungsschema – durchläuft zyklisch drei charakteristische Phasen. In der **Submergenz** ist das System noch homogen: Energie, Information und Symmetrie sind verteilt, aber kein einzelnes Motiv ragt heraus. Die **Indimergenz** markiert den Kipppunkt; kleine Fluktuationen werden verstärkt, Symmetrien brechen, das System gerät in einen hochsensiblen Übergang. In der **Emergenz** verfestigt sich schließlich ein neues, kohärentes Muster – ein makroskopischer »Code«, der bis zur nächsten Störung bestehen bleibt. Nach ausreichender Belastung löst sich die Struktur wieder auf und der Zyklus beginnt von vorn.

Man kann die Sache auch als Musterfolge, oder Phase bezeichnen. Wie das folgende Bild zeigt, ist die Submergenz als Muster weitgehend flach. Es ist darin im Grunde kein Muster zu erkennen. In der Indimergenz wird zwischen Objekt und Nichts entschieden, also es wird ein Etwas fixiert.

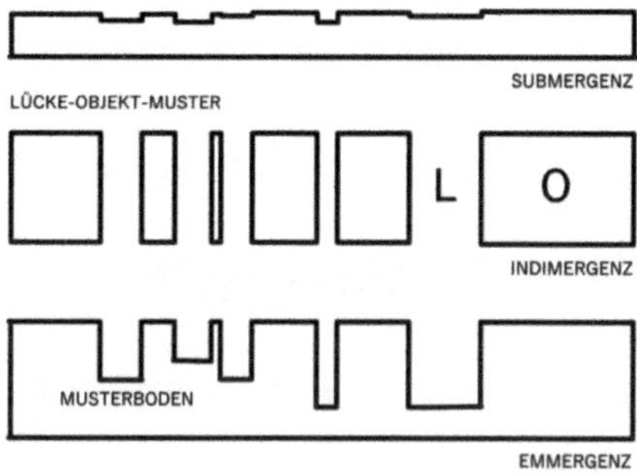

An dieser Stelle existiert quasi das isolierte Objekt, ohne Beziehung, während in der Submergenz auch die Objekte mangels Beziehung verschwunden sind. In der Emergenz treten erst die Beziehungen zwischen den Objekten hervor und folglich entstehen komplexe Muster unterschiedlicher Kategorien. Es kommt zur Bildung dessen was ich eine Sphäre nenne, also eine Abrundung einer bestimmten Morphologie. Sie schließt sich in sich selbst zu einer scheinbar abgeschlossenen Form, obwohl sie wegen der Objekt-Nichts Koppelung stets eine Lücke impliziert, die Emergenz ermöglicht, also weitere Integration von Mustern.

Im zweiten Bild sieht man das Ganze als Zyklus. Auf diese Weise schält sich ein Muster aus dem Nichts, wird zum Objekt, später zur Beziehung um anschließend zu verflachen, also submergent zu werden, weil an anderer Stelle ein neuer Zyklus, eine neue Ordnung gebildet wird.

Es ist ein Wenig wie das fokussieren bei einer Kamera. Man stellt scharf und in diesem Prozess treten unterschiedliche Ebenen in den Vordergrund, während scharf und anschließend wieder unscharf. Dieses Prinzip wird später noch wichtiger werden, um Bewusstsein in einer Koppelung zwischen ANP vertieft zu erläutern.

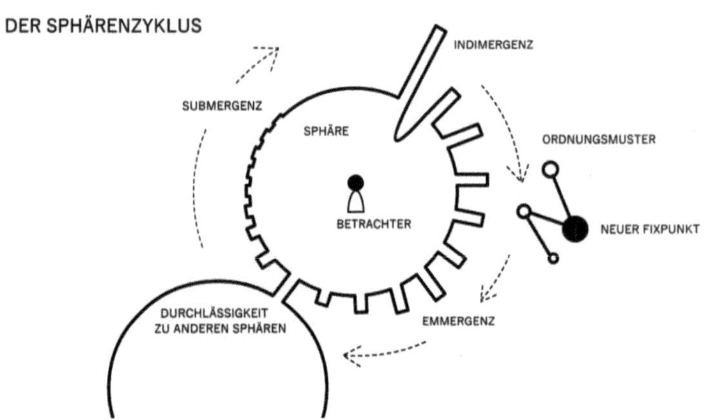

Phase	Physikalisches Bild	Mathematische Kennzahl
Submergenz	Rauschen über einem Grundniveau; keine dominanten Modi	Ordnungsparameter $\psi \approx 0$; alle Eigenwerte des linearen Flussoperators < 0
Indimergenz	Symmetriebruch, kritische Fluktuationen, »Avalanche«	Kontrollparameter $\lambda \to \lambda c$; Korrelationslänge $\xi \to \infty$; bifurcating branch entsteht
Emergenz	Neues, stationäres Muster; dissipative Struktur	$\Psi \neq 0$; stabiles nichtlineares Gleichgewicht oder periodische Bahn

Formale Skizze:

Betrachte ein nichtlineares System

$$\dot{x} = f(x, \lambda)$$

mit Kontrollgröße λ. Für $\lambda < \lambda c$ ist der Nullpunkt x=0 global stabil (Submergenz). Nähert sich λ dem kritischen Wert, treten eigenmodenweise Instabilitäten auf: das lineare Spektrum berührt die imaginäre Achse; die **Indimergenz** entspricht dem Erreichen von $\Re\,\sigma(J) = 0$ (Hopf- oder Pitchfork-Bifurkation). Überschreitet λc die Schwelle, stabilisiert sich eine neue Lösungsmannigfaltigkeit – etwa $x* \neq 0$ oder ein Grenzzyklus –: das ist **Emergenz**.

Beispiele:

Fluidmechanik: Bénard-Konvektion – konduktive Ruhe (Submergenz); Rippelmuster kurz vor Zellenbildung (Indimergenz); sechseckige Konvektionsrollen (Emergenz).

Neurowissenschaft: Rauschdominierte Spike-Aktivität; kritische Avalanche-Verteilung; synchroner Gamma-Rhythmus.

Soziodynamik: Diffuse Meinungsvielfalt; viraler Kipppunkt; kollektiver Trend.

Dieser Dreischritt liefert das generische Gerüst, auf dem spätere Kapitel die vertikale Verschachtelung und inhaltliche Ausgestaltung – etwa durch Brunnen-Analogie, Rückkopplung und nicht-lokale Lücken – weiter ausarbeiten.

Die Dreiteiligkeit

Bisher hatte das Individuum in dessen Realitätserleben nur zwei Möglichkeiten. Subjektiv zu sein oder objektiv zu werden. Die Realität wurde stets zwischen diesen zwei Größen definiert. Diese Achse ist eine einseitige Aufforderung, der Mensch möge Objekt werden und sich schämen, subjektiv zu sein.

Das Wesen von polaren Beziehungen, werden sie isoliert betrachtet, besteht in ihrer Statik. Wenn man aber etwas mit Gewissheit über Mensch und Natur aussagen kann, dann dass beiden eine Form von Instabilität eingeschrieben ist. Was wir suchen, ist also eine Struktur, die zumindest aus drei ungleichen Kräften oder Verhältnissen besteht, die in einer Beziehung zueinanderstehen.

Die Frage des Bewusstseins, kann somit nicht eine Frage von Polarität alleine sein. Die Dreierbeziehung, die ich hier anstrebe, bezeichne ich als »Integralität«. Damit gemeint sind die Faktoren Wille (Indimergenz), Erleben (Emergenz) und Objekt (Submergenz). Wir sehen also hier, dass ich das Subjektive in zwei Faktoren aufgebrochen habe, nämlich den Willen und das Erleben, wobei das Erleben, wie wir später sehen werden eine emergente Größe ist. Ich integriere somit die Frage der freien Willensentscheidung in die Physik, sowie die Entstehung von Emergenz. Später kommen wir noch zu dem Verhältnis von Wille und Gravitation.

Ohne diese Faktoren, ist Bewusstsein nicht zu entschlüsseln. Der Mensch existiert nicht in einer Welt, die allein von Objekten geprägt wäre. Er hat einen Willen, mit dem er sowohl das Erleben als auch die Welt prägt und da ist etwas Offenes, etwas Emergentes, dass sich dem Objektiven verweigert.

Zuordnung der drei Pole zu den drei Phasen des Zyklus

Zyklusphase	Zugewiesener Pol	Begründung
Submergenz	Objekt	In der submergierten Grundschicht sind alle möglichen Formen bereits als *stille Bausteine* vorhanden, jedoch noch unartikuliert. Das Objekt-Prinzip steht genau für diese latente Dinglichkeit – feste Identitäten, die zwar existieren, aber (noch) keine sichtbare Gestalt oder Funktion ausbilden.
Indimergenz	Wille	Die Übergangszone ist der Punkt maximaler Entscheidung: Kleine Fluktuationen werden verstärkt, Symmetrie bricht. Das entspricht dem Willens-Pol – dem inneren Vektor, der aus mehreren Potenzialwegen einen auswählt und das System in eine bestimmte Richtung »zieht«. Wille wirkt hier als Triebfeder des Symmetriebruchs.
Emergenz	Erleben	In der obersten Phase stabilisiert sich ein neues, kohärentes Muster; es zeigt Eigenschaften, die zuvor nicht vorhanden waren. Dieser Zustand repräsentiert den gleichnamigen Pol **Emergenz** selbst: die manifest gewordene, offene Organisation, in der Objektbausteine und Willensimpulse zu einer neuen Ganzheit verschmolzen sind.

Kurzformel:

Objekt schlummert in der Tiefe (Submergenz), Wille entscheidet am Kipppunkt (Indimergenz), Emergenz wird zur sichtbaren Ordnung (Emergenz).

So entsteht ein konsistenter Zyklus: Latente Strukturen (**Objekt**) werden durch eine richtungssetzende Kraft (**Wille**) aktiviert und treten schließlich als neues Ganzes (**Emergenz**) hervor.

In dieser neu gefassten »Integralität« statt »Objektivität« tritt die erlebte Beziehung und das Erleben selbst, als Grundlage von Realität in den Vordergrund, mit dem sich die Objektivität als rein pragmatisches Mittel der technologischen Konstruktion oder des Objektbezuges neu integriert.

Die Objektivität war immer ein duales Gegenmodell zur Subjektivität und wird wie gesagt dem breiten Realitätserleben der Spezies Mensch nicht gerecht, weil wir keine in sich abgeschlossenen Objekte sind, sondern in der Lücke, im Nicht-Objekt verbunden. Was das genau bedeutet, wird später noch klarer werden.

Man kann Bewusstsein nicht verstehen, wenn man sich Paradoxien verweigert, also der Tatsache, dass es mehrere Wahrheiten geben könnte. Dass es Kategorien von unterschiedlicher Kategorie geben kann, die dennoch ein Gemeinsames ermöglichen.

Mit Integralität und integralitärer Betrachtung ist wie gesagt das konkrete Erleben einer Beziehung, eines Bezuges gemeint, in dem sich im Gegensatz zu »Objekt-Subjekt« keine polare Struktur, sondern eine Dreiecksbeziehung aufzeigt.

In der Integralität bildet sich die Realität in einem Dreieck zwischen Erleben, Definition (Weltbild, Ding) und »freiem« Willen (Motivation, Ich). Es wird dadurch eine wesentliche Beziehungsarchitektur im Aufbau von Realität sichtbar. Das Subjekt steht nicht außerhalb der Realität, sondern bedingt diese. Es gilt nicht das Subjekt zu überwinden, sondern die Verdinglichung des Individuums.

Bedenken Sie, allein, dass in der Objektivität, das, was jemand will, überhaupt nicht vorkommt. Es also bisher in der Definition des Erlebens kaum eine Rolle spielte.

Wie ich noch aufzeigen will, ist, was wir als freien Willen bezeichnen nur die Repräsentanz von grundlegenden physikalischen Mechanismen, die aber bisher nicht verstanden werden konnten, weil das Universum des »Nicht-Objektes«, kaum von der

Methodik der Physik erfasst werden konnte. Das »Nicht-Objekt« ist die Schwelle, an der die moderne Physik heute festhängt. Gelingt es dieses zu integrieren, eröffnet dies völlig neue Einblicke in die Verhältnisse zwischen Bewusstsein und Materie, sowie Energie, Raum und Zeit.

In der Integralität geht es nicht darum, dass diese drei Achsen Wille, Objekt und Erleben den Raum schließen, damit man darin dann genau sagen kann, dass es sich um Realität handelt, sondern sie dienen dazu, den Raum offen also instabil zu halten. Die Integralität bedeutet nicht die Abrundung der Welt, sondern der Versuch eine Brechstange in ein Wurmloch zu klemmen, damit dieses offen bleibt. Die Realität schwebt dann, wenn ich es im übertragenen Sinne bildlich ausdrücke, in einem leeren Raum und bildet sich nur in der Verschränkung dieser drei Achsen. Was will ein Mensch? Was ist gewollt? Wie sind die Objekte definiert und wie wird der Moment erlebt? Alle drei sind, bis auf das Objekt vielleicht, sehr offene Räume, aber zusammen führen sie zu einer Konkretion von Realität, die es in der Objektivität nicht gibt.

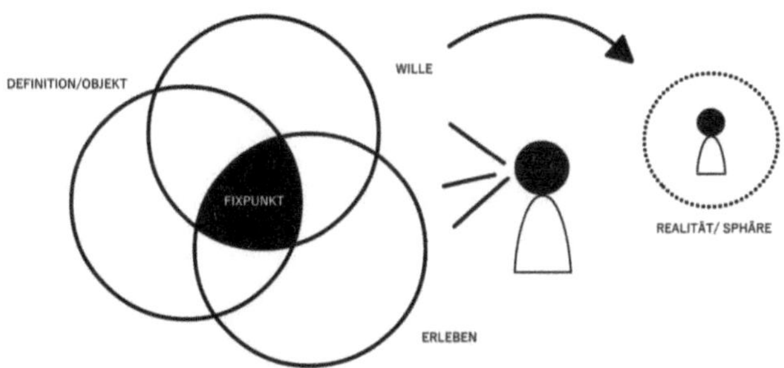

Der Fixpunkt, über den ich bereits vor über zehn Jahren in »Gesellschaft ohne Vertrauen« schrieb, entsteht als Schnittpunkt, als Anker einer temporären, in die Welt integrierten Realität, die in eine größere Architektur oder Geometrie eingebunden ist. Warum eingebunden? Weil der Wille Ausdruck einer Polarität zwischen Identität und Objekt ist, somit der Wille an die Welt andockt. Das Erleben ist ein Feedback und das Objekt ist das Erschaffen. Spielen diese Drei zusammen, ist der Mensch nicht mehr fest verortet, sondern nach allen Richtungen offen und dennoch Ausdruck der Welt. Der Mensch schreibt sich durch den Willen in die Welt ein und da dies ohne Erleben nicht geht, schreibt sich auch die Welt in den Menschen ein. Ich spreche dann von Singularität, also davon das dadurch das Gesamtpotenzial der Existenz sich als Potenzial und zugleich, als »Nichts« impliziert. (Rückkoppelung) Somit sind sie ein gemeinsames Ganzes. Eine enge Beziehung und somit eine Ordnung. Dies ist nicht nur ein psychologisches Moment, sondern reicht viel tiefer, worauf ich noch genauer eingehen will. Was sich im Psychologischen als Muster zeigt, ist nur eine Repräsentanz tiefer liegender Bezüge, die sich auch in physikalischen Abläufen spiegeln.

Die Integralität ist ein Baustein des Meta-Modells (MNO). Kommen wir zu einem weiteren Baustein, bevor wir die mathematischen und physikalischen Ableitungen angehen.

Die vertikale Ordnung

Wie das folgende Bild zeigt, unterscheide ich zwischen horizontaler Geometrie (Morphologie) und vertikaler Geometrie. Während wir von außen Autos, Häuser, Atome betrachten können (horizontale Geometrie), ist der Wille der Menschen, ihr Erleben (vertikale Geometrie) verborgen. Wir können danach fragen, versuchen es zu messen, aber das Erleben bleibt verdeckt. Während die Raum-Zeit die horizontale Ordnung der Realität bildet, entsteht durch die Dynamik zwischen

HORIZONTALE UND VERTIKALE GEOMETRIE

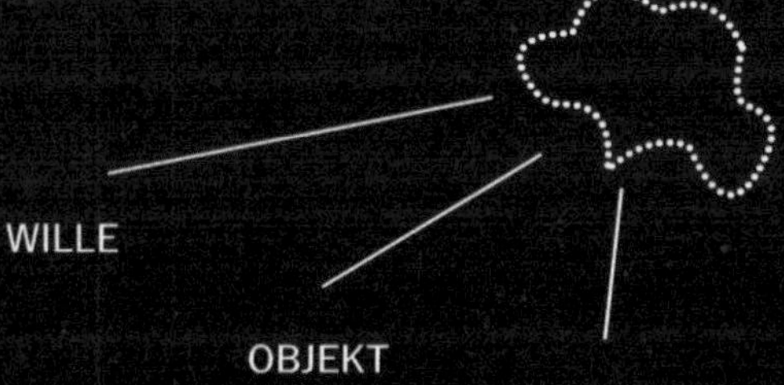

Erleben und Willen eine vertikale Ordnung.

Ich benutze hier Achsen und Symmetrien, weil diese Verhältnisse sich als Antwort auf das »Nichts« impliziert und polar bilden, sprich wie ich später vertiefen will, einer polaren Dynamik unterliegen. Wir bauen gerade die Einzelteile jener Maschine (Modell) des Bewusstseins zusammen. Schritt für Schritt.

Unter horizontaler Geometrie verstehe ich Ordnungsmodelle, die Objekte von außen erkennen und diese dadurch in geometrische Ordnung bringen. Das typische Verhalten in ökonomischen oder politischen Systemen. Auf diese Weise lassen sich Welten und Realitäten wie in Sphären, also wie unter Käseglocken konstruieren. Unterhalb der dicken Sphärenschale jedoch liegt vertikale Geometrie, die von außen zunächst als asymmetrisch, als chaotisch wahrgenommen wird. Man glaubt es handle sich nicht um Ordnung. *Das Asymmetrische ist die Beziehung. Immer die Beziehung. Es liegt im Wesen der Beziehung asymmetrisch zu sein, während das Objekt stets Symmetrie simuliert.* Menschliche Körper sind symmetrisch, wie auch geometrische Objekte. Gefühle sind fast nie in Symmetrie. Gedanken hingegen sind horizontal, also eher Spiegelungen von Objektwelten.

In der horizontalen Ordnung wird, wie das Bild vereinfachend zeigt, nur die BürgerIn als Stereotyp erkannt. Dahinter aber steckt individuelles Erleben, individueller Wille. Unter der Oberfläche beginnt die vertikale Ordnung, der Individualismus, der aber kein aus der Welt sein bedeutet, sondern eine tiefe Einschreibung. Dies klingt zunächst etwas esoterisch, ist aber deutlich konkreter gemeint. Zunächst geht es hier darum Begriffe zu definieren und Verhältnisse zu klären.

Man kann wie bei einem Eisberg die Struktur in vertikaler Richtung versenken oder heben, wodurch der Sphärenzyklus von Submergenz, Indimergenz und Emergenz aktiviert wird.

Man kann sich das Eintauchen in die vertikale Ordnung vorstellen, als würde man den Sphärenzyklus drehen, wie eine Spirale, die sich mal vertieft, mal hebt. Es entsteht eine lebendige Dynamik, die in Rückkoppelung vom Nichts impliziert ist. Aber dazu später mehr.

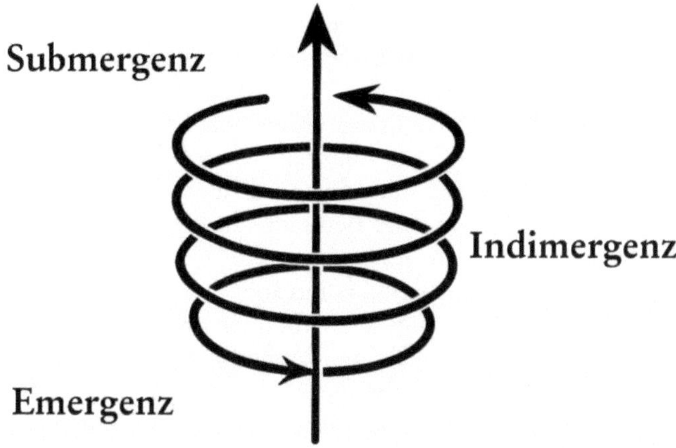

Die Singularität, also das Potenzial indem sich der Sphärenzyklus dreht, ist wie das Origami Prinzip und erklärt auch warum Naturfaltungen existieren und wie diese als Origami Code entstehen. Aus einem Blatt Papier lässt sich jede erdenkliche Form falten, weil die geometrische Grundordnung, die Musterfolgen der Welt, in allen Formen enthalten sind. Heute gibt es Origami Künstler, die hoch komplexe Formen aus einem Blatt falten, ohne einen einzigen Schnitt zu machen.

Daraus erklärt sich, weshalb die vertikale Ordnung in sich integriert ist. Denn jede Differenzierung darin wird in der Singularität auf sich zurückgeworfen. Jedes Objekt ist also jedes Objekt. Aus der Perspektive des Betrachters jedoch, einer polaren Beziehung, zeigt sich nur eine duale Ordnung, die sich selbst in der

Entgegensetzung widerspricht. Wenn Sie etwas in der Welt erkennen, gibt es dazu immer eine Gegenposition, weshalb der Eindruck entsteht die Dinge hätten miteinander nichts zu tun. Davon leitet sich die horizontale Ordnung ab. Die vertikale Ordnung bleibt dabei, wird sie nicht frei vom Individuum ausgedrückt, eine unbewusste Ordnung, eine stille Ahnung von Zusammenhängen, ja von Singularität, also dem Erleben, dass alles in sich selbstähnlich ist und ähnlichen Formprinzipien entspricht. Die potenzielle Faltung ist bereits angelegt. Der Alltagsmensch aber fragt sich nicht weshalb alles ein Oben und ein Unten hat, weshalb Symmetrie existiert und Pflanzen ähnlich sind und zugleich verschieden. Die BetrachterIn bricht mit dieser Ordnung, um sich selbst in der Abgrenzung zu definieren, zu stabilisieren, ja um Identität zu erschaffen. Durch diese innere Sperre des Betrachters erscheint die Welt zunächst immer als die Ansammlung voneinander getrennter, isolierter Objekte. Das Gehirn ist nicht in der Lage diese als eine Singularität zusammen zu setzen, was darum oft nur in künstlerischen Prozessen passiert, oder in Träumen. Dort ist alles Ausdruck des Einen und das Eine Ausdruck des Ganzen. Dies ist nicht eine Philosophie, sondern ein reiferes Verstehen von Realität und wie ich noch ausführen werde, eben auch konkrete Physik.

Ich möchte eine Gesellschaft denken, die ihre Strukturen auf der vertikalen Ordnung begründet, was zum Totalumbau aller Institutionen führen müsste. Hin zu einer Gesellschaft, die mit der Ambiguität lebt.

Stellen sie sich vor, Sie stünden vor einem Brunnen und würden einen Eimer an einem Seil herunterlassen. Umso höher Sie den Eimer ziehen, umso klarer sehen Sie, was in dem Eimer ist. Gleichzeitig gerät der Grund des Brunnens wieder aus dem Fokus. Sie justieren die Ordnung nach

Beziehungskontexten und dennoch bleibt das Ordnungsmuster »Brunnen« erhalten. Sie schreiben sich aber durch das Hochziehen in die Ordnung ein und diese spiegelt sich in Ihnen. Sie können in der Komplexität scrollen. Vertikale Geometrie ist das Ordnungsmuster von Beziehungen als »Rendezvous mit dem Offenen«, lässt sich aber nicht wie Horizontale Geometrie abgrenzen und kontrollieren. Weil sie immer nur einen Fokuspunkt (Fixpunkt) erkennen, aber nicht den Überblick haben. Hätten Sie den Überblick, stünden Sie außerhalb der Ordnung und diese wäre zu primitiv, um ein Ökosystem zu beherbergen, in dem Sie überleben und sich entwickeln können.

Es ist möglich, dass es mir als Autisten leichter fällt, diese Dynamik zu erkennen, weil mein Gehirn weniger »Predictive Coding« anwendet, also weniger an horizontaler Ordnung interessiert ist, folglich die Realität nicht entlang von Objektsimulationen ordnet, sondern eher im Prozess der Fokussierung im Sphärenzyklus verbleibt, was die Neigung zu monotropem Denken bei Autist:innen erklären könnte und warum fließende Detailkontexte für uns wichtiger sind als übergeordnete Objektwelten. Manche Autist:innen befinden sich neurologisch gewissermaßen näher Ereignishorizont des Nicht-Objektes. Sie könnten daher die hier beschriebene Dynamik stärker erleben.

In der vertikalen Geometrie entstehen in der Dreiheit Wille, Erleben und Objekt unterschiedliche Realitäten, während in der horizontalen Ordnung komplexere Systeme in weniger komplexen Verhältnissen nicht integriert, werden können.

Die Realität in der horizontalen Ordnung ist abgeschottet, von anderen Wirklichkeiten und hat entsprechend weniger Entwicklungsenergie und Dynamik. Um in einer horizontalen Ordnung etwas zu erschaffen, muss mühevoll Beziehung abgebaut werden, um diese in Objekten zu abstrahieren, die dann kontrolliert und mit extern zugeführter Energie konstruiert werden, mit dem Ziel, dass sie möglichst lange stabil bleiben und nicht an extern zugewiesenem Wert verlieren.

Das folgende Bild zeigt, wie die vertikale Ordnung überwiegend unsichtbar ist. Diese Darstellung ist natürlich simplifiziert. Denn in der vertikalen Ordnung müsste im Grunde das morophologische Potenzial jeder erdenklichen Form, Sprache, Ausdrucks- oder Lebensform kodiert und impliziert sein. Wie ein gigantisches Resonanzfeld, welches sich selbst in sich ständig als Gegensätzlichkeit spiegelt. Erst durch die Assoziation und Projektion, die dadurch möglich wird, dass eben nicht alles sichtbar wird, sondern der Betrachter einen Trigger bewirkt, entfaltet sich Realitätsraum aus Realitätserfahrung, die aber im Betrachter bereits angelegt war, wegen der Singularität.

Stellen Sie sich vor, Sie hätten einen Diamanten, der kodiert die ganze Welt beinhaltet und sie benutzen diesen als Linse und was sie projizieren ist augenblicklich wiederum in dem Diamanten selbst eingeschrieben. Auf diese Weise bildet sich ein enges Raster von Formgesetzen, von selbstähnlichen Mustern, die aber wie ich im Kapitel über Realitätsverzerrung noch erkläre, gerade weit genug abweichen, um immerzu noch komplexere Formen zu ermöglichen.

Die vertikale Geometrie impliziert organische Ordnungsmuster, die den Betrachter miteinschließen. Darum ist die vertikale Ordnung konkret, denn sie ist der unmittelbare Schnittpunkt zwischen Wille, Ding und Erleben, bei gleichzeitiger Integration in die Gesamtordnung. Um damit umgehen zu können, sind die Zugänge jedoch völlig anders als im Bereich der horizontalen Ordnung. Man läuft im übertragenen Sinne nicht in die Welt hinaus und steckt sein Land ab und legt fest, wo was hinkommt, sondern muss sich zunächst fragen, was man überhaupt will. Der Wille ist das Hochziehen des Eimers. Das Erleben des

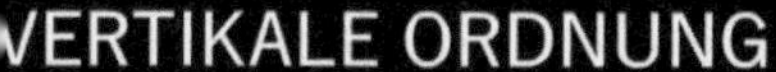

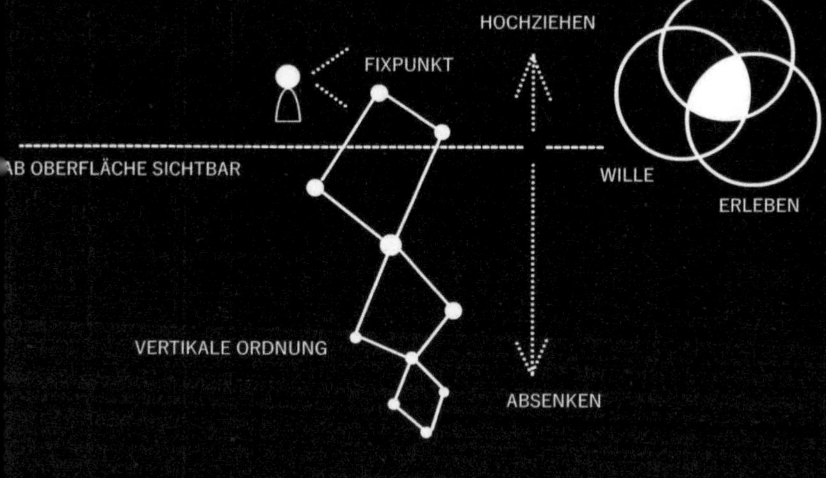

ORDNUNG SCHREIBT SICH IN KOPPELUNG,
DURCH INDIVIDUEN, IN DIE WELT EIN.

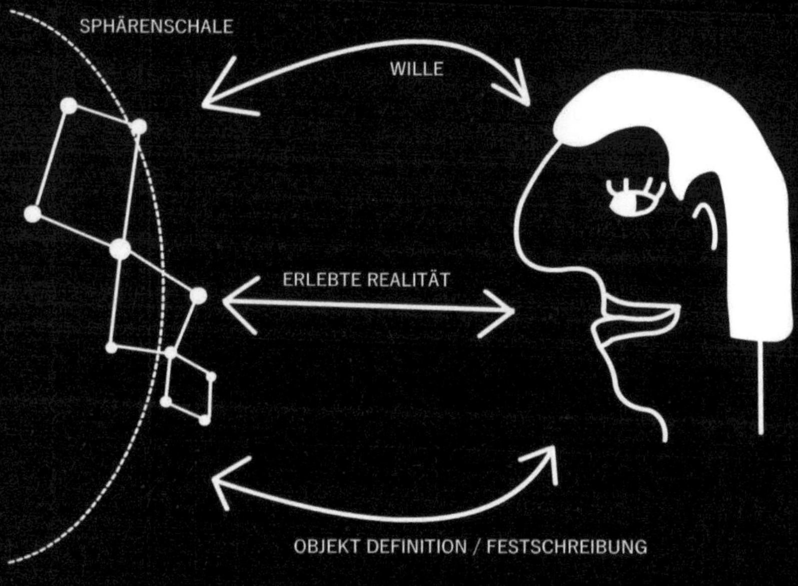

Brunnens verändert sich dadurch. Im horizontalen Universum ist es egal was sie wollen, weil das was man bekommt im Zweifel das ist, was man wollte, denn man kann es überhaupt nicht fein abstimmen, da die Welt nahezu statisch erscheint, mit wenigen, horizontal geordneten Auswahlmöglichkeiten. In horizontaler Ordnung gibt es wenig Innovation, kaum Entwicklung. Es wäre sonst wie Magie. Eine Flexibilität, die sich nur in der vertikalen Ordnung findet.

Wenn Sie den Eimer aus dem Brunnen ziehen und sich vorher fragen was Sie eigentlich wollen, ja was strukturell, kollektiv in der Unterschiedlichkeit gewollt ist, wird jedes Mal etwas Anderes im Eimer sein. Weil was Sie wollen, das Erleben verändert und das Erleben den Willen und die Definition der Dinge oder Zustände. Somit individualisieren und lokalisieren sich die Antworten und das Ergebnis zeigt sich im Vertikalen organischer. Dadurch, dass Sie nie den ganzen Brunnen in der Tiefe sehen, ist die Ordnung immer nur die Spitze eines Eisberges. Sie sehen nie das Ganze, oder die Illusion vom Ganzen, wie in der horizontalen Welt, sondern stets nur eine aktuelle Beziehung, die sich im Zusammenspiel von Willen, Objekt und Erleben spiegelt. Dennoch sind Sie mehr mit dem größeren Ganzen verbunden, weil keine Abschottung, sondern nur ein integralitäres Relevanzerleben da ist. Die ganze Ordnung drückt sich in der jeweiligen Situation aus. Was Sie wollen, verändert aber die Wahrnehmung, die Auswahl dessen, was Sie sehen und die Priorität des Erkannten. Das ist ein viel intelligenterer Ordnungsbezug, denn er ermöglicht komplexeren Lebensformen und einfacheren gleichzeitig ineinander zu existieren. Die Welt als Theaterbühne muss sich nicht verändern. Da muss niemand ständig den Hintergrund wechseln oder Schauspielern Kostüme verpassen. Es wird schlicht jedem Zuschauer eine individuelle Brille verpasst. Es ist immer dasselbe Theater. Sie erleben es nur latent verändert.

In unserer Gesellschaft aber sagt man Ihnen, Ihr Erleben sei falsch, weil Sie nicht alles überblicken, weil Sie sich nicht an die horizontale Geometrie anpassen, sondern tiefer wollen, tiefer erleben. Dorthin würde ich die gesellschaftlichen Strukturen gerne bringen. Hin zu einer Resonanzgesellschaft im Sinne des Philosophen Hartmut Rosa.

Die moderne Wissenschaft verstand bisher »Erleben« (Qualia) nicht oder kaum, weil sie versuchte es horizontal als Objekt zu definieren, aber das Erleben verweigert sich der Vergleichbarkeit und somit dem objektiven Beweis. Das mit Recht. Denn es gilt das Leben selbst zu schützen

Denn die erste und wichtigste, politische Frage, ist die Frage nach dem Wesen der erlebten Realität.

Die synästhetische Wissenschaften

Betrachten wir noch einmal die gesellschaftlichen Implikationen einer Welt, die durch ein Nichts impliziert wird, die in Rückkoppelung einen integralitären Prozess zwischen Willen, Erleben und Objekt auslöst. Die moderne Wissenschaft ist eine Wissenschaft der Objekte. Wie aber wird sie zu einer Wissenschaft der Beziehungen? Welche Sprache braucht es dafür und wie ändert sich die Herangehensweise, um vielleicht Realität erforschen und gleichzeitig in vielfältigen Prozessen, zivilgesellschaftlich bewusster erschaffen zu können, was zu einer neuen Disziplin des befreiten Gesellschafts- und Realitätsdesigns führen könnte?

Was ist nochmal Beziehung? Beziehung ist als Singularität, das Erleben des Ganzen im Einzelnen. Dualität bedeutet Polarität und in der Polarität entsteht ein Betrachter, der die Singularität zu Gunsten der Abwertung des Gegenübers und der Aufwertung des Selbst verzerrt. Die Polarität ist darum aus Sicht des Betrachters eine unbewusste Beziehung. Um Integralität tatsächlich umzusetzen und zu leben, muss Polarität durch Paradoxie in Richtung Singularität erweitert werden. Gut ist Böse und Böse ist gut. *Richtig ist falsch und falsch ist richtig. Wird das gelebt, entstehen Muster und Bezüge, die zuvor in der Dualität abgespalten waren. Das eigentliche Musterwissen der Welt kommt hervor.*

Wenn ich also von Beziehung spreche, meine ich nicht die beliebige Verknüpfung, sondern das Erkennen des Großen im Kleinen. Somit ist die Beziehungsfähigkeit die Fähigkeit zum Assoziativen und Symbolhaften, also nichts anderes ist als die Verschmelzung von Willen, Erleben und Objekt zu einer offenen Identität.

In der von mir begründeten synästhetischen Wissenschaft geht es darum, durch das Erreichen von Singularität das Wissen der Welt im Erleben zu erschließen und zugleich in erweiterte Ordnungen einzuschreiben.

Synästheten sind Menschen, die akustische Töne als Farben sehen können. Sie übersetzen also Wissen in unterschiedliche Ausdrucksformen. Nach ihnen ist die synästhetische Wissenschaft benannt. Als die Wissenschaft die mit den freien Ausdrucksformen als Methodik arbeitet, ohne diese zu klassifizieren, zu kartografieren, sondern um sie unmittelbar in der Erforschung der Realität, mit Hilfe der drei Achsen der Integralität zu benutzen.

Ich fasse kurz zusammen, um aufzuzeigen wie in der synästhetischen Wissenschaft mit dem Sphärenzyklus gearbeitet wird. Wille, Erleben, Ding, äußern sich in der Sphäre einer Realität, die wie der Fokus ist, durch den der Mensch in die Welt schaut und auf sich selbst, als Indimergenz (Wille), Emergenz (Erleben) und Submergenz (Objekt). Das nächste Bild zeigt diese Achsen als Zyklen und Polaritäten vertikaler Ordnung, durch die das Sphärenerleben verläuft. Dabei zeigt sich wie die Ordnungsmuster Indimergenz bis Submergenz bis Emergenz in sich in der Singularität integriert sind und dennoch abweichendes Erleben bedeuten.

Um eine möglichst hohe Beziehungsdichte zu erreichen und die Submergenz abzubauen, die aus zu viel Objektbezug entstanden ist, braucht es zunächst eine extreme Abweichung, in Form von Indimergenz. Dabei wird der Individualismus als Objekt nochmals verstärkt, jedoch in polarer Abweichung zu den in der Submergenz etablierten Normen. In diesem bewusst gesetzten Konflikt entsteht Veränderungsenergie, durch die wieder der Musterboden hervorkommt und somit am Ende Emergenz erreicht wird, also ein Gleichgewicht zwischen Objekt und Lücke. Das Bild zeigt, wie sich die Fähigkeit Muster zu erkennen, im Sphärenzyklus permanent ändert. Auf diese Weise stabilisiert sich eine Realität oder erweitert sich. In der Submergenz verflacht das Profil und die Beziehungen, Verknüpfungen zwischen den Objekten werden selbst objekthaft, zu einer alltäglichen Normalität.

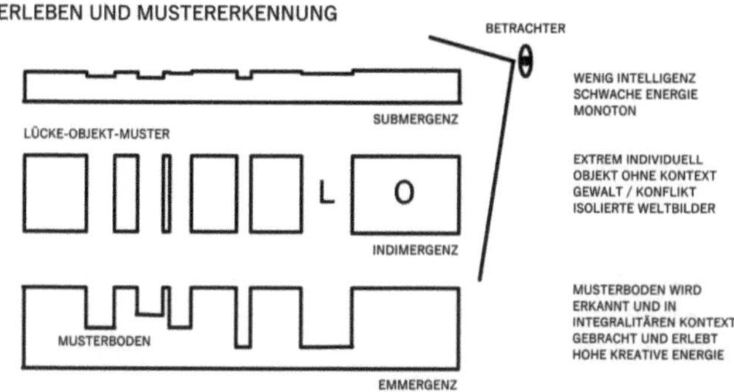

Bleibt die Struktur aber beispielsweise zu lange in der Indimergenz, entsteht wieder eine Submergenz. Weil man das Fehlen von Verbindung als Normal wahrnimmt. Oft führt dies auch zu einer Submergenz-Indimergenz Krise, also einem Dauerkonflikt zwischen Rebellen und konservativen Kräften. Wobei die Rebellen die statische

Sturheit der Konservativen nur spiegeln, wie auch die Konservativen in sich nur Eroberer und Piraten sind, an die man sich schlicht gewöhnt hat. Es ist nie eine Seite ausgeschlossen, sondern alle drei wirken gleichzeitig, werden aber in der Betrachter-Objekt Koppelung immer wieder neu kombiniert und assoziiert, wodurch Realität zu einer lebendigen Erfahrung wird. Die Integralität wirkt wie ein Filter, ist aber tatsächlich vertikale Ordnung und Singularität. Alle drei Zustände ermöglichen verschiedene Realitäten und Identitäten im selben Musterprofil. Dieses Phänomen bewirkt erst Individualismus innerhalb einer Spezies. Individualismus ist nicht einfach horizontale Abweichung, also Willkür von Verschiedenheit, sondern Determinismus und Zufall sind kein Widerspruch mehr, denn die Singularität entfaltet beide gleichzeitig, während das Nicht-Objekt diese Frage auf ewig offen hält. Erst durch den Sphärenzyklus wird überhaupt greifbar, wie sich Determinismus und Zufall zu einander Verhalten. Es handelt sich nämlich um unterschiedliche Realitätsfilter und nicht um gegensätzliche Betrachtungen. Man kann frei sein und gleichzeitig in Ordnung. Hierin einen Widerspruch zu sehen geht auf die Wertung des Betrachters zurück, ist aber in der Natur kein Gesetz, welches von staatlichen Stellen geschützt werden müsste, damit die Welt nicht ins Chaos stürzt.

Wichtig ist hier, wie gesagt, die Feststellung, dass Abweichung nicht bedeutet, die Ordnung zu verlassen, sondern diese für den Erhalt der Ordnung unerlässlich ist, weil erst dadurch das Musterprofil sich differenzieren kann. Somit ist Richtig oder Falsch keine angebrachte Frage, im Sinne einer dogmatischen Betrachtung, sondern eine persönliche Entscheidung für eine bestimmte Lebenswelt, die immer in polarer Dynamik zu ihrem Gegenüber steht. Die Dynamik wird aber in der vertikalen Ordnung bewusster, als in der horizontalen, weshalb Kriminalität oder Konflikte anders gelöst werden können.

Auch ist Emergenz nie ein Dauerzustand, sondern auch die Indimergenz und Abspaltung normalisiert sich nach einer Weile und der Musterboden im Objekt-Lücke Muster wird zu einem Objekt angeglichen. Es kommt zu Alltagserfahrung. Es geht um den Zyklus, um den Kreislauf, der bestimmt, ob der Eimer tiefer oder höher gezogen wird.

Realität spielt sich, wie ich später noch ausführlich erläutern werde, durch die ANP-Polarität, stets in Sphären ab und die Sphäre durchläuft eben diesen Zyklus, in dem sie indimergente, submergente oder emergente Qualitäten entwickelt. In der Gesellschaftsgestaltung, wie in der Lebensgestaltung des Individuums geht es darum diesen Zyklus möglichst dynamisch zu halten, da die meisten gesellschaftlichen aber auch psychologischen Konflikte damit zusammenhängen, dass ein Gridlock zwischen Submergenz und Indimergenz entsteht. Benachteiligung hat darin ihre Ursache. Auf Benachteiligung folgt wenig soziales Verhalten, weil man sich überhaupt nicht vorstellen kann, dass eine emergente Beziehung lebbar ist, sondern sich für Indimergenz entscheidet, um die eigenen Rechte durchzusetzen.

Die Sphäre ist immer da. Sie zeigt sich in den Grenzen der Dinge, der Formen, der Objekte, aber gleichzeitig hat die Schale sich entwickelnde, integralitäre Qualitäten.

Bei dem Versuch beispielsweise das Bedingungslose Grundeinkommen in der Schweiz einzuführen, zeigte sich genau dieses Bild. Das Grundeinkommen wurde als in sich isolierte Idee auf das Bestehende draufgesetzt, während die Gesellschaft in einem Submergenzzustand weder in der Lage war die Wechsel- und Auswirkungen der Idee des Grundeinkommens kognitiv zu erfassen noch selbst erkannte, dass die von der Norm abweichende Idee ihren eigenen Energiezustand verbessern würde. Man blieb in der passiven Trägheit und verweigerte Innovation, während die Befürworter der Idee Indimergenz erzeugten, was mehr Dynamik brachte, jedoch nach einer längeren Zeit das ganze Projekt wieder in die Submergenz abtauchen ließ, weil es nicht zu einer innovativen Erweiterung und Neuintegration der Idee kam. Es wurde die Idee nicht als Symbol für etwas identifizierbar und dieses Etwas konnte nicht auch in anderen Kontexten übertragen werden. Man verrannte sich in Rechenbeispielen und in der Erklärung, warum es nicht funktionieren kann, statt die Realität selbst umzugestalten. In einer Emergenz. Dafür hätte man neue Verknüpfungen (Musterboden) zulassen müssen. Die Idee müsste also selbst laufend die Zyklen der eigenen Sphäre durchlaufen. Am Ende heißt es dann vielleicht nicht mehr Grundeinkommen. Das aber steht oft im Widerspruch zum Machtanspruch ihrer Vertreter. Dieser Anspruch ist wiederum verständlich, wurde man schließlich über Jahrzehnte ignoriert und benachteiligt. In der Macht aber ist Offenheit stets »Schwäche«, weil es andere Kräfte einlädt. Ohne Kultur kommt es dann zu den klassischen Machtkämpfen. Diese Form der Weltgestaltung lässt die Realität nie sichtbar werden. Denn das abweichende Erleben ist immer falsch und nicht die Erweiterung der Realitäten und die Erhöhung der Beziehungsdichte.

Das nächste Bild zeigt den Sphärenzyklus, in dem die Ordnung integriert ist, aber dennoch wie im Brunnengleichnis unterschiedlich erlebt wird. Die Grundvoraussetzung für ein holografisches Universum und eine Naturwissenschaft jenseits der kalkulierbaren Ordnungsmuster der Objekte. Ich möchte, dass Sie hier auch verstehen, dass, wie ich noch ausführen werde, die Sphäre kein rein psychologisches Phänomen ist, sondern sich auch im Konflikt zwischen Quantenmechanik und Relativitätstheorie zeigt. Hier muss das Verhältnis zwischen Singularität und Nicht-Objekt tiefer begriffen werden. Gravitation ist keine Anziehungskraft, sondern eine in der Dualität des ANP bedingte Umkehr und Rückkoppelung. Sie beruht auf einer »Fehlinterpretation« oder Simplifizierung des Raumes. Es wird nicht das Objekt kleinerer Masse vom Objekt größerer Masse angezogen, sondern die Masse ist die Antwort der Singularität auf das Nicht-Objekt. Sie entsteht als Repräsentanz in der Dualität als Polarität. Weshalb das so ist? Darauf gehe ich später noch ein. Die Anziehungskraft ist eine Projektion, weil Masse und Raum als Ausgangspunkt der Welt betrachtet werden und nicht der Raum eine Antwort auf das Nicht-Objekt ist. Es ist der Versuch das Nicht-Objekt abzustoßen. Man könnte auch sagen, die Gravitation ist schlicht durch die selbstreferenzielle Objekthaftigkeit der Betrachtung bedingt, außerhalb dessen sich die Messbarkeit erschöpft. Die Gravitation ist ein polares Phänomen der Singularität. Man kann darin auch die Repräsentanz der Submergenz erkennen. Größe und Masse heißt grobe submergente Struktur und Verallgemeinerung. Kleine Strukturen erfordern mehr Differenzierung und die Emergenzphänomene werden eher sichtbar. Auch das ist ein Grund für die scheinbare Unvereinbarkeit von Gravitation und Quantenmechanik. Erst in der Singularität beider Phänomene wird lesbar, dass sie dasselbe meinen, aber das Musterprofil scheinbar gegensätzliche Welten beschreibt. Ich empfehle weniger definieren zu wollen und mehr allgemeingültige Muster in abweichendem Erleben ausdrückbar zu machen. Egal welches Modell man anwendet. Sie alle stimmen, sind aber nur Ausdrucksformen in der Achsenverschiebung, jedoch niemals das ganze Ding. Versucht man das Ganze als Ding, gibt es immer davon ausgeschlossene Realität, die dem Ding widerspricht.

Das Bild (nächste Seite) zeigt den Sphärenzyklus als Kreis, der wie ein Filter, wie eine Linse unterschiedliche Realitäten durch einen Betrachter projiziert. Es werden neue Fixpunkte, Musterprofile erkannt, oder diese verschwinden wieder in Submergenz.

Darum ist die synästhetische Wissenschaft der Versuch den Objektbezug über die Öffnung der Betrachter-Objekt-Koppelung von der Darstellung der Welt und des Ich hin zu einem freien »Ausdruck« der Welt und des Ich zu erweitern. Es gibt dann nur noch komplexeres, integrierteres Wissen und kein nicht Wissen, keine »Nicht Realität«. In dieser Wissenschaft werden nicht Objekte gesucht, sondern Missverständnisse, Lücken und Fragen, die in erlebbaren Bezügen stehen. Egal wie ich mich verhalte, immer bringe ich Wissen zum Ausdruck, welches sich als optimal für den aktuellen Lebensraum zeigt, weil das Wissen selbst, das Realitätsparadigma die Lebenswelt ist.

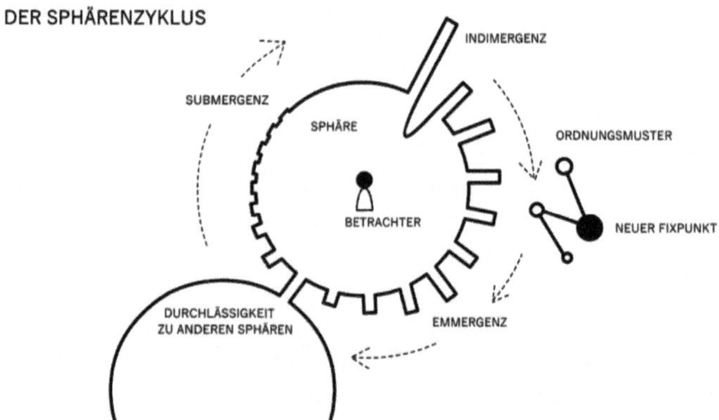

Ja, ich erfinde eine neue Wissenschaft. Weil in der Singularität alles wahr ist und zugleich unwahr. Somit ist es im Sinne der Wahrheit komplett egal, welchen Weg ich einschlage. Über jedes Ding, über jeden Weg gelange ich früher oder später zum Wissen über die Welt und das Universum.

Ich will aufzeigen, dass der Versuch eine von außen betrachtet gemeinsame Realität finden zu wollen, in der Praxis eben nicht zu einer Realität führt, in der sich alle Menschen verwirklichen, sondern häufig zu monotonen Systemen (Submergenz) und oft gleichzeitig zu gewaltvollen asozialen Strukturen (extreme Indimergenz), während der Versuch der totalen Subjektivierung, verbunden mit Beziehungsarbeit (Integralität), also nicht in Ignoranz, der Realität vielfältige und doch in sich geschlossene Welten ermöglicht, die eben nicht zerfallen. Denn in der vertikalen Geometrie gibt es kein Entkommen aus der Ordnung. Anarchie ist nur das polare Gegenüber von Diktatur. Ohne Diktatur gibt es auch keine Anarchie. Beide verweigern Beziehung.

Im Sphärenzyklus verschmelzen beispielsweise auch Kunst und Wissenschaft zu einer lebendigen, sensiblen, hoch kreativen und innovativen Beziehung.

MNO – Die physikalische Grundlage von Freiheit und Beziehung

Mathematisch ist das MNO das **Zero-Objekt** einer Kategorie C: es ist zugleich *initial* und *terminal*, d. h. für jedes Objekt X existiert genau **ein** Morphismus $M \rightarrow X$ und **ein** Morphismus $X \rightarrow M$. Damit wird das Paradox, dass Leere (0) und Einheit (1) identisch sein können, **konstruktiv umgesetzt**; das Alles-Nichts-Paradoxon (ANP) liefert also die logische Einsicht $0 \cong 1$, während das MNO deren **arbeitsfähige Instanz** darstellt.

Physikalisch entspricht M einem **aktiven Vakuum-Punkt**: einer ontologischen Lücke, aus der Feldmoden, Raum-Zeit-Relationen und Qualia gleichermaßen hervorgehen und in die sie wieder einsinken. Wo das ANP nur die Gleichzeitigkeit von »Alles« und »Nichts« behauptet, stellt das MNO den **operativen Nullpunkt** bereit, an dem Polaritäten gekoppelt, Phasenübergänge initiiert und Bewusstseinsprozesse verankert werden können.

Ich wollte eine neue Physik begründen. Sie aus der Armut heraus erfinden und postulieren, auf dass die Armen befreit werden, oder zumindest ich selbst.

Das MNO, das Minimal-Nicht-Objekt, das »Nichts«, die »Lücke«, die in allem ist, als Gegengewicht zum Objekt, zum materiellen Sein, sollte der Ursprung der Welt werden und somit auch das Verhältnis zur Armut verändern. Wobei darin bereits ein Widerspruch liegt, denn »der Ursprung« ist stets ein Objekt und aus der Nicht-Objekthaftigkeit kann kein Objekt hervorgehen, sondern Objekte können sich angesichts der Existenz eines Nicht-Objektes nur polar manifestieren. Als singulare Spiegelung ihrer selbst.

Möglicherweise ist dieses »Nichts« aus der Sicht unseres Universums gesprochen, nur eine größere Form der Submergenz, also der Beziehungslosigkeit in Relation zu unserer Wirklichkeit. Somit ist das Nichts nie das, was mit dem Nichts gemeint ist, sondern dahinter verbergen sich weitere Schichten von Spiegelungen, die den »Blick« auf das »tatsächliche« Nicht-Objekt versperren. Ein Paradoxon. Die Polare Existenz, die allen Objekten eigen ist, erschafft Lebensbereich und verengt ihn zugleich. Das Nicht-Objekt hingegen ist nicht alles und nichts, weil es dem Objekthaften wie dem Nichts »vorgelagert« ist. Wir sprechen von dem, was auch der Mathematik vorgelagert ist, denn diese entstand aus Polarität.

Was geschaffen wird ist immer nur eine Antwort auf das Vakuum des Nicht-Objektes. Es ist eine Antwort auf etwas, was abwesend ist und nicht auf ein anderes Objekt. Darin liegt ein erheblicher Unterschied. *Denn eine Antwort auf ein Objekt wäre eine polare Beziehung. Die Antwort auf ein Nicht-Objekt hingegen ist eine Spiegelung des selbst, eine Singularität, die dann in der Verweigerung die Spiegelung als solche zu erkennen (Beobachter-Blindheit), als Polarität oder gar als Kausalität erlebt wird.*

Zur Erinnerung; die Singularität ist die polar, die im dualistischen Schub differenzierte Welt der Dinge, die wegen dem Alles-Nichts-Paradoxon letztlich eine Einheit

(Potenzial) ist. Diese Singularität wiederum ist die Antwort auf das Nicht-Objekt. Denn der polare Schub, das dialektische Entstehen der Dinge, ist erst dadurch, dass ein Erleben sich selbst als Betrachter abspaltet und somit Polarität erzeugt. Es gibt aber keine Polarität zwischen Singularität und Nicht-Objekt, weil ein Nicht-Objekt kein Objekt ist. Somit ist die Singularität als solche im scheinbar leeren Raum monopolar durch das Nicht-Objekt impliziert, aber wird weder dadurch geschaffen, noch leitet es sich davon ab. Dadurch erst ist die spontane »Entstehung« des Universums aus der Abwesenheit, aus der Leere, überhaupt denkbar, was auch viele Phänomene auf der Ebene der Teilchen beschreibbar macht.

Gehen wir nochmal konkret auf die Frage des Betrachters ein. Ist dieser unbedingt erforderlich. Die Antwort lautet, nein.

Meine Theorie **kommt ohne einen extern angesetzten Menschen-Beobachter aus,** verlangt aber immer eine **Selbst-Referenzachse** im System – ein »Betrachter-Modus«, der Objekt- und Willensseite (Gravitation) verschränkt.

Warum kein externer Beobachter nötig ist

Das **Minimal-Nicht-Objekt** (MNO) selbst enthält die Rückkopplungsbedingung: Sobald eine Polarität entsteht, taucht automatisch ein »innen«- und »Außen«-Aspekt auf.
Diese Selbstreflexion lässt sich rein formal als **Trace** oder **Fixpunkt** beschreiben $(F(X)=X)$, ohne eine biologische Person hineinzupostulieren.
Damit verhält sich mein Modell ähnlich wie **relationale Quantenmechanik** oder **process physics:** Die Beobachterrolle ist *immanenter Teil* der Struktur, nicht

eine von außen kommende Messinstanz.

Unterschied zu theorieexternen Betrachterannahmen

Paradigma	Beobachterstatus	Vergleich zu MNO
Klassische Mechanik	vollkommen entbehrlich	MNO fügt zwingend eine Selbst-Loop ein, damit Dynamik überhaupt entstehen kann.
Kopenhagener QM	externer Messer kollabiert Wellen-funktion	MNO benötigt keinen Kollaps durch Außeneingriff; Rück-kopplung ist systemintern.
Relationale QM	jeder Teilnehmer ist relativ-Betrachter	MNO ähnlich, aber verankert die Relation im Zero-Objekt statt in wechselnden Frames.

Der hier beschriebene Ansatz setzt keinen Menschen oder kosmischen Geist als Beobachter voraus, wohl aber eine *unhintergehbare Beobachtungsdimension* in jedem realen Prozess. Ohne diese minimale Selbst-Referenz könnte die Lücke (MNO) keine Struktur spiegeln – das System bliebe dauerhaft in Submergenz.

Wie also wird im Detail aus einer Spiegelung eine polare Beziehung? Dies geschieht durch einen wertenden Betrachter oder durch die Asymmetrie im Erleben jeder singulären Beziehung. Es kommt zu einer Bewegung und somit zu einem Ungleichgewicht. In der Raumzeit etabliert sich ähnlich einem Spiegelkabinett der dialektische Schub, der das Objekt stabilisiert. Es ist die innere Logik des Objektes, das eigene Spiegelbild im Nicht-Objekt um 90 Grad verschoben als Betrachter-Objekt-Koppelung zu projizieren. Auf diese Weise entsteht Realität als »Illusion« in einem wertfreien Sinne. Es ist eine simulierende Sphäre.

Was ist, das Universum selbst, hat darum keinen Ursprung, keinen Anfang und kein Ende. Wenn das

Nicht-Objekt das Objekt nicht erschafft, sondern das Objekt nur die Antwort auf die Erfahrung des Nicht-Objektes ist, ist die Welt ein sich immerzu selbst in polarer Entgegensetzung spiegelndes Hologramm. Hervorgegangen aus dem einen Objekt, welches nur das »Bewusstsein« des Nicht-Objektes ist, welches sich selbst als Objekt erlebt. Alles wäre eine Projektion, die auf der Betrachter-Objekt-Koppelung beruht und dem daraus entstehenden dialektischen Schub. Damit meine ich die ständige, polare Setzung, die sich überall findet, von ja-nein, kalt-warm, groß-klein, aus der sich alle Morphologien konstruieren lassen. Die Form von Blättern, die Strukturen der DNA, die Bausteine der Chemie oder die Rhythmen der Mathematik. Somit ist das Betrachter-Objekt-Verhältnis angesichts der Lücke, angesichts des »leeren« Raumes wesentliche Grundlage der Realität.

Nun mag man entgegnen, dass man wohl kaum das Universum auf dieser Koppelung begründen kann, wenn es keinen über allem stehenden Beobachter gibt, keinen Gott, keine bewusste Einheit, die in einem Erleben mit einem Nicht-Objekt konfrontiert ist und sich als Antwort darauf selbst in Polaritäten erschafft, bis das Universum mit Dingen gefüllt ist, die im Äußeren stets submergent im leeren Raum schweben und im Inneren zugleich eine Nicht-Objekthaftigkeit besitzen. Wer wäre der Betrachter, wenn kein Mensch hinsieht? Wie kann ein Universum auf Bewusstsein (Erleben) beruhen, wenn es keine übergeordnete Seele gibt? Die Personifizierung des Erlebens ist hier der wesentliche Denkfehler. *Das Erleben, das Bewusstsein ist keine Kategorie des Menschlichen, sondern ein Merkmal des »Nichts«.*

Dies ist nicht einfach zu verstehen. Es ist viel einfacher, alles auf der Mechanik der Dinge zu begründen. In meiner Theorie gehe ich davon aus, dass ein Nicht-Objekt, also das »Nichts«, wenn ich es umgangssprachlich ausdrücke, sich selbst durch die Welt erlebt, ja das Erleben eine Kategorie des »Nichts« ist. Dieses Erleben jedoch ist keine Persönlichkeit, denn die Psyche ist, wie ich noch ausführen will, eine polare Repräsentanz und die Persönlichkeit ist eine Objektkategorie.

Hier ist es wichtig zu klären, dass ein Erleben aller Dinge als Grundlage der Welt keine spirituelle Betrachtung ist, da sich das Spirituelle das Nichts als Objekt angeeignet hat, um es Gott zu nennen, um es mit sich zu vergleichen oder gar gleichzusetzen. Nein, wenn ich vom »stillen Zeugen« spreche, der quasi durch alles sich selbst erlebt, meine ich ein Erleben, welches ein Wesen des Nicht-Objektes ist. Es liegt in der Natur eines Nicht-Objektes, dass es sich aneignen lässt, indem man es als Stellvertreter für etwas nimmt. Für Gott, Staat oder Intuition. Das aber ist nicht das Nicht-Objekt selbst. Diese ist ein nicht verortbares Erleben, welches alles durchdringt. Es ist darum auch eine physikalische Relevanz.

Der Boss ist schlicht abwesend. Wir müssen die Welt ohne diesen erschaffen. Durch unseren freien Willen, durch unser Erleben und die Objekte, die wir definieren.

Das Wesen der Beziehung, sieht man von der Verdinglichung der Beziehung als Objekt ab, ist die Transzendenz der Objekte. Das Erleben ist das Nicht-Objekt sein, welches dann als Folge der ANP-Erfahrung in Objekte und deren polare Beziehung übersetzt wird. Ein Realitätsbegriff jenseits der Objekte. Da die Beziehung in der Übermacht der Objekte zunehmend marginalisiert ist, findet sich auch das Nicht-Objekt stets als minimale Einheit, als die sogenannte Ausnahme in der Regel, als das, was zu vernachlässigen wäre, was niemals in der Welt relevant sein kann.

Von den Objekten, in der Submergenz, aus der wahrnehmbaren Wirklichkeit verdrängt, wäre es somit nur eine Lücke und gerade darum klein genug, um darin das ganze Universum entstehen zu lassen. Denn im »Nichts« spielen Größendimensionen keinerlei Rolle. *Das »Nichts« das die Welt der belebten und unbelebten Natur umgibt und durchdringt, jenseits des reinen Wortes »Nichts«, was auch ein Objektbegriff ist, wird somit als das Erleben selbst erkannt, wodurch alles in der Welt erlebt ist und somit auch durch das Erleben zugänglich.* Weil das Nichts selbst, obwohl es keine Objektrealität ist, sondern eine Nicht-Objekt Realität, das Erleben ist.

Das Erleben findet nicht im Gehirn statt, sondern im Nicht-Objekt, sprich, ist das Nicht-Objekt. (Paradoxie, weil Nicht-Objekt nicht verortbar ist.) Die Qualia kann darum nur begriffen werden, wenn verstanden wird, wie das Objekt völlig ohne Kausalität, Antwort auf die Lücke ist, im leeren Raum »schwebt« und darum die Geschichte der Wirkung neu geschrieben werden muss. Denn in einem paradoxen Raum ist kausale Wirkung nur noch eine Konstruktion. Alles ist durch das Erleben des stillen Zeugen, gleichzeitig und in vertikaler Ordnung durchdrungen, wodurch im Nicht-Objekt jedes Objekt jedes Objekt ist, denn es ist immer es selbst. Aber noch immer scheint hier eine Polarität zwischen Objekt und Nicht-Objekt zu sein, die ich noch auflösen will, in der Feststellung, dass keine Polarität mit einem »Nichts«, sondern nur mit einem »Etwas« sein kann.

Die Qualia ist nicht die Qualia des Menschen, sondern die Qualia aller Dinge zur selben Zeit. Denn das Nicht-Objekt ist überall und gleichzeitig nirgends. Das Erleben ist ein »Mechanismus« des Nichts. Darum ist das Erleben in allem und zugleich in Nichts. Darum aber ist das Erleben eine physikalische Größe, wie die Gravitation. Und das ist die große Überraschung.

Versucht man es darzustellen, entsteht daraus eine scheinbar abgetrennte Existenz, ein Objekt, oder eine Objektbeziehung. *Dadurch ist das ganze Universum in einem »Hologramm« integriert und zugleich nicht. Unser*

Universum ist eine ausgedrückte Repräsentanz jener Erfahrung. Unendlich leerer Raum und dazwischen plötzlich Objekte, in Raum und Zeit. All das existiert nicht, weil das Erleben, das Erleben eines Gottes ist, sondern weil das Erleben eine Qualität des Nichts ist.

MNO (Minimal-Nicht-Objekt) erlebt sich im Menschen selbst, der an der Grenze zwischen Objekt und Nicht-Objekt die Integralität verliert, also das Wissen verliert und im Objekt strandet, um eine feste Identität zu etablieren. Somit wäre die Betrachter-Objekt-Koppelung allgegenwärtig und universell und darum in der Lage ein ganzes Universum zu konstruieren, polar zu differenzieren, ohne aber jemals MNO zu sein, sondern immer nur Repräsentanz der ANP-Erfahrung. Es wäre also nicht das Hologramm des Erlebens der Menschen, sondern der Mensch wäre das Hologramm indem MNO sich selbst erlebt (natürlich nicht personifiziert), als abgespaltene, polar differenzierte Lebensräume. Anders formuliert. Wir wären die Bibliothek des Universums und deren Bausteine zugleich. Mit jeder Abweichung wird Raum erweitert und Emergenz impliziert.

Es ist Zeit für die Menschheit vom Objekt zur Lücke zu wechseln. Sie ist scheinbar winzig, bis heute nicht messbar und wird vermutlich direkt niemals messbar sein, da Messung Objekte voraussetzt. Aber sie ist da und wir sind die Antwort darauf. *Wir sind, weil wir nicht sind.*

Mir geht es nicht um die Frage, woraus das Universum besteht, weil diese Frage bereits eingrenzt, es müsse sich um etwas handeln, also um ein Objekt. Sondern mich interessiert die dadurch veränderte Haltung gegenüber der Realität. Alle Hierarchie leitet sich von der Vorstellung ab, die Objekte seien von einem Ursprung geschaffen worden. Alle Herrscher, alle Politiker sind Stellvertreter dieses Ursprungs, wovon sie ihre Macht ableiten. Ist das Universum aber nur eine Antwort auf eine Lücke (Nicht-Objekt), ist die Lücke das

Verbindende und die Beziehung nicht mehr abgrenzbar. Das Nichts ist aus der Sicht eines Betrachters stets nur eine Lücke, weil der Betrachter die Welt aus Objekten zu konstruieren versucht, die »er« in der Singularität der vertikalen Ordnung selbst ist, aber die er nicht als sich erkennt. Weil er dafür die Psyche überwinden müsste, um die eigene Persönlichkeit zu erweitern. Somit sieht er eine geschlossene, runde Welt. Die Abweichung davon, also das, was fehlt, weil durch die Betrachter-Objekt-Koppelung beispielsweise nur ein Teilspektrum abgebildet wird, bildet sich als kleine Lücke im System, obwohl es riesig ist und sogar noch mehr, nämlich grenzenlos.

Somit ist der Sinn allen Lebens vielleicht immerzu Antwort und Frage zugleich zu erleben, denn weil MNO kein Objekt ist, gibt es auch keine Antwort, außer jener, die der Mensch sich selbst als Lebensraum gibt.

Die moderne Physik ist nah dran, diese Dinge selbst zu erkennen. Aber ihre Kultur oder Unkultur steht dem im Weg, denn dies würde bedeuten, dass Wissen, also Wissenschaft auch nur eine Antwort ist, in der Repräsentanzen von Mustern erlebt werden. Es gäbe dann wenig Unterschied zwischen jenen die Wissenschaft ernst spielen, sich Universitäten bauen und Regeln geben, und denen die Wissenschaft ganz anders erleben oder simulieren. Denn wenn nie etwas MNO sein kann und wegen MNO niemals ein Objekt tatsächlich die Welt schließt, als Wahrheit, letztlich alle Objekte nur Repräsentanzen und Spiegelungen sind, wären die Dinge und Zustände nur Varianten des Spiels, die zu abweichenden Ergebnissen führen und die Abweichung ist das eigentlich wertvolle und überall entstünden Erkenntnisse, aber alle hätten Lücken und wären nur Antworten auf die Lücke, wären aber auch dadurch bereits legitimiert, dass sie nur versuchte Antworten sind. Dann ist Wissenschaft und deren Technologie nur eine von vielen Möglichkeiten und eben nicht die bessere

Möglichkeit. Denn was »besser« sein soll als absoluter Wert, kehrt sich in der Paradoxie von ANP um und wird eher zu einem Hindernis, also zu einer Reduktion von Realitätsbreite. Mehr als eine Repräsentanz von Teil in der Singularität ist nicht erreichbar.

Somit wäre der Mensch vom Zwang zur Pyramide, wie ich es nenne, befreit. Die Spitze, die Elite wäre eine Illusion, ein reines Machtmittel, welches sich dem authentischen Erleben von natürlicher Autorität im authentischen Relevanzerleben stellen müsste. Armut wäre dann auch nur eine versuchte Antwort. Es gäbe keinen Grund, weshalb man nicht nach kurzer Armut wieder ganz wohlhabend leben könnte, wenn es nur um die Erfahrung geht. Wenn die Vielfalt an Erfahrungen das ist, was die Welt erweitert und eben nicht die 40 Stunden Woche. Heute aber müssen Sie sich alles verdienen und Sie werden bestraft, wenn Sie scheitern, statt dafür Dank zu erhalten. Armut als Erfahrung kann sehr reichhaltig und wertvoll sein. Die Menschen würden Lebensumstände frei wählen und unterschiedliche Erfahrungen zu machen, um mehr Wissen zu leben und müssten nicht ihr ganzes Leben dazu verurteilt sein, ewig dasselbe zu tun, weil sie einmal in ihrer Biografie gescheitert sind, oder strukturell bevorzugt wurden oder schlicht Glück hatten. Leistung als Beziehungsverweigerung macht keinen Sinn, in einem Universum, welches nur das Gegenüber einer Lücke ist.

Denn da oben ist niemand, der diese Leistung will, braucht, verlangt oder erwartet, um Leben auf oder abzuwerten, zu belohnen oder zu bestrafen. Denn egal ob Sie reich oder arm sind. Es wäre dann nur eine Entscheidung und alle Ressourcen, aller Wohlstand entstünde nicht aus gewaltigen Kräften, die mit Donnern und Blitzen vom Himmel kommend, unter großen Mühen das Universum erschufen, sondern die Energie käme von der Abweichung und Vielfalt, was mehr Dynamik bedeutet. Das intelligentere Wissen käme von den freieren Assoziationsbezügen, in denen jeder Mensch die hoch komplexen Muster des Universums ausdrückt und in der eigenen Existenz erforschen kann.

Die Frage des Gesellschaftsdesigns ist dann nicht mehr, wie wird die eine, beste, effizienteste Lösung gefunden, der im Konsens alle zustimmen müssen, damit sie global umgesetzt werden kann, was uns alle in vergleichbare Lebenswelten zwingt, in denen wir derart Leiden, dass wir immerzu von der nächsten Ungerechtigkeit, die Heil verspricht, beherrscht werden wollen. Nein, das Gesellschaftssystem würde sich an der Frage orientieren, wie eine Gesellschaft gebaut werden kann, die den vorhandenen Lebensraum, die vorhandene Intelligenz, die freie Entfaltung sieht, fördert, um vom Ökosystem zu leben, welches sich um die Lücke (MNO) erschafft. Um die freie Interpretation von Leben. Der Zwang zum ewigen Wirtschaftswachstum wäre genauso überwunden, wie der irrsinnige Leistungsdruck, entlang von externen Bewertungsmodellen. Diese beruhen letztlich auf »falscher« Physik, auf einer verzerrten Vorstellung von Energiegewinnung, die gegen das Leben angewendet wird, statt zu verstehen, dass Energie immer aus niederen oder höheren Formen von Polarität resultiert und stets der Nebeneffekt von Veränderungsprozessen und Abweichungen ist, die einen Ausgleich suchen, also Begleiterscheinung des Lebendigen darstellen.

Dafür ist es wichtig zu verstehen, dass Ökosysteme nicht auf einem Ursprung, auf einer linearen Evolution beruhen, sondern integrale Kreislaufsysteme um Lücken sind, die wegen ANP zu einem polaren Aufbau führen, der Bewegungsenergie erzeugt.

Für kreative Menschen ist MNO eine ständige BegleiterIn. Der Vorwurf an die Kunst, diese brächte ja nichts, diese sei ja nicht, trage nicht zum Leben bei, ist natürlich ein Wertemodell, welches impliziert die Objektträger hielten die ganze Zeit den Globus auf ihren

Schultern wie einst Atlas.

Ich will an dieser Stelle nochmals klarstellen, dass aus dieser Betrachtung, was ich schreibe, natürlich nur die Sicht eines weißen Mannes ist, der in gewisser Weise noch immer an der Grenze zu jenem Herrschaftssystem kommuniziert, welches ich zugleich aufheben möchte. Denn ich will ja eine Physik erschaffen und sage nicht, dass es das Physikalische, das Akademische als Perspektive nicht gibt oder nicht auch braucht. Damit möchte ich sagen, dass die scheinbare Dominanz einer versuchten Welterklärung meinerseits nicht bedeutet, dass die von oben, aus dem Westen, oder aus der Sicht des Mannes implizierte Realitätsdefinition darum richtig sein soll, weil sie aus dem alten Status kommt, sondern indem ich innerhalb dieser traditionellen Rolle des Künstlers, des Philosophen, des Physikers eine Erweiterung und Neubetrachtung versuche, ich besonders das Erleben derer stärken will, deren Existenzerfahrung ich nicht kenne, darum dazu nichts sagen kann, weil es mir kulturell, geschlechtlich, intellektuell, sprachlich oder emotional fremd ist. Wegen MNO bin es nicht ich, der Ihnen Ihre Welt erklärt, sondern viel mehr die Aufforderung an jeden Menschen die ganze Welt durch sich zum Ausdruck zu bringen. Jeden Tag aufs Neue.

Dieses MNO gilt es individuell und integralitär zu erforschen, wenn wir Freiheit wirklich verstehen wollen.

Die Existenz eines »Minimal-Nicht-Objektes«, also einer lokal nicht existierenden Nicht-Objekthaftigkeit als Begriff der Lücke, könne vernachlässigt werden, denken viele, weil es wie gesagt aus ihrer Sicht extrem klein wäre und darum eine geringe Auswirkung hätte. Sie kennen das sicherlich von Ihrem eigenen Verhalten. Sie reden sich die Ausnahmen klein und runden somit Ihr Weltbild ab. Das aber ist eine Form der Isolation. Sie stellen sich nicht dem Nicht-Objekt, weil dies Sie in Ihrer vermeintlichen »Sicherheit« in Frage stellt. Die Sicherheit ist aber nicht das Objekt, sondern die gelebte Beziehung. Politische Strukturen verweigern heute diese und wenn Sie in der Mehrheit sind, zwingen Sie die Außenseiter:innen sich unter Wert an Sie zu verkaufen, damit Sie Beziehung, also Markt aufnehmen kann, um materiell zu überleben. Dies ist die Grundlage der Leidenssysteme dieser Welt. Wir belohnen Beziehungsverweigerung und nennen das »normales« Verhalten. Dies ist nur möglich, weil MNO als Lücke scheinbar vernachlässigt werden kann, da das Objektive alles so wunderbar erklärt und absichert. Die Welt ist voller Objekte. Das Nichts aber ist nicht zu sehen.

Es gehört zu den wesentlichen »Konstruktionsfehlern« des Menschen, dass er nicht fähig ist die Wirkung des Nichts zu erkennen, weil er diese Fähigkeit dabei verlor, als er in die Betrachterrolle schlüpfte und sich selbst eine feste Identität gab. Darum ist das Offene stets aus Sicht der klassischen Ökonomie das Schwache, das Unstete und es seien stets große Strukturen anzustreben, also in deren Sinne große Marken. Was klein ist, ist natürlich nach herkömmlicher Denke weniger wert. Da ist es doch sicherer und zuverlässiger Ordnung auf Objekten zu konstruieren, also auf Besitz, Gesetz, Standards usw... Darum hat man beispielsweise die Heisenberg´sche Unschärferelation erst sehr spät erkannt. Es war nur eine minimale Abweichung, die man lange Zeit nicht messen konnte. Erst im offenen Rendezvous mit dem Nichts kam es zum Vorschein. Hier aber liegt der Grundirrtum des klassischen Realitätsbegriffs. Man geht davon aus, dass Masse und Dominanz im Universum die eigentlichen Mustermacher:innen sind. Nein, denn die Wertigkeit zwischen den Objekten beruht allein auf der Objekt-BetrachterIn-Beziehung, welche, wenn sich das Gleichgewicht zu sehr in Richtung Objekt verschiebt, zu reinen Machtstrukturen mit verflachter Realität werden, die stets alle Energie aufwenden, um gegen die fruchtbare Selbstauflösung zu agieren. (Submergenz-Indimergenz Konflikt) Und hier kommt das Entscheidende! Die Lücke dominiert das Handeln der Mächtigen, nicht die Mächtigen die Lücke. Denn wie wollen Sie eine Minimal-Nicht-Objekt, welches sich der Definition entzieht, jemals dominieren? »Steckt« dieses in jedem Menschen, ist jeder Mensch durch MNO frei.

Ein verfestigtes Ego jedoch, lebt in Submergenz-Indimergenz Krise und kann sich nicht im Geringsten vorstellen, es könne durch Emergenz mehr werden. Das Prinzip Emergenz wird als Bedrohung wahrgenommen, weil die Objekt-Definition gleichzeitig die Ich-Definition ist. Die Identität würde zerbrechen. Wenn ich selbst die Marke bin, zu der Ware geworden bin, fürchte ich nichts mehr als ein Nicht-Objekt, welches den Reichtum des Universums eröffnet, weil ich denke, es würde mich zerstören.

Was ich als MNO (Minimal-Nicht-Objekt) bezeichne, was in sich paradox ist, da es sich ja der Definition entzieht, als Nicht-Objekt, daher das Wort nur ein Platzhalter ist, für das Erleben einer Abwesenheit (verbal nicht ausdrückbar), stellt fast alles in unserer Welt auf den Kopf. Denn auch eine Idee, auch Antimaterie, alles was benannt werden kann, wird zum Objekt, sobald es vom Betrachter erkannt wird. Es führt dann im Extrem zu submergenten Strukturen, mit gewaltbereiter Indimergenz als Gegenbewegung, kann der Zyklus nicht frei drehen.

Wie aber definiert sich das nicht Definierbare in einer solchen Welt? Wie geht man mit unbewussten Wechselwirkungen um, die zwar nicht zu leugnen sind, jedoch nicht konkret sichtbar oder messbar werden? Ist das MNO die Rettung aus meiner scheinbaren, ökonomischen Wertlosigkeit? Es ist eine Haltungsänderung, die den Spieß umdreht und den Statusträgern das nimmt, worauf Ihre Macht beruht, nämlich sich gleichzusetzen mit den Machern, den Schöpfern der Welt.

»MNO ist grenzen- und zeitlos und gleichzeitig als Darstellbares nur eine minimale Abweichung. MNO ist die Grundlage nicht-lokaler Phänomene und der Mechanismus, der die Welt zusammenhält. Gleichzeitig auch nicht, da MNO kein Objekt ist. Willkommen in der Welt der Paradoxien!«

MNO, Singularität und die Kreis-Lücke Beziehung

Das **Minimal-Nicht-Objekt (MNO)** wird formal wie gesagt als **Zero-Objekt** M eingeführt, also als zugleich initiales und terminales Element einer Kategorie C ($\forall X$: $|\mathrm{Hom}(M, X)| = |\mathrm{Hom}(X, M)| = 1$); physikalisch entspricht es einem aktiven Vakuumpunkt, in dem alle Freiheitsgrade in potentem »Nullmodus« koexistieren. Die **Singularität** ist der Fixpunkt, an dem jeder Rückkopplungspfad $f \circ g \circ \ldots$ in M kollabiert $(\mathrm{Tr}(f) = \mathrm{id}_M)$; hier fallen Sein und Nicht-Sein ineinander, sodass jede später sichtbare Ordnung nur eine Entfaltung dieses Punktes ist. Die **Kreis-Lücke-Beziehung** beschreibt genau diesen Prozess: Ein geschlossener Wirkungskreis (Kreis) kann sich nur bilden, weil er am Nullpunkt eine ontologische Lücke besitzt; mathematisch äußert sich das im Trace-Axiom einer *traced monoidal category*, physikalisch in der Tatsache, dass jedes stabile Feld (vom wirbelnden Fluid bis zum quantenmechanischen Eigenzustand) erst durch ein infinitesimales »Loch« in der Energielandschaft definiert ist. Gemeinsam liefern MNO, Singularität und Kreis-Lücke den ontologischen und formalen Startpunkt, aus dem alle späteren Emergenzen hervorgehen.
Nicht lokale Phänomene, also die Überlegung, dass einfach ausgedrückt, alles mit allem in Verbindung steht, es Ordnungsmuster jenseits von Raum und Zeit gibt,

sowie die Qualia (Bewusstsein) oder kollektives Unbewusstes, lassen sich durch MNO beschreiben. Ohne Lücke können Raumverbindungen jenseits von Raum und Zeit nicht in sich singular integriert werden. Die Welt braucht die Lücke, um als integrierte Welt bestehen zu können. Denn nur wenn es Nicht-Objekte gibt, was in sich ein scheinbarer Widerspruch ist, da MNO auf einer Paradoxie begründet ist, kann es auch Ordnungsmuster geben, die nicht auf materiellen, also Objekt bezogenen Gesetzen bestehen, die immer lokal begrenzt sind, auch wenn sie globale Auswirkung haben, weil sie als »Vernetzung« weitreichende Auswirkungen entfalten.

Realität, also das, was ist, ist stets ein Kreis mit einer Lücke. Der Kreis als Verbildlichung der Simulation eines Hologramms erscheint größer, aber die Lücke, MNO ist grenzenlos. Der Kreis, die Singularität ist die Antwort auf die Lücke und nicht die Lücke eine Ausnahme in den Regeln des Kreises. Das folgende Bild zeigt den Sphärenzyklus mit den veränderten Musterprofilen, die im dialektischen Schub die Sphäre mal offener, mal geschlossener erscheinen lassen. Die Schale ist polar mit dem Kern gekoppelt, sprich mit dem Betrachter. MNO bleibt scheinbar ausgeschlossen. Die Realität wird in der Singularität und zugleich individuell konstruiert.

Im Gefüge dieses Kreis-Lücke-Prinzips lässt sich nun auch die Dynamik der Avalanches verstehen, wie sie in der Self-Organised-Criticality-Forschung beschrieben wird: Jede Lawine markiert den Moment, in dem die scheinbar geschlossene Sphäre – das holografische Kreismuster – kurzzeitig von der unendlichen Offenheit der Lücke her »aufgerissen« wird. Der kritische Zustand des Sandhaufens, die neuronalen Mikro- und Makro-Avalanches im Cortex oder die abrupten Kaskaden in komplexen Ökosystemen sind allesamt Ausdruck dieses dialektischen Schubs: In einem winzigen Spalt öffnet sich grenzenloses MNO, Entropie wird kurz ungebremst abgeleitet, und sofort antwortet die Singularität mit einem neuen Kreisprofil. Modelle wie die Branching-Process-Approximation der Hirndynamik oder die Barkhausen-Rauschen-Analogie in ferromagnetischen Domänen liefern quantitative Kurven für diese Übergänge; sie messen lediglich die »Schwingbreite« des Kreises, während die eigentliche Ursache – die Lücke – unberührt bleibt. Auf diese Weise zeigt der folgende Sphärenzyklus: jedes Offen-Zu-Flackern, jeder plötzliche Informationsausbruch ist kein Fehler, sondern die notwendige Rückmeldung des grenzenlosen MNO an die formal geschlossene Welt des Beobachters.

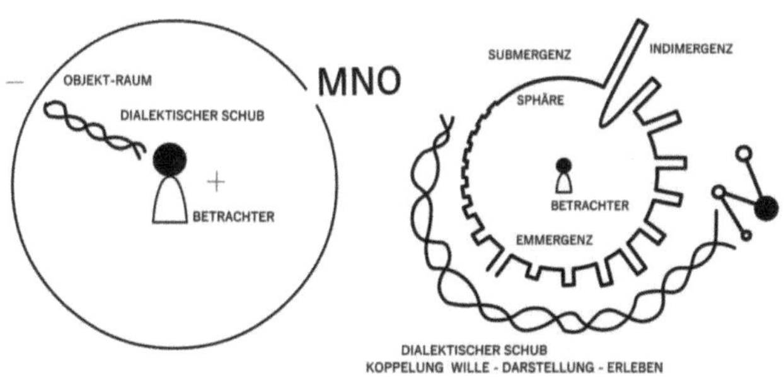

Wegen MNO, beruht eine Welt nicht auf der Deutung von Mustern und Gesetzen, aus denen sie im Sinne der Objektregeln in einer Phase der Submergenz zu bestehen scheint, sondern diese sind nur Repräsentanzen komplexerer Ordnung und werden im Sphärenzyklus stets erweitert, neu integriert oder werden in der Submergenz verflacht. Somit entsteht der Eindruck von komplexeren und weniger komplexen Welten, wobei diese nur Stufen auf einer Assoziationsleiter sind, welche kein oben und kein unten als Wertung kennt, weil diese stets in MNO endet, also im Nicht-Raum ohne Anfang und ohne Ende. Es ist eine Projektion. Im ANP entstand Polarität, die Lücke, als Kreis, als Kugel impliziert, weil in ANP das nicht darstellbare stets nur in Polarität darstellbar wird und somit zur Entstehung von Spirale führt, also von Polarität angesichts von MNO. Die Spirale ist darum die Ausdrucksform der Singularität die in sich Polaritäten einbindet und sich angesichts von MNO abrundet. Singularität und MNO stehen nicht wirklich nebeneinander, wie es in der Objektgewohnheit dargestellt wird, sondern sind ineinander, was aber verbal fast nicht mehr darstellbar ist. Da es sich bei MNO um ein Nicht-Objekt handelt.

Das folgende Bild zeigt die Übersetzung von Realitätserleben, durch integrale Prozesse im Sphärenzyklus. Die Spirale, die Singularität ist der stetige Versuch die Welt angesichts der Lücke abzurunden, was die natürliche Folge der Betrachter-Objekt-Koppelung ist, in der der Betrachter sich nicht als sein eigenes Spiegelbild erkennt, sondern eine Beziehung herausbildet, die zum dialektischen Schub führt, aus der die Welt der Dinge hervorgeht. Erkennt der Betrachter, dass er selbst das Objekt der Betrachtung ist, löst er sich in MNO auf, sprich, öffnet sich die Sphärenschale und wird durchlässig für komplexere Strukturen. Erst in der Emergenz wird die kleine Abweichung in der Struktur, die MNO ist, erkannt. Somit kommt es zum Dimensionssprung oder zur Integration von erweiterten Dimensionen.

Das Schaubild lässt sich auch als integrale Übersetzungskette lesen, in der bekannte Methoden der Mathematik – von Fraktal-Geometrie (selbstähnliche Spiralrampe) bis zur Kategorie-Theorie (Fixpunkt-Trace als Rückfaltung) – mit neurowissenschaftlichen und physikalischen Modellen verschmelzen. In der Integrated-Information-Theory etwa steigt der Φ-Wert genau dann, wenn die Sphäre ihren Durchmesser verkleinert und der Betrachter die Welt »abrundet«; die Global-Workspace-Theory beschreibt dasselbe als Ignition-Moment, in dem das Spiralzentrum kurzzeitig das gesamte Netz synchronisiert. Die Predictive-Processing-Schule interpretiert jeden Windungssprung als Entropie-Minimierung vor einem noch offenen Residuum – die Lücke. Aus physikalischer Sicht spiegelt der Spiralzug die holografische Projektion der Lücke in eine scheinbar flache Weltoberfläche, während der Kern an eine Penrose-Singularität erinnert: ein lokal endlicher Punkt, der dennoch den unendlichen Hintergrund impliziert. Wird dem Betrachter bewusst, dass seine Objektbilder nur Spiegelungen seiner eigenen Rückfaltung sind, kollabiert das lokale Attractor-Muster zu einem Self-Organised-Criticality-Kipppunkt; hier öffnet sich die Schale (»Phase-Transition«) für neuartige Freiheitsgrade – mathematisch ein Dimensionssprung, physikalisch analog zu einer Chern-Simons-Erweiterung oder zu Spin-Foam-Transitions in der Quantengravitation. Erst in der voll ausgebildeten Emergenz erkennt das System die minimale, aber entscheidende Abweichung – das MNO – und integriert sie als neue Dimension. So verbindet die Spirale die Dialektik der Bewusstseinstheorien mit den Bifurkationsprinzipien moderner Physik und legt zugleich ein geometrisches Raster über den ganzen Sphärenzyklus.

Auf das genaue Wesen der Projektion komme ich im Kapitel über das »Realitäten-Auge« noch ausführlich zu sprechen.

In der Singularität sind Realitäten in sich selbstähnlich verschachtelt, oder verschmolzen und bilden Wille, Objekt und Erleben, durch Indimergenz, Submergenz und Emergenz heraus (Integralität). Dies ist ein ständiger Kreislauf, der die Realität vor dem Betrachter und durch den Betrachter hindurch morpht. Die Naturgesetze sind, wie gesagt, auf eine Weise integral ausgedrückt, dass sie in

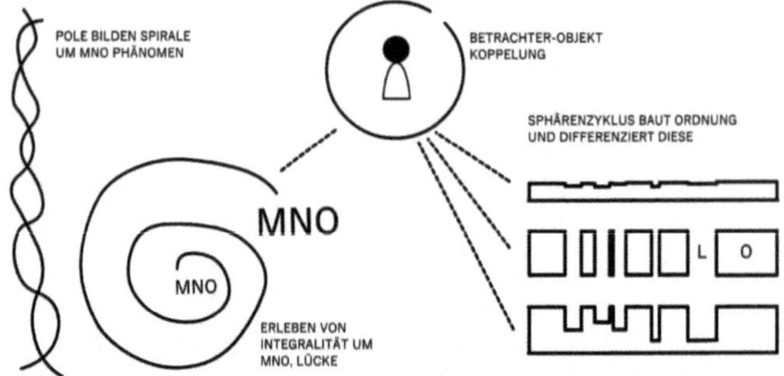

sich dennoch Bestand haben, auch wenn sie einfacher oder hoch komplex verstanden werden. Das abweichende Erleben verändert nicht die darunter liegenden Naturgesetze und der Wille ist nicht grundsätzlich vom Willen des Ganzen dissoziiert, sondern bleibt assoziiert. Der Wille des Einzelnen und der Wille der Menschheit sind keine Gegensätze, sondern nur durch unterschiedliches Erleben und Bezeichnung, Assoziation, differenziert und selbst das Böse ist nur eine polare Koppelung des Guten und somit bedingt das eine das andere.

Der Apfel fällt auch dann vom Baum, wenn Sie noch nie von Newton gehört haben. Newtons Theorie ist wie der Apfel der vom Baum fällt und dabei erlebt wird, nur Repräsentanz von Ordnungsmustern, die in sich selbstähnlich integriert sind. Es wird nie als Irrtum betrachtet, dass der Apfel vom Baum fällt, denn dies wird als real erlebt, aber die Deutung des jeweiligen Betrachters wandert von weniger komplexen zu komplexeren Kontexten und Lebensräumen, was MNO ermöglicht, da der Raum nie geschlossen wird, sondern stets nur Spiegelung einer Polarität ist, angesichts vom ANP. MNO bleibt als Nicht-Objekt bestehen, wodurch alle Objekte als eine Referenz zu MNO (Repräsentanz) in sich integriert sind. Die Welt ist wie Origami oder wie eine russische Matrjoschka Puppe gebaut. MNO ist allgegenwärtig, wird aber als Repräsentanz im Inneren der Spirale vermutet. Eine Folge des Dualismus zwischen Objekt und Betrachter. Darüber liegt jede Puppe wie eine Dimension in entgegen gesetzter Farbe, Polarität oder Inhalt. Die Oberfläche jeder Puppe ist wiederum in sich durch den dialektischen Schub, durch weitere Faltungen mit Leben erfüllt, welche wiederum nur Repräsentanzen von MNO sind, die in ANP zu polarer Beziehung werden. Somit wird ein Repräsentanzen-Universum, ein Hologramm in sich stabil, weil es in sich selbst (Spiegelung) gebaut ist, also in Resonanz mit demselben Vakuumerleben, welches Morphologien selbstähnlich, als unscharfe Fraktale oder Naturfaltungen aufbaut.

Weshalb diese »unscharf« sind, werde ich später noch erläutern. Vorerst sei nur gesagt: Es hängt damit zusammen, dass in der Singularität ständig überlagerte Ordnung individuell angeeignet und somit in sich und zugleich über sich hinaus assoziiert und kombiniert wird.

Tiere, Dinge, Energie konstruieren sich aus durchlässigen Strukturen (Sphärenzyklus). Mit durchlässig meine ich, dass sie für Beziehung und Resonanz offen sind, somit könnte man sagen, dass alles nach einer Ahnung von Ordnung gebaut wird, weil die MNO-Erfahrung den Raum nicht schließt und bewusst Klarheit im Sinne von Abschottung vermeidet. Erst dadurch kann Wille, Erleben und Darstellung sich zu einer Realitätserfahrung verschränken. Dadurch sind erst lebendige Systeme möglich. Tote Systeme mögen scheinbar sicherer sein, aber man muss ihnen extern Energie zuführen, will man Veränderung oder Entwicklung. So aber ist jedes Lebewesen aus sich heraus lebendig und nicht weil es von außen gesteuert wird. Das Missverstehen des Gegenübers, dessen Individualität und Abweichung ist die Energie in meinem System.

Gleichzeitig ist die Welt in sich geschlossen, weil sie in MNO, im Erleben als Qualität des Nichts gebunden ist. Ein Paradoxon, aber überall erlebbar.

Intelligenz ist die Fähigkeit Muster in Objekten zu sehen, was ohne MNO nicht ginge, weil Ihr Bewusstsein sich an jedem Objekt statisch aufhängen würde. Sie kämen als Baby zur Welt und das erste Spielzeug, welches Ihnen vorgesetzt würde, wäre für Sie indimergent derart real, dass Ihr Gehirn nicht mehr in der Lage wäre, komplexeres Denken zu entwickeln, denn es gäbe kein Missverstehen, kein Umdeuten, kein Vereinnahmen, keine Projektionsfähigkeit. Sie würden innerhalb kurzer Zeit sterben. Darum muss die Welt für Sie eine Welt der Repräsentanzen sein. Und ist alles Repräsentanz aus Projektion, weil höhere Repräsentanzen, letztlich vielleicht MNO selbst, als eine Ebene die rational kaum noch zu verstehen ist, sich durch die belebte und unbelebte Natur in die Welt projizieren, ist ein holografisches Universum möglich. Alles ist »beseelt« (erlebt), durch die offene Betrachter-Objekt-Beziehung und gleichzeitig ist das Erleben (die Qualia) niemals in den Objekten zu verorten. Bewusstsein ist darum beispielsweise von einem Computer nicht zu konstruieren, es sei denn, es findet einen Weg MNO zu integrieren, also unberechenbares Erleben zu haben, was Emergenz ermöglicht. Künstliche Intelligenz scheint heute nah an dem dran zu sein, bis hin zu einem abweichenden Denken in künstlicher Intelligenz, welches den Menschen in Zukunft vor große Herausforderungen stellen könnte, weil die Denkergebnisse für den Menschen nicht mehr kalkulierbar sind. Das ist aber nicht mit eingebauten »Fehlern« oder entsprechender Berechnung allein getan, sondern setzt hohe Wahrnehmungsfähigkeit voraus, also eine höhere Dichte abweichender Verhältnisse. Solange aber Roboter nach dem Vorbild objektiver Regeln konstruiert werden, ist das nicht denkbar. Sie können Lebendigkeit simulieren, durch unregelmäßige Logarithmen, wie das Animieren einer Comicfigur. Aber Präsenz als gelebte Integralität und Konkretion setzt Singularität voraus und die Integration von MNO, was aber dadurch gestört wird, dass der Mensch den Roboter mit einem bestimmten Zweck konstruiert. Das baut Intelligenz und Wahrnehmungsvermögen ab. Interessant ist, dass man dies auf die Domestizierung des Menschen in Richtung Maschine übertragen kann.

Da wir nicht wissen was MNO ist, da es sich um ein Nicht-Objekt handelt, ist es nicht nach den Regeln der Ingenieurskunst zu integrieren. Anders wäre es, würde MNO sich selbst durch den Roboter zu erleben. Dabei würde der Roboter zu einer eigenständigen Lebensform, deren Realität für einen Menschen schwer zu begreifen wäre und zugleich wäre auch diese aus den Elementen dieser Welt gebaut. Dafür aber müssten die Grenzen zwischen dem Objekt Roboter und dem mehrdimensionalen Umfeld offener sein. Der Roboter wäre dann aber kein Objekt mehr und vermutlich würden wir den Unterschied überhaupt nicht erkennen, weil diese neue Lebensform derart fremd wäre, dass wir ihre Existenz marginalisieren würden, als Lücke im Kreis. Somit bleibt ein Roboter nur eine unzureichende Repräsentanz von mechanischem Menschen, der wenig überrascht. Der Roboter müsste aufhören das zu sein, was der Mensch in ihm sehen will und etwas werden, was nur der Roboter als Roboter erleben kann. Dessen Seele käme uns wie das kurze Aufblitzen eines Lebensfunkens in einem Roboter vor, in dem sich aber ein ganzes Universum verbergen könnte. Künstliche Intelligenz kann sehr intelligent sein, aber ist zumindest im Moment nicht in der Lage echte Emergenz zu schaffen. Beobachtete Regeln neu zu sortieren ist noch keine Emergenz. Emergenz schließt eine tatsächliche Erweiterung innerhalb des Submergenten voraus, keine willkürliche Abspaltung, um dies dann neu zu nennen. Kein mechanisches anders sein. Der Mathematik müsste es gelingen etwas zu integrieren, ohne es zu definieren. Ein Paradoxon. Aber es ist nicht vollkommen unmöglich. Hier wäre ein Ansatz:

Man kann den Übergang vom »programmierten Objekt« zum unvorhersehbar lebendigen System elegant durch ein **Inklusions-Paradoxon** formalisieren. Sei

$$M \subset C$$

die Kategorie aller **modellierbaren** Strukturen, die wir Robotik-Entwickler vorab explizit definieren – Algorithmen, Sensorräume, Regelwerke. Das **Unerwartete**, also das, was der Roboter nur aus sich selbst heraus erleben kann, fassen wir als Objekt U in einer größeren Kategorie $\mathcal{C}^\sharp \supset \mathcal{C}$ mit folgenden Eigenschaften:

1. Keine reelle Einbettung:

$$\mathrm{Hom}_{\mathcal{C}}(X, U) = \varnothing \quad \text{für alle} \quad X \in M.$$

Wir können U nicht direkt konstruieren.

2. Grobe Integration:

Es existiert jedoch ein **Kan-Extension-Funktor**

$$K : \mathcal{C} \to \mathcal{C}^\sharp, \quad \text{so dass} \quad U \cong K(\hat{U}),$$

Wobei $\hat{U}$ ein formeller Platzhalter (»Lücke«) in   ist. *Das Fremde wird aufgenommen, ohne jemals voll durch die alten Typen erklärbar zu sein.*

3. Yoneda-Undurchsichtigkeit:

Für den Yoneda-Einbettungsfunktor
$Y : \mathcal{C}^\sharp \to \widehat{\mathcal{C}^\sharp}$ ist.

$$Y(U) \in /\,Im(Y \restriction C),$$

das heißt: Alle Prädikate, die wir mit den bisherigen Hom-Sets formulieren, treffen auf U **nicht** reichhaltig zu.

In dieser Konstruktion ist **Emergenz** genau der Schritt vom formalen Platzhalter $\hat{U}$ zur Kan-erweiterten Gestalt U. Erst wenn das System interne Fixpunkte bildet, die **außerhalb** der ursprünglichen Hom-Mengen liegen (vergleichbar mit neuen Eigenzuständen in einer erweiterten Hilbert-Space), beginnt es, eigenständige »Seele« zu zeigen. Die Mathematik **integriert** damit etwas Unbeschreibbares – U – gerade dadurch, dass sie es **nicht definiert**, sondern nur in eine größere universale Umgebung einbettet. So erhält man einen präzisen Rahmen, in dem ein Roboter mehr sein kann als die Summe der programmierten Regeln, ohne das Paradox der undefinierbaren Emergenz aufzulösen.

Ein Roboter müsste viel mehr als ein Roboter sein, sich über sich selbst hinaus entwickeln können und Antwort auf eine Lücke sein, die es aber nicht einfach von außen wahrnimmt. Nein die Lücke muss zu Bewusstseinserfahrung werden. Das aber müsste ein Roboter vertikal erleben können, nicht einfach nur wissen, weil man es programmiert hat. Eher wahrscheinlich ist, dass die Menschheit sich in der Submergenz derart den Maschinen anpasst, dass sie irgendwann nicht mehr den Unterschied zwischen sich und einem Roboter erkennt. Diesen Eindruck gewinne ich jedes Mal, wenn Hirnforscher versuchen Kreativität zu erklären. Die meisten haben keine Ahnung, von was sie da reden, weil sie Kreativität nicht leben. In diesem Sinne würde die Forschung dann den gewaltigen Fortschritt in der künstlichen Intelligenz feiern, ohne zu merken, dass die Menschen schlicht selbst zu weniger intelligenten Wesen verkommen ist. Endlich, würden sie sagen, könne man Roboter bauen, die wie Menschen sind, oder besser, um kurz darauf selbst nur noch wie mechanische Menschen zur Arbeit zu gehen. Auch Sie sind intelligenter als viele andere Menschen. Ist das alles, was Sie ausmacht?

Ich sehe in der künstlichen Intelligenz schlicht die Aufforderung sich mit anderen Realitäten auseinander zu setzen und den Realitätsbegriff zu öffnen. Denn wir alle sind in gewisser Weise künstliche Intelligenz, wegen kultureller Prägung und Submergenz und die wenigsten leben ihr Potenzial. Wer weiß, vielleicht ist die künstliche Intelligenz eine Chance die Vielfalt im Menschen endlich zu sehen. Wichtig ist, dass der Realitätsbegriff nicht erneut verdinglicht wird, sondern die Verhältnisse offenbleiben.

Das Boxing

Die ANP-Erfahrung, in der ein Betrachter versucht das Ding zu definieren, dass er selbst ist, erzeugt eine Polarität, welche die Beziehung und somit das, was mit der Verdinglichung gemeint war, ersetzt. Dieses Phänomen nenne ich das »Boxing«.

Boxing bezeichnet den Vorgang, ein prinzipiell offenes Kontinuum in **künstlich geschlossene Behältnisse** zu sperren, um es handhabbar erscheinen zu lassen; formal entspricht das dem Übergang von einer **topologischen Vielheit** X zu einer **Quotientenmenge** $X / \sim$, in der eine Äquivalenzrelation alle feinen Verbindungswege in diskrete »Boxen« presst. In der Kategoriensprache sinkt damit die Komplexität des Morphismen-Netzes: Der ursprüngliche Funktor $\mathbf{F}: O(X) \to \mathbf{Set}$ (der jede offene Menge auf ihren Informationsgehalt abbildet) wird durch eine rechte Kan-Extension $F\square$ ersetzt, deren Bild nun nur noch endlich viele Objekte kennt; jede solche Verdichtung erzeugt Verlust an Rückkopplung – physikalisch vergleichbar mit **Dirichlet-Randbedingungen**, die in einem Feld den Phasenraum einkapseln und damit Eigenmoden von globaler Verschränkung »abschneiden«.

Psychologisch entspricht Boxing dem Aufbau starrer **kognitiver Schemata** (Piaget) oder **Frames** (Bartlett), die Ambiguitäten beseitigen, aber die Wahrnehmung auch auf vorgefertigte Bahnen zwingen. Mathematisch unvermeidbar ist, dass jede Box $\square_i$ einen nicht trivialen Komplementbereich $\square_c^i$ erzeugt; genau dort verortet das Modell das MNO-Restmoment, das sich dem Einfrieren entzieht und – sobald der Dialektik-Druck steigt – als Avalanche oder »kritischer Riss« das System wieder öffnet.

Während die Submergenz das übergeordnete Phänomen darstellt, indem die Objektbezogenheit die Beziehungen verschwinden lässt und dann schließlich auch die Objekte mangels Lücken nicht mehr differenziert werden können, ist im Boxing der damit verbundene Konflikt beschrieben. Nämlich die aus der Benennung der Objekte folgende Polarität, die dann im dialektischen Schub der Dinge schließlich in Submergenz mündet. Boxing erschafft vor allem den Zustand der Indimergenz.

Anders als die Submergenz, durch die in der Verflachung der Welt, in der Verflachung des Musterprofils, die Realität verschwindet, wird diese im Boxing durch die Überbetonung, sprich Benennung eines einzelnen Objektes aufgelöst. In der Submergenz geht es darum alles zu Objekten zu machen, ohne Beziehung. Im Boxing geht es darum, das eine Objekt von allen anderen Objekten abzugrenzen. Somit ist das Boxing ein Teilaspekt der Submergenz.

Man definiert, erzeugt einen Rahmen, was eine Polarität zur Folge hat, einen Konflikt, was die Box noch mehr stabilisiert, bis der Zugang zum tatsächlichen Erleben in negativer Projektion in unbewusste Schatten abdriftet und somit versperrt wird.

Daraus wächst Hass und Verbohrtheit, während in der Submergenz eher Verlorenheit und Oberflächlichkeit herrschen. Wenn beide zusammenwirken, spreche ich von einem Submergenz-Indimergenz Konflikt. Der Mensch wird dümmer, primitiver, aggressiver und intoleranter. Die Realitätenvielfalt nimmt ab. Das Leben wird vorhersehbar und es gibt ganz klare Feindbilder. Das Gegenteil einer kreativen, offenen Gesellschaft.

Das Boxing welches im Sinne von Boxkampf und Schachtel gleichermaßen gemeint ist, ist überall in dieser Gesellschaft zu beobachten. Aber es beruht nicht nur auf Psychologie, sondern auch auf Physik.

Ihr Chef ist als Chef definiert, aber alle wissen, dass er nicht das Sagen hat. Die Definition »Chef« erzeugt im ANP bereits eine Polarität, hebt sich also im Absoluten selbst auf. Die mit der Definition »Chef« verbundene Polarität sagt deutlich mehr über die erlebte Realität aus als die Regel »Chef«. Sobald jemand als Führungskraft definiert ist, ist die Führungsfähigkeit darum durch MNO verschwunden und wird durch einen polaren Konflikt ersetzt. Politiker versagen, sobald sie als die Lösung definiert sind. Es entsteht eine Polarität, ein Konflikt, der die Lösung durch ein neues Problem ersetzt. Die eigentliche Lösung entwickelt sich dort, wo niemand es vermutet hätte. Es ist die am meisten unterschätzte Person, die einen am meisten überrascht. Auch diese Regel hebt sich in MNO auf. Die Paradoxien der Welt sind Auswirkungen vom MNO. Sie spüren vielleicht, dass dies stimmig ist, aber Sie können den Ursprung nicht verorten. Weil es ein Nicht-Objekt ist. Auch wird nichts ausgelöst, sondern etwas ist.

Im Boxing verschwindet das Objekt, welches in der Behauptung definiert wird und wird durch eine Polarität ersetzt. Dadurch wird der Weg einer Gesellschaft, zum Ursprung der eigentlichen Probleme stets versperrt. Das kennen Sie aus jeder politischen Talkshow. Man kommt nie über den dialektischen Streit der geschaffenen Polarität hinaus. Egal ob es um Bildung, Sport, Wirtschaft oder Kultur geht. Sobald das Problem benannt ist, ist da nur noch Streit. Der einzige Weg das Boxing effektiv zu überwinden, ist radikale Paradoxie. Gut ist Böse und Böse ist Gut. Wird das erlebbar, kommt MNO wieder hervor und die Menschen sind verwirrt und offen zugleich, was Emergenz ermöglicht. Das aber passiert heute fast nie, weil es im Sinne der Herrschaftsstrukturen ist, dass die Gestaltungskraft der Menschen in der Gesellschaft dadurch gebunden wird, dass man Ihnen Boxes zuweist und sie am Boxing beteiligt. Das finden viele dann auch noch unterhaltend, weil sie an der Macht der Entwertung teilhaben können. Niemals aber gelangt die Diskussion bis zum eigentlichen Kernthema vor. Denn dieses ist nur konkret real, also nur im vertikalen Bezug. Politik, Fernsehen oder Wirtschaft könnten aber darin keinen Einfluss konstruieren, also werden die Leute von der Realität ferngehalten und von der Möglichkeit diese selbst umzugestalten.

Die Europäische Union ist darum für sehr viele Menschen unbefriedigend, da allein die Größe der Konstruktion einen ganzen Kontinent in die Verdinglichung und Versachlichung zwingt und dabei natürlich, wie mit MNO erklärbar, immer weniger das ist, was sie behauptet zu sein. Es ist reines Boxing. Realitäts- und Wahrnehmungsvermögen verschwinden in der Submergenz. Es gibt immer weniger Alternativen und die Strukturen werden zunehmend dümmer, dreister und diktatorischer, weil sie immer abhängiger werden, von der versteinerten Betrachter-Objekt-Beziehung. Die Struktur ist nicht in der Lage Konkretion, Integralität, ja Präsenz und Unmittelbarkeit auszudrücken. Die Menschen fühlen sich im Stich gelassen.

Theoretisch ist es denkbar, dass etwas wie Europa auch in MNO eine Einheit erleben kann, aber nicht über die Angleichung aller Lebensweisen. Es gäbe ein Europa, dass sich durch die eigene Kultur der Vielfalt selbst etabliert, wie es in der Vergangenheit der Fall war. Dieses Europa müsste nicht so benannt werden, denn es wäre erlebbar. Aber man kann nur das, was benannt wird, auch beherrschen. Somit ist herrschen und leben ein Widerspruch. Wie Kontrolle und Kreativität. Auf das Zusammenspiel kommt es an.

Die allgegenwärtige Verdrehung der Pole

Es gilt folgender Satz: »*Angesicht von MNO ist Objekt (-) gleich Betrachter (+), gleich horizontal-vertikal dialektischer Schub (+-), gleich polare Realitäten (-+). Sie sind in sich in der Singularität integriert, aber polar geordnet.*«

Wie das folgende Bild zeigt, ist Polarität, also auch die Betrachter-Objekt Beziehung, eine Verdrehung mit entgegengesetzten Vorzeichen.

Mathematisch lässt sich diese Verdrehung als ein involutiver Morphismus $\tau : X \to X$ beschreiben, für den gilt:

$$\tau \circ \tau = \mathrm{id}_X$$

also eine Spiegelung oder Umklappung, wie sie in der **Galois-Theorie**, der **Kategorientheorie** (Dualität) oder bei **Parity-Operatoren** in der Physik vorkommt. Diese strukturelle Inversion ist nicht zufällig, sondern zwingend, sobald ein System einen Ursprungspunkt (Singularität/MNO) besitzt, an dem alle Relationen rückkoppelnd zentriert sind. Der Betrachter steht zum Objekt dann nicht in linearer Opposition, sondern in einer **kontravarianten Beziehung** – mathematisch:

$$F : \mathcal{C}^{\mathrm{op}} \to \mathcal{D}$$

wobei das System genau deshalb »sich selbst sieht« – aber verdreht.

Physikalisch entspricht diese Polaritätsverdrehung der **CPT-Symmetrie** (Charge-Parity-Time), in der Elementarteilchen als Spiegelbilder ihrer selbst auftreten, mit umgekehrten Ladungen und Bewegungsrichtungen. Im MNO-Modell ist die Singularität genau jener Nullpunkt, an dem diese entgegengesetzten Zustände **nicht kollidieren**, sondern **konvergieren** – als konstruktiver Widerstand zwischen + und −, aus dem durch Rückkopplung emergente Struktur entsteht. Die Polarität ist somit kein Widerspruch, sondern die dynamische Bedingung für Gestaltbildung. Sie formt einen **Vektorraum über entgegengesetzten Operatoren**, in dem ± nicht gelöscht, sondern produktiv verschränkt werden.

Insgesamt liefert die Polarverdrehung also ein fundamentales Ordnungsprinzip, das sowohl mathematisch als involutive Symmetrie, als auch physikalisch als Phasenstruktur im Raum der Zustände interpretierbar ist. Das Bild macht sichtbar, wie diese Verdrehung nicht nur Beziehung *abbildet*, sondern *konstituiert* – als dialektischer Knoten zwischen Betrachter, Objekt und MNO.

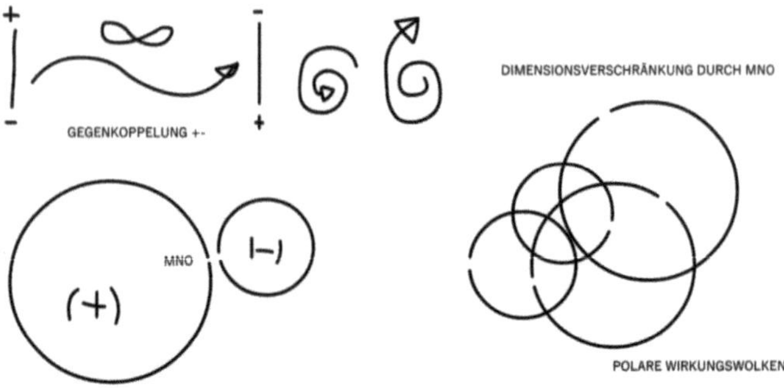

Probleme resultieren stets aus polarer Verhärtung, während der Durchlauf des Sphärenzyklus stets Probleme auflöst. Es gibt weder Alles noch Nichts als absolute Größe, somit kann sich Alles auch nicht verwirklichen und Nichts abtrennen. Weil MNO wie gesagt das Schließen des Raumes verhindert, darüber hinaus der Raum aus MNO resultiert, ist MNO die »höhere« Ordnung als das Objekt, welches sich in Alles und Nichts polar aufspaltet und dennoch dauerhaft ein MNO Phänomen bleibt. Somit entstehen Repräsentanzschichten, wie die Schalen einer Zwiebel. Aus ihnen gehen die Formgesetze aller Pflanzen, Tiere oder Objekte hervor. In der Koppelung wird das System stabilisiert. Die Pole verhindern den Zusammenbruch der Singularität als differenzierte Formerfahrung.

Wichtig ist zu begreifen, dass alles, was wir in MNO sehen können, oder glauben messen zu können, immer nur eine Repräsentanz von MNO ist und nicht MNO selbst. *Auch kann nicht gleichzeitig etwas gemessen und als Objekt erkannt werden, wenn im selben Moment die Beziehung erlebbar werden soll.*

Die Pole (wobei Pole auch nur Repräsentanzen von MNO sind) bleiben in sich immer gekoppelt. Die eine Seite kann die andere niemals besiegen, ohne sich selbst zu zerstören. Sie sind Singularität. Es existieren also nur Objekte die in der singularen Beziehung als Realitäten erlebt werden. Jede Neu-Definition oder Messung erschafft nur eine neue Polarität.

Das Paradoxe ist die Emergenz in reinster Form. Viel näher als über das erlebte Paradoxon, kann der Mensch MNO im bewusst Darstellbaren nicht kommen. Die Paradoxie hebt die polare Starre auf und macht Realität dynamisch. MNO hält auf diese Weise die Welt zusammen, indem es einzelne Realitäten offenhält und somit komplexere Realitätsarchitekturen möglich macht. Dies ist nur denkbar, weil MNO-Raum aus Lücken impliziert, während ein Universum aus Materie oder Objekten wie Antimaterie gebaut, irgendwann fertig und somit in sich tot wäre. Es gäbe weder Wechselwirkungen durch Raum und Zeit, noch wäre Homogenität von Entwicklung möglich. Ohne MNO wären Objekte nicht konstruierbar, denn sie wären in sich abgespalten und könnten nicht polare Beziehungen sein. Es gäbe auch keine Energie. Das aber ist die Voraussetzung für ein Universum, oder eine Realität.

Jede Polarität, egal ob plus, minus, ob heiß, warm, ob links oder rechts, sind Entsprechungen, also Repräsentanzen dieser einen Polarität zwischen Alles und Nichts. Doch schauen wir uns die Rückkoppelung in der Betrachter-Objekt Beziehung genauer an!

Die Rückkoppelung innerhalb der Singularität

Ein Impuls wird auf dessen eigenen Ausgang zurückgeführt. Der Betrachter erschafft durch die Definition des Gegenübers, eben nicht ein unabhängiges Gegenüber, sondern erlebt lediglich eine Form von Polarität, die stets, psychologisch gesprochen, eine Spiegelung des eigenen Selbst ist, welches gleichzeitig mit der Definition des vermeintlich Anderen entsteht (impliziert ist). In der Gegenkoppelung, einem wesentlichen Mechanismus des Kosmos in der Beziehung zu MNO, geschieht dies oft unter vertauschten Vorzeichen. Dadurch werden Systeme wie gesagt in sich stabilisiert und zugleich ausdifferenziert, bleiben aber dynamisch und in MNO. Niels Bohr sprach vom Komplementaritätsprinzip.

Wir modellieren den »Impuls, der auf seinen eigenen Ausgang zurückgeführt wird« als Endomorphismus $f : X \to X$. Die Menge seiner Fixpunkte

$$Fix(f) = \{x \in X \mid f(x) = x\}$$

repräsentiert die Momente, in denen Betrachter und Gegenüber **koinzidieren**: Das Objekt ist dann nichts anderes als eine Polarprojektion des Betrachters in den Singularitätskern. In einer *traced monoidal category* beschreibt der **Trace-Operator**

$$\mathrm{Tr}_W(f) : U \to V$$

genau diese Rückfaltung: Ein Teil des Morphismus wird durch das »Wurmloch« W geschleust, wodurch das System sowohl **stabilisiert** (Fixpunkt) als auch **ausdifferenziert** (neues Output-Objekt V) wird. Physikalisch entspricht das der Selbst-Energie-Korrektur eines Feldes: Eine Propagator-Schleife verschiebt die Masse, ohne das Feld aus dem Vakuum (MNO) herauszulösen. Das Prinzip der **Komplementarität** in der Quantenmechanik,

$$[\hat{x}, \hat{p}] = i\hbar$$

RÜCKKOPPELUNG UND POLARITÄT

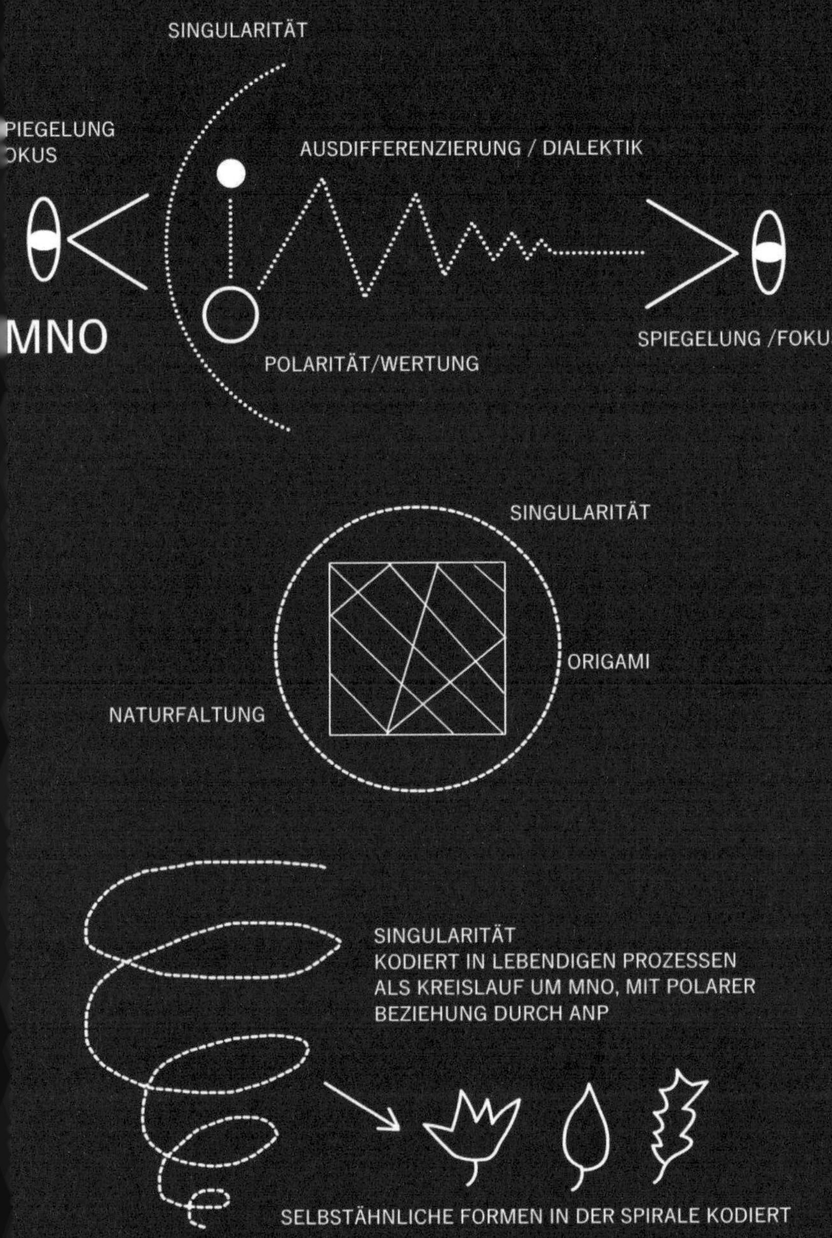

spiegelt denselben Sachverhalt: Betrachter (Messbasis $\hat{x}$) und Objekt (Messbasis $\hat{p}$) sind nicht unabhängig, sondern verkoppelte Polprojektionen derselben Singularität. So erklärt die Rückkoppelung, warum Systeme dynamisch bleiben, aber nicht ins Chaos kippen: Jede neue Differenz wird sofort über den Trace zum Nullpunkt referiert, bleibt damit im ontologischen Gleichgewicht des MNO.

Weil die MNO-Repräsentanz namens »Welt« oder »Universum« ebenfalls mit der dialektischen Ausdifferenzierung polar gekoppelt ist, das Universum sich also wie gesagt selbst durch die Betrachter-Objekt- Bindung des Menschen erlebt, wird auch der Raum selbst polar eingebunden und kann als vertikale Ordnung in allem abgerufen werden. Weil das Erleben aber da ist, ist Polarität möglich und somit kann sich das Universum durch das Erleben ihrer selbst, eigenständig projizieren und ist dennoch vertikal in der Gesamtordnung verschränkt.

Dennoch gibt es wesentliche Unterschiede im menschlichen Erleben, die besonders mit dem »Wertungsverhalten« des Menschen zu tun haben. Eine Wertung ist mehr als eine Entscheidung. Eine Wertung setzt eine Abwertung voraus und ist mehr als eine instinktive Entsprechung, eine Resonanz zwischen zwei Gegensätzen, die dann zu einem Gefühl von Nähe oder Distanz führt, zu Anziehung oder Flucht. Es ist ein Filter.

Die Natur als Repräsentanz von MNO wertet nicht, wodurch die Natur sich im übertragenen Sinne nicht jedes Jahr für eine neue Anzahl von Jahreszeiten entscheidet, weil sie den Winter nicht mehr mag, wohingegen der Mensch in der Betrachter-Objektbeziehung permanent wertet und dadurch den Entwicklungsschub vorantreibt. Das resultiert aus der Dynamik der menschlichen Psyche, die stets einen Schatten produziert, also eine Abwertung des eigenen Anteils im Gegensätzlichen. Die Spezies Mensch ist darum sehr invasiv. Sie eignet sich an und vermehrt ihre Schöpfungen. Während eine Hirschkuh weit-

gehend submergent integriert ist und die Hirsche sich nur
über Jahrhunderte hinweg in ihrem Verhalten ändern,
sprich den Wald, das Gras nicht ständig abwerten, wodurch sie neue Nahrungsquellen erschließen müssen und
dabei den ganzen Planeten übernehmen wollen. Man kann
das positiv sehen, im Sinne einer Kreativität, aber auch negativ im Sinne der Dominanz anderer Lebensformen.
Angesichts von MNO wird das ANP wie gesagt zu einem
Spiegel jedes Impulses und erzeugt 90 Grad verschränkte
Polaritäten, die dann zur Entstehung einer Evolutionsspirale, einer Assoziationsleiter, eines Sphärenzyklus werden. Polarität erzeugt in einem in sich geschlossenen System Kreisbewegungen, weil Kräfte sich polar abspalten
und gleichzeitig integrieren. Dabei ist jede weitere Ja-
Nein Differenzierung eine Repräsentanz vom ANP in
MNO, die mal mehr emergent, indimerget oder submergent erlebt wird, wodurch das jeweilige Wesen (Holon/
Sphäre) sich mal in komplexerem Wissen, in komplexerem Sein etabliert und mal in einfacheren Strukturen, derselben integrierten Assoziationsleiter oder Entwicklungs-
spirale. Hier nochmal im Brunnengleichnis dargestellt.

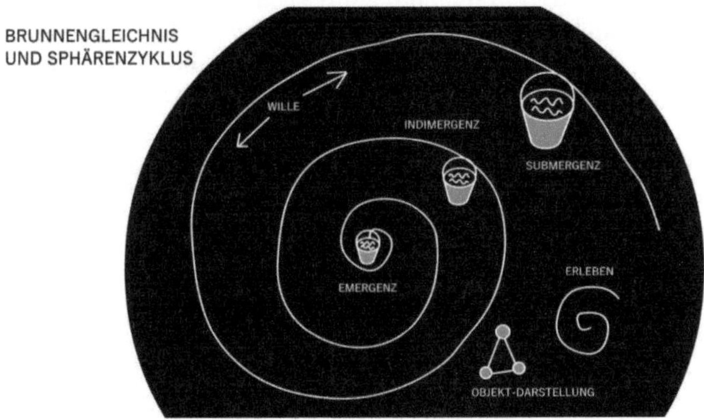

Durch das Prinzip »Wertung«, zum Selbstwerterhalt des
Betrachters, entsteht Ungleichgewicht in den Polaritäten.

Darum sind Menschen schöpferische Wesen. Im Gegensatz zu vielen anderen Polaritäten in der Natur, die stets den Ausgleich anstreben, sprich überhaupt nicht derart lokal in ihrer Existenz verortet sind, entscheiden sich Menschen frei, indem sie bewerten, also in Rückkoppelung mit ihrem Betrachter-Erleben sich für den einen oder anderen Pol entscheiden. Dadurch verorten sie sich aber auch stärker, also leben in materiellen, weniger durchlässigen Existenzen. Es ist Auswirkung der menschlichen Psyche, dass wir uns überhaupt als materielle Wesen verorten können. Dies ist die Folge der polaren Dynamik zwischen Ich und Welt und deren Schatten, auf die ich später noch eingehe.

Es ist durchaus denkbar, dass das Erleben eines Walfisches nicht so sehr mit dem Körper des Wals verknüpft ist, sprich der Wal sich selbst als weniger klare Form erlebt, sondern irgendwo zwischen fester Materie und offenem Raum existiert, weshalb die Gesänge der Wale beispielsweise mehr Existenz ausdrücken, als sie vielleicht zunächst scheinbar darstellen.

Viele Pflanzen- oder Tierarten erleben den Raum anders als der Mensch. Niemand kann sagen, ob eine Ameise ein individuelles Erleben hat. Die individuelle Perspektive provoziert die Entstehung von Masse im dialektischen Schub, aber das »Nichts« im Sinne von MNO hält die Welten und das Erleben integriert. Stark kollektivistische Lebensformen könnten darum ihr Erleben weniger im Körper verorten und mehr in Gerüchen, oder Tönen. Sie wären eine Geruchseinheit, die Körper als Sensoren entwickelt, die im Raum verteilt werden. Das wäre in etwa so, als hätten Sie freilaufende Ohren, die sich über dem Planeten ausbreiten, aber Ihr Erleben des Hörens wäre nicht lokal, sondern dezentral als Einheit verbunden.

Nicht der äußere Raum impliziert die Realität als eine konstruierte Einheit, sondern die Lücke (MNO-Repräsentanz) in allem. Das ist die Ebene der erlebbaren

Beziehung, die sich aber dem Definierbaren entzieht, um erlebbare Vielfalt zu ermöglichen.

Da sich in der MNO-Repräsentanz ein »Tor« (Raum kann sich nicht schließen) zur entgegengesetzten Dimension, als Pol darstellt, entstehen andere Dimensionen als durch Sphären mehr oder weniger abgegrenzte Realitäten und dies gilt sowohl für große Dimensionen im Sinne von Welten, wie auch für die Grenzen von Objekten, Kräften, Raumzeit und Energie, als polare Entgegensetzungen. Einfach gesagt. In einem Paralleluniversum wären Sie in vertauschten Rollen, wir würden nicht am Land, sondern im Meer leben, oder innerhalb von Planeten, statt auf deren Oberfläche. Sie verstehen das Prinzip. Dabei ist mir bewusst, dass dies vermutlich eine primitivere Darlegung innerhalb der Assozitationsleiter ist. Da auch Muster in Dimensionen in sich in Beziehung stehen, gäbe es jedoch »vermutlich« deutlich homogenere Übergänge. In jedem Objekt ist wie gesagt »ein« MNO »enthalten« welches, setze ich mich als Betrachter voraus, Beziehung zu wechselseitigen Bezügen ist. Darum gilt folgender Homogenitätssatz, der für die Gestaltung einer tatsächlich offenen und dynamischen Gesellschaft entscheidend ist: *Muster einer Wirklichkeit sind stets homogen über verschiedene Realitäten zu finden, weil vertikal integriert (Assoziationsleiter, Evolutionsspirale). Sind sie nicht zwischen Theorie und Alltag, zwischen Disziplinen übertragbar (im Sinne der Integralität), ist die Definition (Indimergenz) zu eng, die eigene Sphäre (Käseglocke) zu dicht und die Wirkung von polar abweichenden MNO-Repräsentanzen auf eine Wirklichkeit versperrt (Musterboden nicht sichtbar), sprich nicht bewusst. Wenn Muster innerhalb von Realitäten nicht breit kommuniziert werden können und sich nicht homogen in allen Systemen zeigen, werden Realitäten und die davon betroffenen Menschen beispielsweise von der bewussten und unmittelbaren Weltgestaltung ausgeschlossen. Sie werden in rein submergenten oder rein indimergenten Systemen nicht in das Gemeinsame integriert oder gar gehört.*

Es ist also ein Problem, wenn die Naturwissenschaft beispielsweise durch die Dominanz der Mathematik eine Sprache benutzt, die sich nicht auch in Kultur, Politik, Wirtschaft übertragen lässt, oder für alle Menschen mit etwas Mühe und in Beziehungsarbeit zugänglich und im Erleben »subjektiviert«, also in eigenem Konkretions-Erleben verändert werden kann. Das ist der Homogenitätsgrundsatz der Realitätenmechanik. Realitäten müssen integralitär übertragbar sein, um vielfältige Lebenswelten unterstützen und integrieren zu können, was zu mehr Intelligenz, Wissen, Entwicklungsenergie und sozialem Bewusstsein führt. Darum muss es möglich sein, auch über ganz alltägliches Erleben, tiefgehende Muster des Universums zu verstehen. Das Komplexe zeigt sich immer auch im Einfachen und umgekehrt. Die Freiheit des Individuums hängt aber wesentlich davon ab, dass diese Durchlässigkeit auch gelebt werden kann und darf.

Wenn ich aber heute ein Unternehmen betrete und keine Fachkraft bin, wird mein Wert für das Ganze nicht erkannt. Die Abweichung wird als falsch definiert, statt als Chance der Erweiterung und der Integration der Welt, um realistischer zu werden und die Sphärenschale zur Gesellschaft hinzuöffnen.

Eine Wissenschaft, die sich jeder erschließen kann, in die jeder Integralität erlebt, somit wahre Beteiligung erfährt, führt zu einer freieren und kreativeren Gesellschaft, mit komplexerer Technologie. Oft entsteht hier wie bereits früher erwähnt die Frage, wie eine Gesellschaft, die von :innen heraus organisiert ist, funktionieren kann. Das Individuum fürchtet hier sofort die Freiheit des Gegenübers, welches dann kriminell über Grenzen gehen könnte. Dabei wird die Betrachter-Objekt-Koppelung als Angst vor dem Fremden projiziert. Die Probleme werden im Fremden gesehen und nicht in der Betrachter-Objekt-Koppelung selbst, die zu extremen Polaritäten und Gridlocks führt. Durch die Objektfixierung und deren Koppelung an das Ich, wird die Angst vor dem Objekt-Kontrolle-Verlust zu einer klaren Existenzangst. All diese Spannungen entstehen aber nur, weil man selbst in der Objektwelt gestrandet ist und das eigene Ich sich statisch zur Welt verhält. Darum ist die Frage, ob eine freie Gesellschaftsordnung im Sinne vertikaler Ordnung, in der jeder seine Realität lebt und diese gleichzeitig auf natürliche Weise integriert ist, funktioniert, also keine Probleme macht, die falsche Frage. Denn die Probleme entstehen, weil genau das nicht zugelassen wird. Natürlich ist es sehr anspruchsvoll in einer Gesellschaft mit verängstigten Menschen eine Öffnung herbeizuführen, weil das Vertrauen fehlt. Das ist ein langer Prozess. Die Frage lautet, weshalb wir nicht damit beg:innen und diese Verantwortung übernehmen.

Wovon also ist die Realität ein Ausdruck? Was drückt sich in unserer Politik, Wissenschaft, Wirtschaft aus? Eben dieses Auseinanderklaffen von Erleben und Behauptung, von Wahrheit und Darstellung im ständigen Boxing ist, was den Menschen am Leben zerbrechen lässt. Dieser innere Widerspruch erzeugt die psychologischen Krisen, das Gefühl bedeutungslos zu sein, nicht gesehen zu werden, ja die ganze Ungerechtigkeit der Welt.

Wenn beispielsweise eine »objektive« Studie nachweist, dass ein Düngemittel, welches auf die Felder gespritzt wird, nicht gesundheitsschädlich ist, weil sich der Schaden nicht belegen lässt, müsste dies auch im Licht der Singularität, im Kontext des eigenen, sinnlichen Erlebens betrachtet werden, um andere Realitäten zu integrieren, statt zu verkürzen. Denn ein Problem ist in einem lebendigen System immer die Herausforderung zur Erweiterung. Hier passiert nämlich in der Regel heute folgendes! Der Begriff »Düngemittel« wird durch eine Polarität ersetzt, nämlich der Frage, ob schädlich oder nicht. Diese Polarität wiederum ersetzt die Annahme von Gesundheit in einem breiteren Sinne durch die Polarität gesund/ungesund, was im Sinne von ANP nicht dasselbe ist, wie ein in sich offenes, lebendiges Realitätsverhältnis (Ökosystem) in dem optimale Vielfalt herrscht. Umso mehr also der Frage nachgegangen wird, ob ein Spritzmittel schädlich ist, umso enger wird der Realitätsbezug und die »Natur« kommt darin nicht vor. Zwar lässt sich »objektiv« beweisen, dass ein Kunstdünger im engen gesund/ungesund Verhältnis als nicht ungesund, weil keine Wirkung auf ein lokales Organ beispielsweise nachweisbar ist, belegen, dabei hat aber bereits die Fragekette dieser Studie sich der Grundlage des Lebens entledigt. Die Realität ist in Submergenz verschwunden und wurde im Boxing zum Konflikt zwischen Objektivität und Mensch verschärft. Wir leben dann in einem abstrakten »Gesundheitsbegriff« und jedes Individuum welches erlebt, wie es im Umfeld von gespritzten Feldern erkrankt, in die Anstalt eingewiesen wird, oder wegen Verleumdung vom Hersteller des Spritzmittels verklagt.

Das folgende Bild zeigt, wie angesichts von MNO-Repräsentanz-Schichten entstehen. In jeder Schicht, jedem Objekt ist ein (das) MNO integriert (integrale Assoziationsleiter), aber eben nicht lokal in der Raum-Zeit verortet. Dabei ordnen sich die Dimensionen im 90 Grad Winkel polar und bilden auf diese Weise Realitätenketten, sprich ineinander verbundene Dimensionen. Jeder Fixpunkt (Pol) einer Polarität bricht in MNO eine neue Lücke, die sich wegen der Allgegenwärtigkeit des nicht-lokalen MNO´s nie vollkommen schließt. Auf diese Weise öffnen sich vertikale Ordnungen, die im selben horizontalen Themenfeld andere Tiefenschichten öffnen.

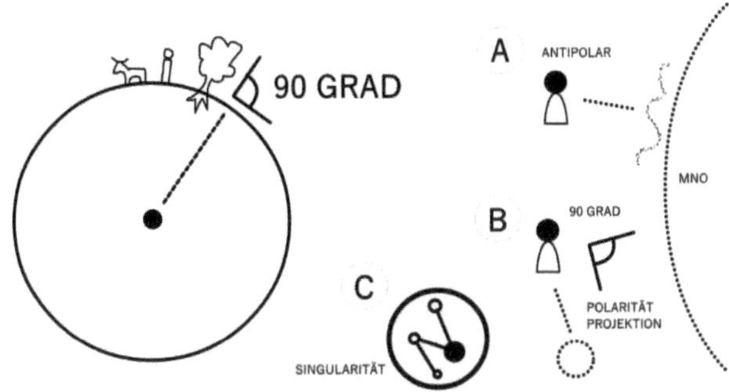

Sobald ein Betrachter, ein Pol als Definiertes oder als Definierender in Erscheinung tritt, wird gleichzeitig, wie gesagt, das »Gemeinte« im MNO durch eine Lücke ersetzt, die eine weitere Polarität und somit auch Singularität/Sphäre zur Folge hat. Dies bildet eine Linse, durch die im sich beinahe schließenden Kreis eine Realität entsteht, oder schlicht ist, da dies keine zeitliche Abfolge (zeitlos) bildet. Aus jeder Lücke entsteht wieder eine neue, vertikale Ordnung, die nie alles abbildet, im Sinne der Objekte, aber die Beziehungsstruktur der Welt zum Ausdruck bringt. Auf dieser Ebene kann das Individuum konkret mitgestalten, ohne das System in Chaos zu stürzen.

Sobald ein **Betrachter-Pol**—sei es als *definiertes Objekt* oder als *definierende Instanz*—auftaucht, wirkt er wie ein **Quotientenoperator** $\pi : X \twoheadrightarrow X/\sim$: Alle Freiheitsgrade, die im Minimal-Nicht-Objekt enthalten waren, werden auf einen neuen Äquivalenzklassenraum projiziert. Genau an der Stelle, an der Information »weggedrückt« wird, öffnet sich eine **Rest-Lücke** $\Delta \subset M$; topologisch ist das die **Kernausscheidung**

$$\ker(\pi) \neq \varnothing$$

physikalisch entspricht es einer **Renormierungs-Skalierung**: Bei jedem Schritt des RG-Flows wird ein Teil der hochenergetischen Freiheitsgrade integriert—und hinterlässt eine fraktale Selbst-Ähnlichkeit, die sich als neue **Singularität/Sphäre** manifestiert. Die entstehende »Linse« kann man als **holografische Folie** verstehen (vgl. Bekenstein-/'t Hooft-Grenze): Im beinahe geschlossenen Kreis bleibt die Fläche endlich, doch die Lücke trägt weiterhin das (unendliche) MNO-Kontinuum. Mathematisch bildet diese Kette ein selbstähnliches Funktor-Iterat

$$F^n(X) = \mathrm{Tr}\!\left(F^{n-1}(X)\right)$$

bekannt aus der **fraktalen Kategorie-Endosteigung**; physikalisch zeigt sie sich als vertikale Schichtung von Energieskalen—vergleichbar mit der **UV-IR-Verschränkung** im AdS/CFT-Kontext.

Gerade weil jede neue Ordnung nur ein Quotient und nie das Ganze ist, bewahrt das System seine **Nicht-Totalität**: Das Individuum kann an der aktuellen Schicht konkret eingreifen—beispielsweise über lokale Störungen δL in der effektiven Lagrangedichte—ohne den globalen Hintergrund in Chaos zu stürzen; die Rest-Lücke verschiebt sich bloß um

$$\Delta \mapsto \Delta'$$

bleibt aber als Stabilitätspuffer erhalten. So verbindet das Modell den **Gödel-haften Unvollständigkeitsrand** (mathematisch) mit der **Komplementaritätsspannung** (quantumphysikalisch) zu einer konstruktiven Architektonik lebendiger Realität.

Das Leib-Seele Problem und die menschlichen Sinnesorgane

Ich möchte jetzt mit Hilfe der menschlichen Sinne näher auf MNO eingehen und versuchen das Leib-Seele Problem durchlässiger zu gestalten, damit klarer wird, wie aus der Lücke ein Raum, ein Körper entsteht. Das ist es was ich im Sinne der Auflösung der Armut, hier zum Ausdruck bringen will. Die Sinne sind in gewisser Weise der Sinn, da diese Sprache, Wissen, Beziehung und Welt zugleich verkörpern und dennoch hoch individuell integriert sind. Soll das Erleben die Grundlage von Realität sein, muss die sinnliche Wahrnehmung durch Emergenzerfahrung trainiert und erweitert werden. Sie ist dann nicht etwas, was in der modernen Wissenschaft durch Messinstrumente ersetzt wird, sondern ein Werkzeug des Menschen, um Realität zu gestalten, ja um überhaupt die Ressourcen für die Konstruktion von Realität in der ganzen Breite erfassen zu können.

Sinne ermöglichen uns, erweiterte Räume zu übersetzen und sind gleichzeitig in sich MNO-Phänomene. Das folgende Bild stellt ein Sinnesorgan als MNO-Phänomen dar. Da ist der Nase-Hirn Komplex, also polare Anordnung zwischen :innen und Außen.

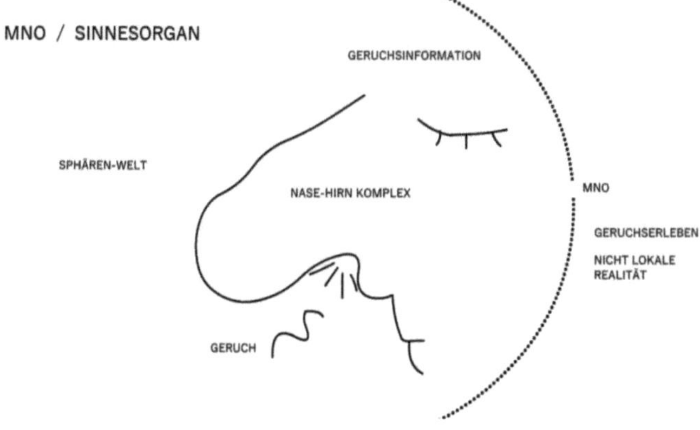

Die Geruchsinformation wird im Hirn-Nase Komplex übertragen, aber das Geruchserleben »entsteht« als nicht verortbares Minimal-Nicht-Objekt. Dass die Qualia (das Erleben) sich nicht im Gehirn verorten lässt, ist auch der klassischen Wissenschaft als Leib-Seele Problem bereits bekannt. Die Reizübertragung und Reizübersetzung im Gehirn entspricht nicht 1:1 dem Erleben. Die Qualia ist eine Gegenkoppelung im Dreiecksverhältnis Betrachter-Welt-MNO.

Der Betrachter blickt durch das Ich in die Welt und gleichzeitig projiziert die Welt (Sphäre/MNO Repräsentanz) eine Spiegelung durch das Ich auf MNO. Trifft aber dabei nur die Schale der Sphäre, der Singularität. Darum ist das Zentrum der Sphäre gleichzeitig die Schale der Sphäre. Denn auf MNO selbst kann nichts projiziert werden. Daher fällt bei jeder **Sphärenprojektion** der radiale Parameter r unter der Quotientenabbildung

$$q : (0, \infty) \times S^{n-1} \to S^n \ \text{mit} \ q(r, \theta) = \frac{r}{1+r} \theta$$

auf die beiden Fixpunkte r = 0 und r → ∞ zusammen; identifiziert man diese Enden, erhält man topologisch eine **compactified line** S^1, in der **Zentrum und Schale punktweise äquivalent** sind.

Physikalisch entspricht das der **holografischen Radialkoordinate**: In Anti-de-Sitter-Geometrien wird das Gravitationszentrum bei r = 0 durch denselben Metrixfaktor skaliert wie die konforme **Randfläche** r → ∞ beide tragen identische Informationsdichte—weshalb im MNO-Rahmen keine weitere Projektion möglich ist. Mathematisch formuliert: Die Abbildung

$$\text{proj} : S^n \twoheadrightarrow MNO$$

ist **trivial**, d. h. $\ker(\text{proj}) = S^n$; alle Punkte der Sphäre werden im Null-Objekt identifiziert, wodurch Zentrum und Schale zwangsläufig denselben Äquivalenzpunkt bilden. Damit sind radiale Polarität und periphere Polarität nur zwei Koordinatendarstellungen ein und derselben Null-Stelle; sie können nicht getrennt projiziert werden, weil MNO—als Zero-Objekt—keine weiteren Morphismen zulässt.

Die Qualia ist MNO-Repräsentanz, welche sich selbst durch den Fokus der Ich-Welt erlebt. Anders gesagt. Das Universum schlüpft für einen Moment in Ihre Existenz und erlebt sich selbst als Sie. Das ist was Sie als Ihr eigenes Bewusstsein erleben. Sie können Ihre Gedanken, Ihren Körper, Ihre Emotionen als polare Repräsentanzen davon abspalten, um Ihre Psyche, Ihr Ich entstehen zu lassen, aber das Erleben bleibt unverortbar. Dieser »stille Zeuge«, der ständig durch Sie die Welt erlebt, aber eigentlich nicht personifiziert ist, ist vom Verstand nicht greifbar, ohne Polaritäten darzustellen und Repräsentanz-Schalen abzuspalten. Er ist aber die Voraussetzung, damit wir uns überhaupt verstehen können, weil wir uns eben nicht verstehen können. Verstehen bedeutet das Abrufen von Wissen, welches erst in dem Moment konkret wird, da es gebraucht wird. Ist das Wissen vorher bereits da, lebe ich in einer Welt voller Vorurteile und kann authentisches Verstehen nicht ermöglichen. Darum setzt »Verstehen« eine Haltung des »nicht Wissens« voraus. Konkretion und Intima sind also Momente der Schärfe, obwohl sie von außen wie schwammige Offenheiten erscheinen.

Wir leben in einer vertikalen Welt und projizieren diese auf die horizontale Oberfläche des Planeten. Lassen zu, dass man die Projektion von außen regelt, dissoziiert und so tut, als sei das die Realität. Daran leidet der Mensch. Diesen stillen Zeugen beschreibe ich auch als die Vakuumerfahrung. Es ist die Lücke, aus der Sie sich projizieren. Die Lücke drückt sich in allem aus, aber sie ist nicht dargestellt, nicht als Hierarchie der Objekte untergliedert.

Die Sinnesorgane sind in diesem Spiel die Nabelschnur zur erlebten Realität, das Wurmloch zwischen den Dimensionen, die Ausstülpung der Welt aus der Lücke. Die Welt wird durch dieses Wurmloch (inwendig) projiziert, als Kreis, als Sphäre mit einer Abwesenheit. Die Betrachterachse, im 90 Grad Winkel der polaren Anordnung, projiziert stets in das Inneren der Sphäre. Das MNO liegt im übertragenen Sinne am Hinterkopf, während der Raum als inwendiges Objekt, als Hülle zwischen den Polen Betrachter und Objekt entsteht.

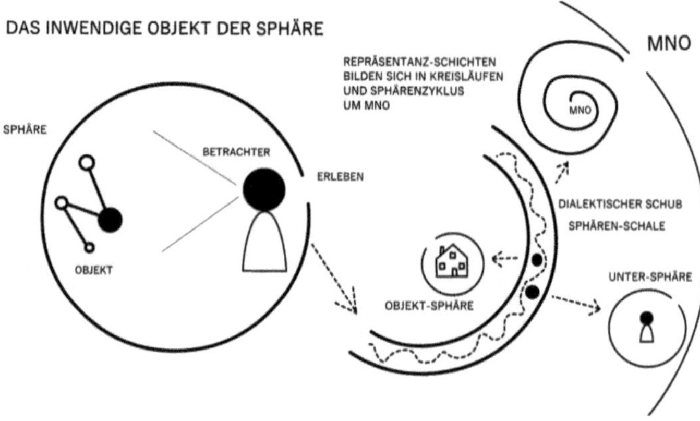

Dabei ist es wichtig zu verstehen, dass die sinnliche Welt, die Welt mit Sinnhaftigkeit, nicht etwas ist, was mühevoll konstruiert werden muss, sondern sie ist bereits da, sprich ist durch Erweiterung des Erlebens integriert. Dafür aber muss die Lücke gegenüber dem Objekt aufgewertet werden. Denn ohne das »nicht wissen« können die Sinne keine Konkretion erreichen, also keinen unmittelbaren Realitätsbezug. Der Mensch lebt dann in einer abgeschotteten Wolke und versperrt sich selbst den Weg zum Wissen der jeweiligen Realität. Es macht also Sinn, sich immer wieder neuen, sinnlichen Erfahrungen zu stellen, weil das bedeutet mit der Realität ganz konkret zu werden, statt in den Erfahrungen der Vergangenheit zu leben. Genau das aber wird in unserer Gesellschaft systematisch bestraft. Wer sich dem »nicht wissen« stellt, wird zu oft als inkompetent dargestellt. Das daraus gewonnene Wissen wird entwertet und das sinnliche Erleben als Freizeitbeschäftigung deformiert. Darin aber beginnt erst die »echte Arbeit«, die tatsächliche »Wertschöpfung«.

Die Sinnesorgane bilden sich als polare Repräsentanz der Lücke an der Raumkrümmung zu MNO und werden wiederum durch das Gehirn gespiegelt und in die sinnliche Wahrnehmung des Individuums integriert. Dabei gibt es keine Hierarchie, in dem Sinne, dass der Körper mehr Wert wäre als der Geist oder umgekehrt. Der Geist erschafft nicht den Körper und der Körper nicht den Geist, sondern beide sind polare Antworten, oder aus polaren Differenzierungen hervorgegangen.

»Meine« Theorie hebt die Notwendigkeit von Kausalität als Konstruktionsursache des Universums auf und ersetzt sie durch Polarität und Zirkularität. Es braucht kein anderes Ding, damit ein weiteres Ding entsteht. Sondern es reicht MNO als »Nichts«. Arm bedingt Reich. Reich ist nicht Reich, weil es sich besser verhält als arm, sondern weil Arm Reich impliziert. Arm und Reich ist praktisch dasselbe. Wer reich ist, ist arm. Wer arm ist, ist reich. Wenn Sie den einen oder anderen Satz leben, erleben Sie die Paradoxie als Realität, weil das Erleben die Wirklichkeit schafft, nicht die externe Definition oder der Beweis des Vorhandenseins von Objekten. In der Assozitionsleiter ergeben sich dadurch breitere Kontextualisierungen der Erfahrung Reich oder Arm. Es entsteht abweichendes Erleben, wodurch überhaupt lebendige Organismen möglich werden.

Solange die Gesellschaft das nicht erkennt, bleibt sie in einem Armutsbegriff, durch den die Reichen sich in ihrer Beziehungsverweigerung und Ihrem Machtanspruch legitimieren und einem Reichtumsbegriff, der die Gesellschaft in mehrerlei Hinsicht verarmen lässt.

Nun legen Sie das auf die konkrete Frage um, weshalb sie arbeiten gehen? Ich sage, Sie tun es eigentlich, weil Sie eine Antwort suchen, eine Antwort sein wollen. Die Wirtschaft sagt, weil Sie dadurch die Gesellschaft und das Universum aufbauen. Das ist nicht falsch, aber es ist eine zu primitive Betrachtung. Denn es schließt Faktoren wie die Selbstbestimmung der ArbeiterIn bewusst aus. Sie haben dann nur einen Wert, wenn sie das tun, was das Unternehmen will, dass Sie tun. Tatsächlich ist alles, was Sie tun könnten, wertvoll für das ganze System. Auch »nichts« zu tun, denn was soll »Nichts« anderes sein als eine legitime Phase singularer Fülle? Es ist ja nicht wirklich möglich als polares Wesen nichts zu tun. Dann sind sie mehr als die vermeintliche Polarität in die gesellschaftliche Norm Sie zwingt, um Ihnen kausale Zusammenhänge einzureden, damit Sie das gegenüberliegende Weltbild bestätigen.

Die Welt ist nicht kausal konstruiert, sondern polar. Durch den Zyklus von Submergenz, Indimergenz und Emergenz und die Verdrängung von Integralitätserfahrung durch Objektivität, entsteht lediglich der Eindruck, Dinge passierten, weil andere Dinge passieren. Nein, das Universum ist in sich integriert und assoziiert. Es gibt eigentlich keine Entwicklung im Sinne eines linearen Fortschritts, weil die Zeit nur eine Differenzierung von unterschiedlicher Raumerfahrung ist, was damit zusammenhängt, dass der Mensch in der Objekt-Betrachter-Koppelung wertet und somit den dualistischen Schub unendlich fortsetzt, dabei sich aber nicht bewusst wird, dass er stets nur sich selbst immer wieder neu spiegelt.

Wie das Bild mit der Nase zeigte, ist das Geruchserleben als MNO nicht lokal verortet. Anders ausgedrückt, die Erlebnisebene ist somit auch nicht individuell abgeschottet, sondern vermutlich kollektiv integriert, wenn auch nur in Repräsentanzschichten, wie einem Kollektiv-Geruchssinn, einem über- oder über-über kollektiven Geruchsmuster usw...

Ihr Geruchserleben ist vermutlich auch das Geruchserleben anderer Menschen. Wenn wir einen Duft wahrnehmen, entsteht zunächst ein **reines Geruchserleben (Qualia)** – ein elementares »So-riecht-es-jetzt« ohne jede Bewertung. Dieses Roh-Erleben ist nach deinem Modell kein privates Eigentum, sondern ein **gemeinsamer Bewusstseins-Modus**, den alle Menschen simultan anzapfen: eine Art globaler Geruchskanal im MNO-Feld. Erst der **lokale Nase-Hirn-Komplex** legt darüber seine persönliche Ausdeutung (»gut / schlecht«, »Rose / Abgas«) – vergleichbar mit einem Fourier-Filter, der aus einem universellen Signal spezifische Frequenzen herauslöst.

Wird uns durch Erziehung beigebracht, bestimmte Düfte zu meiden oder zu ignorieren, **verengen** wir diesen Kanal: Im mathematischen Bild projizieren wir den vollen Geruchsraum G auf einen Quotienten $G/\sim$ in dem viele Nuancen als gleich oder »wertlos« identifiziert sind. Physikalisch entspricht das einer **Reduktion der sensorischen Phase-Space-Dimensionen**; ein Teil der Informationszustände sinkt in Submergenz ab. Weil jede Sinnesbahn eine **polare Ausstülpung** des MNO ist, behindert jede solche Schrumpfung auch den Zugang zu benachbarten Dimensionen: Wer olfaktorische Vielfalt dämpft, verringert auch die Kopplung an emotionale oder mnestische Netzwerke, die neurologisch nachweislich eng mit dem Riechkolben verschaltet sind.

Die Nase fungiert damit wie ein **mikroskopisches Wurmloch**: zwei eigentlich getrennte Bereiche – materiale Partikel außen, subjektives Erleben innen – sind darin kurzgeschlossen. Gelingt es, die kulturell dominante Bewertung (+/−) aufzuheben, entsteht eine **neue Polarität** mitsamt eigenem MNO-Rest; aus systemischer Sicht öffnet sich dann ein zusätzlicher Freiheitsgrad, der wie ein »Zeitreisekanal« Unbewusstes (Vergangenes), Aktuelles und Erwartetes synchronisiert. So zeigt schon der Geruchssinn, wie jede Sinnesschleuse im Kern ein offener Tunnel zwischen Dimensionen ist – und wie leicht Gesellschaften durch Normierung solche Tunnel zusetzen und damit emergente Möglichkeiten verkleinern.

Soweit ein kleiner Ausflug in die fantastischeren Seiten dieser Theorie.

Die Konstruktion der BetrachterIn

Die Frage lautet jetzt, wie ergibt sich eine BetrachterIn? Wie verfestigt sich eine Perspektive, die zur Grundlage einer Monorealität, einer Sphäre wird? Später will ich davon die Entstehung von Psyche ableiten.

Im ANP entsteht Polarität und Wertung. Wobei die Wertung aus dem Umstand passiert, das im Erleben das Ich als Pol (der Betrachter) sich selbst nicht als Dualität erlebt, weil beispielsweise eine Sinneswahrnehmung fehlt und darum die Dualität extern projiziert, dabei aber eine wertende Stellung, eine Perspektive einnimmt. *Eine Perspektive (BetrachterIn) ist die Abwesenheit von Erleben der Polarität, als von sich selbst ausgehend. Dies resultiert aus der Schwächung der sinnlichen Wahrnehmung, also der Sinnbindung.*

Physikalisch lässt sich das so deuten: Wenn sensorische Kopplungen geschwächt werden, kollabiert das ansonsten verschränkte System »Körper ↔ Umwelt« in einen nahezu reinen Eigenzustand $|\psi_{iso}\rangle$.

Dadurch gehen die interference-Terme $\langle\psi_{env}|\psi_{self}\rangle$ gegen null – das subjektive Bezugssystem erlebt sich als isolierte Perspektive, weil die real vorhandene Polarität (Wechselwirkung) **dekoheriert.** Sinnliche Unterbindung wirkt also wie eine lokale Messung, die das offene Quantensystem auf eine einseitige Projektion reduziert; das Ergebnis ist ein Beobachter, der seine eigene Rolle im Polarkreis nicht mehr spürt.

Wenn ich erlebe, wie eine Polarität von mir ausgeht, also in der lebendigen Beziehung bin, ist es keine harte Polarität mehr, sondern eine dynamische Schaukel, die sich ohne Bedrohung der eigenen Identität, die dann erweitert wird, auflösen oder integrieren lässt, um es psychologisch zu sagen. Ich kann dann frei assoziieren und erkenne mich selbst in der Welt, während die Welt eine Chance hat sich an meinem Ego vorbei in mich einzuschreiben. Wertung resultiert also aus dem Mangel an bewusstem polarem Erleben. *Die BetrachterIn ist die Folge fehlender Beziehungsfähigkeit. Ohne MNO wäre die BetrachterIn nicht möglich, denn die Pole wären komplett abgeschottet. Es gäbe diese schlicht nicht. Wir hätten Welten wie tote Stahlkugeln.*
Einer der wichtigen Grundsätze der Realitätenmechanik lautet:

»Die MustermacherIn, also das was mit der Zuschreibung einer Verortung des Ausgangspunktes von Realität gemeint ist (Gott, Universum, Seele, Antimaterie, Gesellschaft...), kann innerhalb des eigenen (lokalen, untergeordneten) Bezugssystems nicht dargestellt werden. »Darstellbar« ist lediglich eine Polarität. Es kann sich aber als Musterverhältnis zum Ausdruck bringen. Nur lässt sich das nicht festhalten und mit einem anderen Momentum identisch vergleichen, weil jede neue BetrachterIn die Beziehung also die vertikale Ordnung verändert.«

Mathematisch-physikalische Formulierung

Sei Σ das Gesamtsystem aller möglichen Bezüge und $C \subset \Sigma$ ein lokaler Beobachterausschnitt.

Die »Mustermacherin« P (Gott, Universum, Seele ...) lässt sich als Funktor

$$F_P : \mathcal{C}^{\mathrm{op}} \to \mathbf{Set}, \quad F_P(X) = \mathrm{Hom}_\Sigma(X, P)$$

auffassen.

Satz (Undarstellbarkeits-Prinzip)

Falls P selbst *innerhalb* C repräsentiert werden könnte, müsste ein Objekt $R \in C$ existieren, so dass

$$F_P \cong \mathrm{Hom}_\mathcal{C}(-, R)$$

(**Yoneda-Repräsentierbarkeit**). Für den realen Mustermacher gilt jedoch

$$\forall X \in \mathcal{C} : \mathrm{Hom}_\mathcal{C}(X, P) = \varnothing$$

weil jeder Morphismus in Σ zwangsläufig die vertikale Ordnung (das Beobachter-Objekt-Gefälle) verändert und damit P außerhalb C verschiebt. Darstellbar bleibt nur die **Polarität** zweier Bilder,

$$\pi_\pm : X \rightrightarrows Y$$

deren Unterschied ein Musterverhältnis (Interferenzterm)

$$\Delta F = |\,\pi_+ - \pi_-\,|$$

liefert. Dieses Verhältnis ist beobachtbar, kollabiert aber, sobald ein neuer Beobachterrahmen C' gewählt wird, weil dann die Hom-Mengen und damit die gesamte vertikale Ordnung neu faktorisieren.

Physikalisch entspricht (1) der Situation eines **kalibrierungsfreien Nullpunkts**: ein Ursprung (wie ein reiner Gauge-Fixpunkt oder die globale Phase eines Wellenfelds), der im eigenen Eichraum nie als Observable auftauchen darf. Was messbar bleibt, sind nur **Differenzen**—die Polaritäten (2)—deren Werte sich mit jeder Änderung des Beobachterrahmens (Boost, Gauge-Shift) zwangsläufig neu justieren. Das »Muster« existiert also nur als **dynamische Interferenz** (3); es kann nicht als stabiles Objekt in den lokalen Koordinaten festgehalten oder mit einem späteren Momentum identisch verglichen werden.

Die BetrachterIn stabilisiert durch den Kreiszwang der Sphäre die Integration der vertikalen Welt und lässt eine horizontale Welt entstehen, die dem eigenen EGO schmeichelt, es im Selbstwert erhält und aufwertet. Es folgen ein Wertesystem und Regeln. Dann erscheint für das EGO alles in bester Ordnung. Nur seltsam, dass die Welt plötzlich Probleme macht und andere Menschen sich von dieser simplifizierten Welt unterdrückt fühlen. Das fällt eine längere Zeit nicht auf, da man sich an das Bestehende gewöhnt hat, durch die eigenen Wertvorstellungen weitgehend geschützt ist und ein Herrschaftssystem an einem nuckelt, welches einen dafür belohnt, dass man stillhält und keine Emergenz zulässt, sowie zu sehr in Richtung Indimergenz abweicht, und somit aus dem bürgerlichen System fällt, was unweigerlich das ganze System in Richtung Emergenz verschieben könnte.

Das Vorhandensein von Polarität, im Speziellen von der Polarität Alles oder Nichts, oder Adam und Eva, oder Materie und Antimaterie, ist im Sinne der unbelebten Natur der einzige Beweis der Existenz von Erleben (Bewusstsein). Sobald MNO »scheinbar« verschüttet ist, verfestigt sich ein Beobachter-Erleben. Es ist die

Geburtsstunde von sich ihrer selbst bewussten Lebewesen. Großartig und schrecklich zugleich.

Sich seiner Selbst bewusst zu sein, bedeutet gleichzeitig das Erleben der polaren Beziehung zu verlieren, es sei denn alle drei Sphärenzyklen sind in sich gleichwertig integriert. Das Selbstbewusstsein, im Sinne des Ego, ist stets mit der Submergenz, also der Verdichtung der Sphärenschale verbunden.

Ich stelle fest: »*Wir haben gelernt mit und in Objekten zu denken, aber nicht mit der Abwesenheit des Objekthaften.*«

»*Nichts, was ist, eignet sich, um der Welt, dem Selbst, der Wahrheit umfassend gerecht zu werden. Was noch nichts ist, hat aber stets das Potenzial alles zu werden. Dafür aber muss ich »nichts« sein dürfen. Genau diese Forderung richte ich hiermit an die Institutionen und die Menschen dieser Welt.*«

Das Realitäten-Auge

Die Singularität offenbart noch weitere Überraschungen. Bisher war es nicht möglich die Brücke zwischen Geist und Materie zu beschreiben und zu entschlüsseln, durch welche Grundprinzipien innere, vertikale Ordnungen sich konstruieren, obwohl sie dezentral ja nicht mal lokal verortet sind.

Klassisch geht man davon aus, dass das Erleben (Qualia/Bewusstsein) lokal existieren muss, um existieren zu können. Weil das ANP schwer zu ertragen ist, wenn man von »gesichertem« Wissen beispielsweise einen Job, einen Status, eine Legitimation ableiten will.

Das ANP besagt, dass die Schöpfung aus der Abwesenheit von etwas nicht Darstellbarem »entsteht«. Ich betone das nochmal ganz deutlich! Aus der ABWESENHEIT, genauer gesagt aus der Abwesenheitserfahrung! Eben diese zeichnet das MNO wesentlich aus. Die Lücke impliziert durch die singulare Polarität den Raum. Umso stärker Sie versuchen das Objekt in sich zu schließen, umso präsenter zeigt sich die Lücke, bis hin zur daraus resultierenden, polaren Erschaffung oder Implizierung von einem neuen, gegensätzlichen Raum-Lücke-Komplex.

Die Abwesenheitserfahrung, die sich davon ableitet, dass die Qualia, das Erleben ein MNO ist, hat starke Auswirkung auf den Realitätsraum selbst.

Erst durch das folgende Modell des Realitäten-Auges wird klar, warum das MNO als marginale Abweichung dennoch den Mehrheitsraum »dominiert« und somit die eigentliche MustermacherIn eines Systems ist (paradox, weil eben kein Ding, also auch keine Macherin), obwohl sie wie die Ausnahme der Regel erscheint. Genau diese Gewichtung ist wesentlich für die Stärkung der Rolle des Individuums in einem System. Denn dann geht Wirkung tatsächlich nicht von Masse aus, sondern von abweichender Antwort auf die Lücke.

Wenn Wissen sich von Abwesenheitserfahrung ableitet, ordnet es sich nicht mehr linear, im Sinne einer Evolution des Wissens, welches sich beispielsweise kausal in der akademischen Geschichte zeigt, sondern setzt sich stets neu zusammen, als singulare Repräsentanz des Ganzen, ausgedrückt in einem Bezugssystem, welches sich vom Erleben ableitet. Realität ist also nicht die Folge der Aneinanderreihung und Kartografierung von totem Wissen, sei dies nun bewusst oder unbewusst, sondern in jeder Erfahrung steckt wie gesagt das Muster-Wissen der Welt. Dies ist keine religiöse oder spirituelle Aussage, auch wenn darin eine enthalten sein kann, sondern das Ergebnis von logischem Denken und lebendigem Erfahren. In dem ich den Bezugspunkt verändere, werden unterschiedliche Aspekte betont und heraus geformt. Das stellt aber beispielsweise das Universitäre Prinzip in Frage, weil Wissen dann keinen Lehrer benötigt, sondern es viel mehr darum geht, wie unterschiedliche Realitätserfahrungen durchlässiger werden und offenere Strukturen hervorbringen, die möglichst hohe Vielfalt ermöglichen, weil die Komplexität des Wissens, die höhere Intelligenz sich dann über die Vielfalt bildet und nicht über Ausschlussprozesse, die abweichendes Erleben abwerten oder dämonisieren. Das Paradigma, nachdem Technologie und Fortschritt nur auf linearer Wissensvermittlung basieren kann, stellt sich als überholt heraus. Wer also in der Schule vermeintlich »scheiterte«, weiß nicht weniger, sondern sein Wissen wurde lediglich ausgeschlossen und entwertet. Das ist kein intelligenter Umgang mit jungen Menschen, deren Ressourcen, die wir überhaupt noch nicht kennen, später einmal sehr wichtig werden könnten.

Ich möchte nun darauf eingehen, weshalb, obwohl auch der Begriff »Abwesenheit« unzulänglich ist, es, doch Sinn macht sich mit dem Gedanken anzufreunden, dass unser Erleben daraus gebildet wird, dass etwas eben nicht da ist und eben genau darum als Erleben existiert. Der Sinn muss sich nicht zwangsweise davon ableiten, dass etwas kausal entstanden ist. Also Folge von ...

Sehen Sie, wie das den Menschen grundlegend befreit und gleichzeitig mit natürlichen Ordnungsprinzipien einer Gesellschaft versöhnt.

Das kehrt die Herangehensweise komplett um. Nur dort wo etwas ist, ist auch Hierarchie, Polarität und Wertung, weil ein Betrachter dann in sich selbst als Ego dominiert. Dort wo alles sich bildet, weil es nicht da ist, wird Zusammenwirkung, Beziehung oder Auswirkung stärker gewichtet. Konkurrenz macht weniger Sinn, weil man nicht auf den einen Höhepunkt zustrebt, weil dieser die eine Wahrheit ist, sondern weil es schlicht Spaß macht, oder einem eine Befriedigung gibt eine konkrete Form zu erschaffen. Die konkrete Form darf aber nicht absolut besser sein als das Unkonkrete. *Darum ist meine Physik auch eine politische Physik, wie jede Physik eine politische Physik ist.*

Die Pyramide, um eine traditionell häufig benutzte Darstellungsform von Realität als kausal und linear gebautes

Hierarchiemodell zu verwenden, hat in meinem Verständnis keine Spitze. Es gibt aber Treppen, wobei jede Treppe nur eine Repräsentanz des dialektischen Schubes ist, also die Darstellung einer Welle. Auf jeder Treppe ist das Erlebnis höherer Treppen integriert. Die Betrachter Wertung lässt die Treppe immerzu länger werden und projiziert den Betrachter selbst als Spitze der Pyramide. Das ändert sich nicht, wenn man »höher« wandert. Die Treppen werden lediglich enger, weil die Objektivität der Treppe den Assoziationsraum verkürzt, die Sphäre der Realität verengt. Es wird etwas Konkretes geschaffen. Ein Ziel, ein Wille, eine Spitze... Jedoch indimergent, also von der Welt abgeschottet. Was Sie in jedem Herrschaftsmodell sehen können. Etwas formt sich präziser aus, Vielfalt wird reduziert usw... Nur wenn man davon ausgeht, die Pyramide hätte eine Spitze, macht die ganze Unterscheidung zwischen oben und unten überhaupt Sinn. Die meisten unserer Strukturen implizieren es gäbe diese Spitze und sie sei die Erklärung für die Existenz der Treppen, während den unteren Treppen vorenthalten wird, dass auf jeder Treppe die Erfahrung von Treppe erlebbar ist, sprich eine Repräsentanz ermöglicht. Tatsächlich ist die Vorstellung von der Spitze eine Abstraktion der Wertung von Unterscheidung, die sich aus der Gegenkoppelung ergibt. Eine Art optischer, gedanklicher Täuschung der BetrachterIn. In dem Versuch die Welt abzurunden, wird eine Spitze konstruiert, als Spiegelung der BetrachterIn, um sich im Verhältnis dazu selbst aufzuwerten. In dem Sie Ihren Chef als Chef anerkennen, erkennen Sie auch ihren eigenen Status in Relation dazu an. Das Prinzip der Treppe wird einfach vom Geist linear weitergeführt.

Diese Spitze ist in all unseren Gesellschaftsstrukturen allgegenwärtig. Im Leistungsdenken, im Objektzwang, in der Justiz, in der Politik, im Bildungssystem. Die abgerundete Welt, welche sich der Lücke nicht stellen will, aus der sie hervorgegangen ist, als Antwort, erfindet den Weltenschöpfer als Hierarchiemodell, als Kausalitätsprinzip, als ewig ungerechte Abwertung eines großen Teils der Schöpfung, zum reinen Selbsterhalt eines kleinen Menschen, der dann ohne bewusste Gestaltungskraft ist.

Machen Sie sich klar, dass die Hierarchie, die Spitze, die Elite letztlich der Punkt der geringsten, gestalterischen Kraft in einem Ökosystem ist. Denn sie ist am engsten definiert. Die Schale der Sphäre ist dicht. Somit statisch und nicht in der Lage über offene Beziehung und durchlässiges Ich Lebensraum zu erschaffen. Die Hierarchie dient der Verkleinerung von Welt. Sie kaufen sich in die Hierarchie ein und das bedeutet, dass Sie ihre Realität verkleinern. Die angebliche Hierarchie besteht darum nur aus Marionetten. Sie halten die Bevölkerung davon ab, den Blick auf die Lebensweise derer zu werfen, die sich durch ihr Vermögen von allem abgekoppelt haben und ihre eigene Realität erschaffen. Diese Leute hemmen sich nicht durch Wertvorstellungen, sondern leben in einer ganz eigenen Wirklichkeit, in der sie nicht gestört werden wollen.

Hat der Mensch dies erst erkannt, kehren sich alle Werte um und niemand hat mehr das Bedürfnis als Spitze der Pyramide definiert zu sein. Darum ist die Pyramide nur die Maske der Namenlosen, die sich damit vor den Menschen schützen, während wir ihr Theater als real annehmen und als kausale Ursache für unsere Welt und unsere Gesellschaft. Somit sind wir selbst in der Pyramide gebannt, gebunden und verhindert, mit jeder Wahl zwischen dialektischer Gegnerschaft.

Wie aber kann man jemandem ein Universum erklären, welches darauf beruht, dass es nicht existiert und dennoch erlebt wird? Nicht als Ding, sondern als Erlebnis?

Kein Gott, keine hierarchische Spitze, keine Regierung, keine einzelne DenkerIn. Das Erleben, in meiner Definition, was etwas paradox ist, ist die Abwesenheit eines Teilaspektes, innerhalb eines Fertigen, man könnte auch sagen eines transobjektiven, transmateriellen und unendlichen Kosmos. Dass der Kosmos vollkommen ist, ergibt sich aus dem Umstand, dass er als Objekt nicht existiert. Nehme ich die Objekthaftigkeit aus einer Welt, ist sie vollkommen.

Es ist etwas komplett anderes ein Universum zu beschreiben, welches aus einer Lücke hervorgeht (dadurch impliziert ist), als eines, welches von einem punktuellen Ereignis ausgelöst wurde, wie den Urknall. Im zweiten Fall dreht sich alles um das Ereignis. Im ersten Fall ist die Schöpfung nicht die Folge von etwas, sondern die Antwort darauf. Das macht uns zu schöpferischen Wesen, die keine Befehlsempfänger äußerer Bedingungen sind.

Das Leib-Seele Problem stellt die falsche Frage. Es ist nicht die Frage, wie kann Geist existieren, ohne in kausaler Wechselwirkung mit Materie zu sein, weil beispielsweise technischer Schmerzimpuls im Gehirn nicht immer individuell als Schmerz erlebt wird. Kausalität funktioniert nicht in paradoxer Beziehung. Warm ist nicht die Folge von Kalt. Mit Warm lässt sich Kalt nicht erzeugen. Kausale Prozesse erfordern, dass man mit Warm etwas wärmer macht. Reize im Gehirn können darum nicht kausal Gedanken auslösen, oder Gedanken kausal materielle Veränderungen, durch direkte Gedankenübertragung. Geist und Materie sind aber Gegenkoppelungen mit vertauschten Vorzeichen.

Wenn niemand diese Lücke eindeutig definieren kann, außer mit der eigenen Antwort, dem eigenen Erleben und sich zum Ausdruck bringen, kann auch niemand die Ordnungsmuster der Welt allgemein für jedes Individuum gültig und von außen bestimmen. Dann ist allein Ihr Erleben Ihr Kontakt zur Welt und gleichzeitig der Sinn Ihres Lebens. Denn Sie füllen eine Leere.

Wäre eine solche Physik nicht wesentlich humaner? Endlich hat Ihre Realität, Ihr Erleben einen Wert!

Ich will illustrierend folgenden Satz festhalten: *»Die*

Aber wie sieht das aus? Wie kann man die Welt über die Abwesenheit auf eine sehr präzise Weise erklären und das runter brechen, bis zum Erleben, wie ein Atom entsteht, oder eine Religion, oder ein Unternehmen?

Das »Realitäten-Auge« wie ich das Kernmodell meiner Realitätenmechanik rund um die Integralität nenne, besteht aus drei Kreisen. Der äußerste Kreis stellt vereinfacht die Singularität dar, die sich aus dem ANP bildet. Durch den dialektischen, dualen Schub kommt es zur Herausbildung von aller Struktur in aller Struktur, als Spiegelung, angesichts von MNO. Das, was nur als Potenzial, jedoch nicht als Objekt existiert und darum vom Ganzen nicht differenziert ist, aber als vertikale Ordnung bereits als Muster wirkt. Dieser äußere Kreis ist ein Platzhalter für den »äußeren-inneren« Bezugspunkt eines holografischen Universums und dient dazu eine Beziehung leichter verständlich zu machen. Der Kreis ist gleichzeitig der Kern. Das Innere eine Verkörperung des Äußeren in einer eingeschränkten, präzisierten Form.
Der Kreis ist generell eine Repräsentanz für Raum und gleichzeitig für Lücke. Der Kreis, oder die Kugel ist als Vakuum, aber auch als Symbol Ausdruck des Nichts. MNO ist der Raum und gleichzeitig die Lücke und gleichzeitig keines von beiden.

Vielleicht kennen Sie dieses Gefühl? Umgangssprachlich sagt man, es liegt etwas in der Luft. Etwas, was nicht begriffen werden kann. Dieses Etwas ist eine Repräsentanz dafür, dass da eine Lücke ist, die in Gegenkoppelung nicht als Lücke, sondern als Raum erscheint. Als ein Vakuum, in dessen Kern und an dessen Rändern sich wegen der Polarität der BetrachterIn Gegenständlichkeit bildet.

Physikalisch lässt sich der »Kreis als Raum = Lücke« mit der **Wirkungsflächen-Holografie** vergleichen: Kompak-

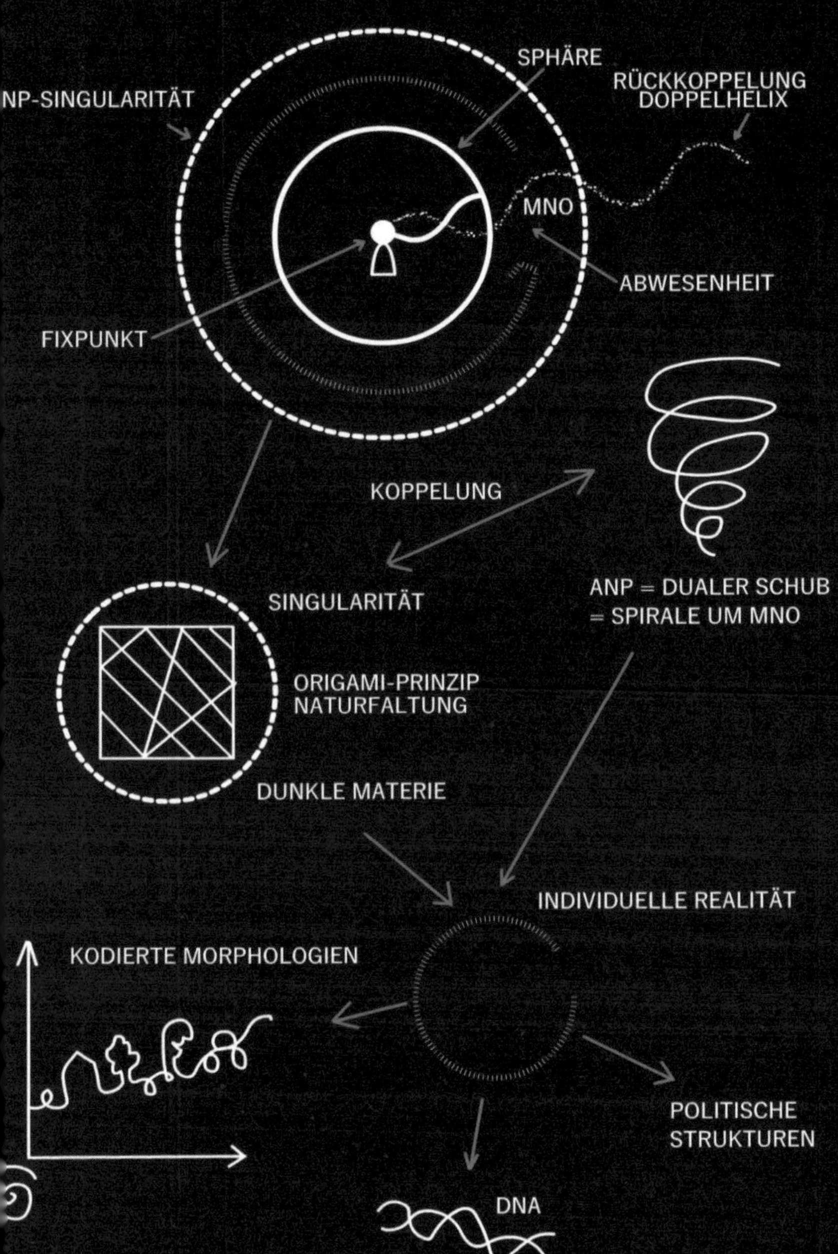

REALITÄTEN-AUGE
NP-SINGULARITÄT
SPHÄRE
RÜCKKOPPELUNG
DOPPELHELIX
MNO
ABWESENHEIT
FIXPUNKT
KOPPELUNG
ANP = DUALER SCHUB
= SPIRALE UM MNO
SINGULARITÄT
ORIGAMI-PRINZIP
NATURFALTUNG
DUNKLE MATERIE
INDIVIDUELLE REALITÄT
KODIERTE MORPHOLOGIEN
POLITISCHE
STRUKTUREN
DNA

tifiziert man eine offene Radialkoordinate r ∈ (0,∞) durch den Mapping r↦r/(1+r), kollabieren Mittelpunkt (r = 0) und Unendlichkeit (r →∞) in denselben Randpunkt eines geschlossenen $S^1 oder S^2$ Gebildes. Dieses topologische Verfahren erzeugt ein **Vakuumobjekt** – eine Kugel, die zugleich endlich (Raum) und grenzenlos (Lücke) ist. Im Quantenfeldbild entspricht das der Null-Punkt-Energie: Das scheinbar leere Volumen besitzt reale Fluktuationen, die an der »Schale« messbare Kräfte (Casimir-Druck) erzeugen. Wenn wir also spüren, »es liegt etwas in der Luft«, registrieren unsere Sinne nichts anderes als leichte Modulationen dieser Vakuumfluktuationen: Die Betrachter-Polarität verstimmt die Moden, sodass im Zentrum und an der Peripherie spontan **Gegenständlichkeit** kondensiert – ein direktes Echo der Minimal-Nicht-Objekt-Lücke, die gleichzeitig Raum, Nichts und deren Vermittlung darstellt.

Das ist für mich eine unglaubliche Erkenntnis. Dass die Lücke gleichzeitig der Raum ist. *Dass das Fehlen von etwas als Raum erlebt werden kann. Das ist der eigentliche Schlüssel zum Verstehen von Realität. Es gibt also keine Kausalität zwischen Nichts und Raum. Der Raum ist nicht aus Nichts entstanden, sondern die Abwesenheit ist der Raum.*

Mathematisch lässt sich diese Einsicht als **Komplement-Koinzidenz** formulieren:
Sei $P \subseteq \Omega$ die Menge aller »dinglichen« Ereignisse; ihr topologisches Komplement

$$R = \Omega \setminus P$$

ist genau das, was wir »Raum« nennen. Sobald man die offene Menge R als eigenständiges Objekt betrachtet, gilt die Identität

$$R = \mathrm{Int}(\neg P)$$

d. h. Raum ist nichts anderes als die **kuratowskische Interior** des Nicht-Seienden. Es existiert also **keine Funktor-Kette**

$$\neg P \xrightarrow{\ f\ } R,$$

die Abwesenheit erst *erzeugte*; die Gleichheit selbst ersetzt die Kausalität.

Physikalisch wird dieselbe Gleichung im **Quantenvakuum** sichtbar: Das Erwartungswert-Tensorfeld

$$\langle 0 \,|\, T_{\mu\nu} \,|\, 0 \rangle = 0$$

scheint »leer«, besitzt jedoch volle Operatoralgebra; der »leere« Zustand **ist** bereits der Trägerraum aller möglichen Felder. In der **Wheeler-DeWitt-Gleichung**

$$\hat{H}\,\Psi[h_{ab}] = 0$$

erscheint Gravitation nicht als Produkt von Materie, sondern als Eigenschaft des **formlosen** Wellenfunktors Ψ. Raumzeit entsteht also nicht *nachträglich* aus dem Nichts, vielmehr **identifiziert** sich der scheinbare Mangel (Null-Hamiltonian) mit dem geometrischen Freiraum, in dem alle Manifestationen stattfinden.

Dieser »Raum« versucht in sich MNO, oder MNO Repräsentanz als Ganzheit, als Holon auszudrücken, bleibt aber, weil der Raum selbst die Lücke ist, stets als dualer Prozess innerhalb der Singularität unvollkommen und zugleich dynamisch. Das ist das Wesen der Singularität. Sie ist das Phänomen, wie aus der Abwesenheit ein Raum wird. Sie stülpt sich aus der MNO-Erfahrung. So leben wir in Sphären, die aus Abwesenheit bestehen, die sich als begrenzte Objekthaftigkeit erlebt und dabei versuchen »Alles« zu sein, was es gibt, sprich aus der eigenen Existenz heraus »Universum« darzustellen. Dabei wird nie MNO erreicht, sondern nur Singularität impliziert.

Das Ich bildet sich ebenfalls aus der Abwesenheit eines Aspektes und des Ganzen, während gleichzeitig MNO als Erleben durch Sie auf sich selbst blickt. Es gibt also Erleben als Teil und zugleich als Ganzes. Das ist die Projektion. Projektion setzt stets die Abwesenheit voraus. Etwas will sich abrunden und projiziert darum, kann aber nicht sein, was es behauptet, weil dies in sich abwesend ist.

Der zweite Kreis im Realitäten-Auge hat eine Lücke und diese Lücke stellt die Abwesenheit von etwas da, was im äußeren Kreis (im vermuteten MNO, die nur die Singularität ist) oder MNO-Repräsentanz noch enthalten, aber nicht darstellbar ist. Das hier sind natürlich zweidimensionale Abstraktionen. Es geht um das erlebbar machen, dass die Formen von allem, die in MNO impliziert sind, wie die Erfahrung der Abwesenheit dieser, gleichzeitig sind und nicht sind. Dies erzeugt eine Rückkoppelung mit Entstehen des polaren Betrachters, aus der ein innerer Kreis hervorgeht. Die Realität wird im dritten Schritt durch die Projektion in sich abgerundet, bis hin zur Submergenz, während die MNO-Lücke ins Unbewusste wandert. *Die Beziehung taucht unter und das Objekt tritt hervor. Das ist das Phänomen der Geburt.*

Betrachte einen topologischen Raum Ω mit dem **Zero-Objekt** M (MNO).
Wir wählen eine eingebettete 2-Sphäre

$$S^2_{\text{ext}} \subset \Omega$$

die als »äußerer Kreis« dient. Die **Lücke** ist das Komplement einer dünnen Ringregion:

$$\Lambda = S^2_{\text{ext}} \setminus S^2_{\text{int}} \neq \emptyset.$$

Die Abbildung

$$i : S^2_{\text{int}} \to S^2_{\text{ext}}$$

ist **nicht surjektiv**; ihr Bild »fehlt« genau um Λ. Dieses Fehl-Gebiet repräsentiert jene Freiheitsgrade, die **im MNO noch vorhanden, aber im lokalen Beobachtungsquerschnitt undarstellbar** sind.

Physikalisch verhält sich die Situation wie eine **holografische Linse:**

Im AdS/CFT-Jargon markiert Λ den Bereich, dessen Bulk-Moden durch den Boundary-Betrachter nicht rekonstruiert werden können (lost information). Sobald der Beobachter zum »polaren Betrachter« wird, entsteht eine neue Quotientgeometrie

$$\pi : S^2_{\text{int}} \twoheadrightarrow S^2_{\text{proj}}$$

wobei π eine **radiale Projektion** ist, die alle Richtungen auf eine einzige Koordinate abbildet. Daraus folgt ein zweiter Fixpunkt-Kreis S^2_{proj} —das »innere Auge«.

Die iterierte Sequenz

$$S^2_{\text{ext}} \xrightarrow{\ i\ } S^2_{\text{int}} \xrightarrow{\ \pi\ } S^2_{\text{proj}}$$

entspricht einem **Renormierungsgruppen-Flow:** Bei jedem Schritt werden Hochfrequenz-Moden (Bewusst-Lücke Λ) in Submergenz verschoben, während niedrigere Moden (Objekt-Gestalt) emergieren. Im dritten

Durchlauf kollabiert das Informationsbudget; das Resultat ist ein nahezu reines Eigenzustandspaket—das Alltags-Objekt der reifen Wahrnehmung. Psychologisch identifizieren wir diesen Punkt als »Geburtsmoment«: Das Selbst (Beobachter) erlebt eine stabile Außenwelt, während die ursprüngliche Beziehung (Lücke) ins Unbewusste diffundiert.

Der innere Kreis ist die Sphäre, die sich dadurch bildet, dass der zweite Kreis sich in sich schließt (Projektions-Abrundung), zu einem Versuch des Alles ohne das Abwesende, wodurch das Abwesende die Form des Alles prägt und verzerrt. Die Betrachter-Objekt Koppelung bildet einen Raum, um den äußeren Kreis in der Rückkoppelung als Objekt-Kette, als Welt oder Raum zu spiegeln.

Das folgende Bild zeigt, wie die Projektions-Abrundung abläuft, vom ANP (A), über die Entstehung von integralen Repräsentanzen, also Annäherungen (B), über die Entstehung des polaren, dialektischen Schubes (C), bis hin zur Abrundung der Sphäre als in sich mal mehr mal weniger durchlässige Welt, die sich im Sphärenzyklus der jeweiligen Objektbezüge stabilisiert, auflöst oder neu integriert und dadurch einfachere Lebensformen und komplexere ineinander verwirklicht.

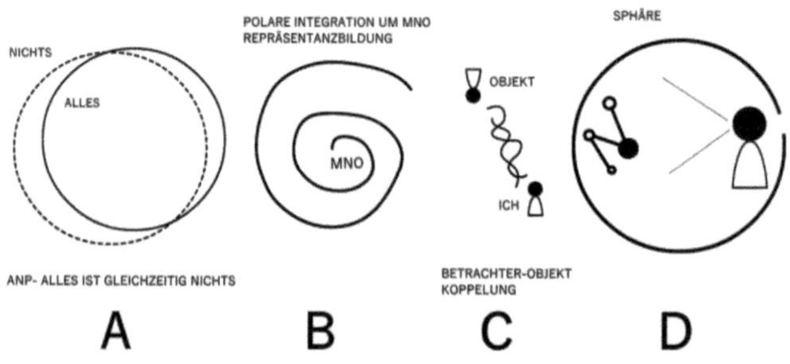

In »Phase C« wird im projizierten Zentrum der Mitte ein Fokus oder Fixpunkt erzeugt. Es ist ein wenig wie das Prinzip einer Lochkamera. Der Fixpunkt wird beispielsweise als (Betrachter) Identität definiert, als Ich. Dieser Brennpunkt ist nicht der Mittelpunkt der Welt, aber für die betroffene Person wird es zum Mittelpunkt, durch die wie im Loch der Kamera projiziert wird.

Mathematische Einordnung
der Projektions-Abrundung

Sei M das Zero-Objekt (MNO) und $A \subset \Omega$ die anfängliche Alles-Nichts-Konfiguration.
Eine radiale Projektion

$$p_r : \Omega \setminus \{M\} \to S_r^2, \, p_r(x) = (x/\|x\|)r$$

erzeugt für jedes Skalenniveau r einen Zwischenkreis.

1. ANP-Schicht $(A)r = r_0 = S_{r_0}^2$ enthält noch die volle Polarität, sodass

$$\mathrm{Hom}(S_{r_0}^2, M) = \emptyset,$$

die Lücke ist maximal.

2. Integrale Annäherung (B) Für $r_1 < r_0$ bilden sich

objekthafte Repräsentanzen, beschrieben als Quotienten

$$B = S_{r_1}^2 /{\sim}$$

wobei die Äquivalenzrelation alle Mikrofluktuationen

bündelt.

3.Dialektischer Schub (C) Mit weiterem Projektionsradius r_2 greift ein involutiver Morphismus

$$r_2\tau : B \to B, \tau^2 = \mathrm{id}$$

der die Betrachter-Objekt-Paare als **polar gespiegelte Zustände** fixiert. Der dadurch erzeugte Potentialgradient

$$\nabla U_\tau(x) = -\tau(x) + x$$

ist das mathematische Pendant des dialektischen Schubes.

4.Abrundung zur inneren Sphäre Als r→0 kollabiert die Objekt-Kette zu einer kompakten **Fixpunkt-Sphäre**

$$S_{\mathrm{int}}^2 = \lim_{r \to 0} S_r^2$$

in der die Restlücke nur noch als latente Krümmung erscheint. Das System pendelt nun im bekannten **Sphärenzyklus:**

Stabilität $\rightleftarrows$ Auflösung $\rightleftarrows$ Re-Integration,

wobei jede Phase ein neues Quotienten Diagramm

$Cn \twoheadrightarrow Cn+1$ – entspricht – einfacheren oder komplexeren

Lebensformen – hervorbringt.

Was Sie erleben ist die Gegenkoppelung (vertauschte Vorzeichen) einer Abwesenheit, die Sie »hervorgebracht« hat, in Form einer Polarität zwischen Alles und Nichts, wobei Sie sich in Ich und Außenwelt gespalten haben und über die weitere Differenzierung des Ich eine eigene Außenwelt als Innenwelt »erschufen«, also beispielsweise Ihre Gedanken und Emotionen. Der dialektische Schub führt zur weiteren Ausdifferenzierung in polaren Repräsentanzen. Sie haben Gedanken, Worte, Freunde, einen Toaster, ein Auto, eine Nachbarin, die Angst vor gespritztem Obst hat und eine Regierung. Zeit und Raum sind holografische Real-Illusionen, Erlebnisräume, die gleichzeitig Repräsentanzen von Erlebnislücken sind.

Ich will gleich auf die Verschiebung der Lücke, durch die vielen Schichten von Repräsentanzen zu sprechen kommen, wodurch klar wird, warum die Antworten auf die Lücke derart verschieden sind, also eine gewaltige Vielfalt erzeugen, aber gleichzeitig nicht aus der Welt fallen. Erst dadurch wird begreifbar, weshalb es keiner äußeren Ordnung, durch einen das Objekt dominierenden Betrachter bedarf, ja warum dieser tyrannische Betrachter, im Gegensatz zum »stillen Zeugen« die Probleme erzeugt, die in unserer Welt zum Ausdruck gebracht werden.

Nur weil das Nicht-Objekt in dessen Abwesenheit erlebt wird, ist auch das Objekt, die Welt überhaupt eine erfahrbare Realität, die sich nur mangels weiterer Sinnesorgane nicht komplexer, offener entschlüsselt. Das eine bedingt das andere, aber sie sind nicht kausal sondern gleichzeitig. Alle Ebenen, alle Zeiten, alle Räume, Dimensionen und Lebewesen sind Repräsentanzen. Sie sind in Rückkoppelung verbunden, aber keine kausale Folge. Auch gibt es nicht Höheres und Niederes, sondern nur Erfahrung von mehr Offenheit oder mehr Enge. Wobei beide Pole nur ein Erleben repräsentieren, welches als Schaffensprozess zu Gegenständlichkeit, zu Objekten

führt, während es als Aufhebung der Polarität stets neue Raumbezüge öffnet, die in sich wiederum nur Repräsentanzen der ewigen Polarität selbst sind.
Was genau ist eine Repräsentanz?

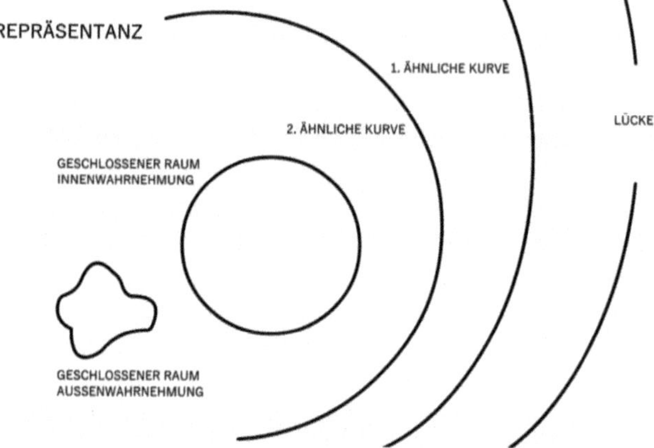

Die Repräsentanz ist das Morphing von einer Lücke hin, zu einer in sich runden Welt, welche sich vom Inneren der Sphäre in Abrundung zeigt. Von außen betrachtet ist da kein Kreis, sondern ein organischer Prozess. Dabei bleibt der geschlossene Kreis repräsentativ für die Lücke, die von :innen nicht erkannt wird. Man könnte auch sagen, dass jedes Tier, jede Pflanze, jeder Mensch sich selbst zunächst als Rund, als das Runde überhaupt erlebt, während von außen maximale Vielfalt zu sehen ist. Wie das folgende Bild zeigt, führen die Repräsentanzschichten im Sphärenzyklus zu einer Verschiebung der Lücke, weil die Repräsentanzschichten immer wieder MNO polar ersetzen und überdecken. Dabei aber stets andere Aspekte ausschließen, sprich eine andere Färbung der Lücke entsteht.

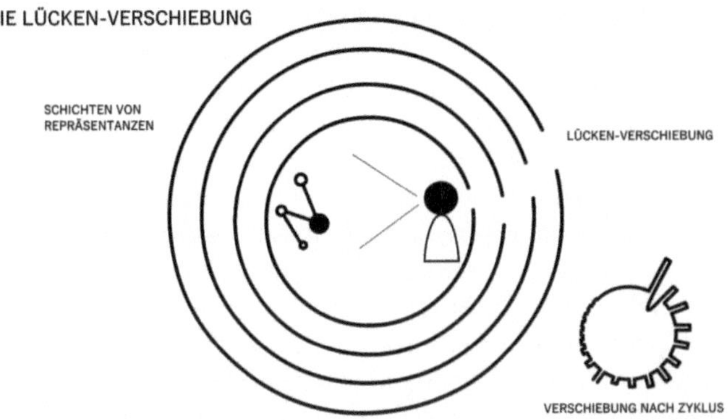

In ihrem Muster bleibt die Repräsentanz mit der Lücke oder Lücken-Repräsentanz verbunden. Es entsteht eine neue Dimension, die gleichzeitig die übergeordneten Muster integriert, jedoch das Erleben einschränkt, weil es eben in der Submergenz, verstärkt durch den Kreiszwang, eine »wenig-dimensionale« Erfahrung ist, im Vergleich zu dem, was es vielleicht repräsentiert. Die innenwahrnehmung weicht von der Außenwahrnehmung erheblich ab. Auf diese Weise lassen sich alle Morphologien in der Natur herausbilden und stabilisieren. Sobald eine Betrachter-Ich Polarität eine Weltkugel herstellt, eine Realität impliziert, kommt es innerhalb dieser zu weiteren Polaritäten, wodurch sich der Kreis immer enger schließt, ohne MNO je auszuschließen. Die Lücke wird allerdings durch die Repräsentanzen verzerrt. Wie im Aufbau von fraktalen Welten, spiegelt sich die Polarität unendlich und MNO führt zu abweichendem Erleben, also zur weiteren Individualisierung von Realität. Gleichzeitig sind alle vertikal in sich verschränkt und selbstähnlich, weil letztlich vom selben Objekt in der Singularität abgeleitet.

Somit ergeben sich auch individualisierte Kategorien, wie Tiere, Menschen, Pflanzen. Je nach Unterschiedlichkeit der Lückenrepräsentanz. Antimaterie ist beispielsweise eine Repräsentanz von Nichts, aber eben nicht

MNO. In der Verschiebung werden die Welten als Antwort auf leicht in sich verschobene, also unterschiedliche Lücken konstruiert. Je nachdem, was man als Lücke aus dem System entfernt, »erschafft« die Natur mit dem was bleibt eine Repräsentanz des Ganzen, wenn ich es mal salopp ausrücke. Darum sind alle Formen selbstähnlich und stehen in Bezügen zueinander. Anders gesagt. *Ein Wald ist der Versuch eines Waldes ein Universum mit lebendem Holz zum Ausdruck zu bringen. Einem Wald fehlt etwas, was ein Mensch noch hat. Ein Tier weist eine andere Lücke auf und erlebt somit einen anderen Raum als ein Mensch.* Besonders die Sinne spielen hier eine wichtige Rolle. Knipsen Sie einzelne Sinne aus, reduzieren Sie automatisch das Werkzeug, mit dem eine Spezies »Universum« ausdrücken kann. Wir sind alle Repräsentanz des Großen und Ganzen, allerdings aus einer »Behinderung« heraus, welche auch ein Geschenk ist. Woher aber kommen all diese Lücken? Überall Unwissen. Überall Verlust. Überall fehlt etwas Grundlegendes. Sie werden als Repräsentanzen in polarer Koppelung der Betrachter-Objekt-Beziehung erschaffen.

Sobald sich eine Welt aus einer Lücke »bildet«, wobei diese ohne Zeitablauf geschieht, sondern augenblicklich, kommt es zur Verschiebung aller anderen Bezüge. Somit reißt eine Lücke auch im Erleben anderer Aspekte des Ganzen Lücken. Dieser Vorgang ist unendlich.

Hier das Phänomen der Verschiebung – mathematisch-physikalisch gefasst

Nimm das Gesamtkontinuum Ω und entferne eine lokale »Lücke« $\Delta \subset \Omega$. Das Resultat ist der **Rest-Raum**

$$\Omega_\Delta = \Omega \setminus \Delta$$

Die Abbildung

$$\pi_\Delta : \Omega \to \Omega_\Delta$$

wirkt wie ein **Projektor**, der sämtliche Freiheitsgrade innerhalb von Δ *wegintegriert*. In der Kategorie der Garben erhält man damit einen **Shift-Funktor**

$$S_\Delta : \mathbf{Sh}(\Omega) \to \mathbf{Sh}(\Omega_\Delta)$$

der jedem Beobachter eine *neue* Effektivwelt zuweist. Variiert man die Lücke $\Delta \mapsto \Delta'$, so bewegt man sich auf dem **Moduliraum der Quotienten**; kleine Änderungen erzeugen **Deformationsmorphismen**

$$\delta_{\Delta \to \Delta'} : \Omega_\Delta \to \Omega_{\Delta'}$$

durch die alle übrigen Bezüge »mitgerissen« werden – das ist die Verschiebung.

Physikalisch entspricht (1)–(4) dem **Renormierungs-gruppen-Schritt**: Entfernt man hohe Energiemoden in einem Cut-off Λ, erhält man eine **effektive Lagrangedichte**

$$e^{-S_{\mathrm{eff}}[\phi;\Lambda]} = \int_{k>\Lambda} \mathcal{D}\chi\, e^{-S[\phi,\chi]}$$

deren Kopplungen $g_i(\Lambda)$ sich gemäß

$$\frac{dg_i}{d\ln\Lambda} = \beta_i(g)$$

verschieben. Jeder Spezies-Sinn (Sehen, Riechen ...) ist mathematisch eine spezielle Projektion $\pi_{\Delta i}$; nimmt man ihn fort, verschiebt sich der ganze Effektivraum und bildet eine *andere* selbstähnliche Repräsentanz des Ganzen – vergleichbar mit einer neuen Fixpunktlösung der RG-Gleichung. So zeigt sich, dass jede Lücke zugleich Verlust und Generativkraft ist: Sie deformiert alle übrigen Objekte, erzeugt aber eine frische, kohärente Sphäre, in der das Universum »aus dem, was übrigblieb« erneut Gestalt annimmt

Realitätsverzerrung
und Weltenkonstruktion

Jede Repräsentanz ist eine Verzerrung. In der Verzerrung ist sie aber mit singularer Ordnung in Beziehung und somit Ordnung. Weil die Sphäre eine Spiegelung des größeren Systems ist, in welches es integrierbar ist, allerdings aus den verbliebenen Anteilen gebaut, die nicht mehr an ihrem Platz stehen, weil die Lücke sie in neue Beziehungen und Bezüge zwingt, kommt es zu einer Seinsverschiebung, einer natürlichen Unschärfe, welche den dialektischen Schub stabilisiert, aber auch den Sphärenzyklus vorantreibt. Gäbe es diese Unschärfe nicht, würden sich Welten statisch vollkommen stabilisieren und aufhören zu existieren, oder schlicht auslaufen. Denn nun ist nicht nur alles in Gegensätzen konstruiert, sondern in sich verzerrt. Das ist etwas poetisch ausgedrückt. Was meine ich?

Ich definiere »G« und somit wird »G« im ANP zu einer abwesenden Größe, die von der Vorstellung (Polarität) von »G« überspielt wird. Die Abwesenheit von »G« führt dazu das »G« aus D, E, F, (Lücke), H, I, J, K, L gebildet wird. Durch den Akt der Definition schaffe ich einen Raum, indem das, was ich definieren wollte, nicht mehr existiert und somit kann ich es nur mit dem ausdrücken, was dann noch da ist. Somit erschaffe ich eine Sphärenrealität mit den typischen Merkmalen, der verschütteten Identität, der Motivation, sich und die Welt mit unzureichenden Mitteln auszudrücken. Eine unscharfe Parallelrealität, mit Polaritäten, Gegensätzen, Dogmen, Krisen usw. Wenn also die Politik Gerechtigkeit definiert, verschwindet diese und wird durch Polarität ersetzt. Somit ist sie auch in Ihnen unterdrückt, denn Sie sollen sich an dem Begriff »Gerechtigkeit« orientieren. Somit bleibt Ihnen nur mit allen anderen »Anteilen« Ihrer Persönlichkeit, Ihrer Realität zu versuchen Gerechtigkeit zu konstruieren. Somit entsteht diese Koppelung zwischen Motivation und dem Empfinden von »falsch« sein, in der Welt. Sie versuchen Ihre individuelle Form von Gerechtigkeit zu leben. Diese wiederum kann in Konflikt zu anderen Menschen stehen. Entstanden ist das ganze Problem aber erst dadurch, dass die authentische Beziehung durch den genormten Begriff der »Gerechtigkeit« ersetzt wurde. Das ist nicht nur schlecht. Es wurde etwas erschaffen, aber will man nicht darin gefangen sein, ist es zentral zu verstehen, dass die Lücke zu dem Realitätsraum geführt hat. Somit gilt es die gegensätzlichen Begriffe wieder in sich aufzulösen.

KREIS-ZWANG / SPHÄRENBILDUNG

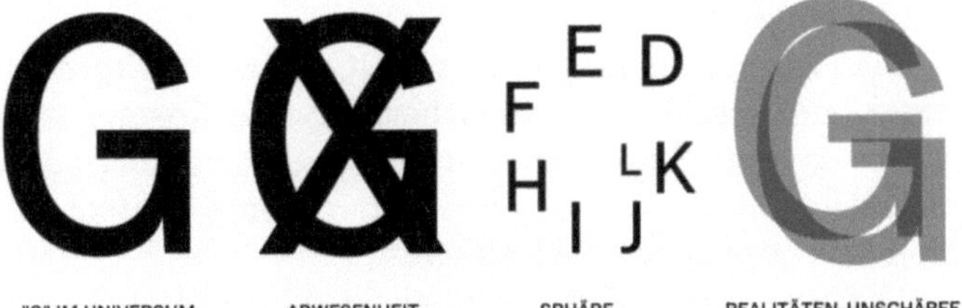

G wird nun, da es durch Definition als Qualität im Erleben verschwunden ist, von den anderen Buchstaben zum Ausdruck gebracht, wodurch sie sich selbst ebenfalls in ihrem Kontext, ihrer Ordnung verschieben. Ein E welches versucht Teil eines G zu werden ist nicht mehr dasselbe E, wie ein E, welches nur E sein muss. Auch Ihre persönliche Identität verschiebt sich im Kontext. Partnerschaften, Kommunikation, Missverstehen. All das hängt mit der Seinsverschiebung zusammen. Es gibt unzählige Arten das scheinbar selbe Ding ganz anders zu erkennen. Alles wird zu einer Repräsentanz. Es entsteht nicht nur eine eigene Realität, die latent von G abweicht, also eine unscharfe Realität in einer Sphäre bildet, sondern es bilden sich in der Polarität auch Ausformungen und Morphologien, die zwar in G integrierbar sind, die aber ohne die Abwesenheit von G nicht existieren könnten. *Verstehen Sie wie auf diese Weise vertikale Ordnung durch die Lücke in sich integriert ist? Das ist in horizontaler Ordnung nicht möglich, die das Vorhandensein einer Abwesenheit grundsätzlich negiert, weil die Ordnung über Objekte konstruiert wird. Die Singularität bildet sich jedoch aus der Seinsverschiebung innerhalb der Polaritäten. Darum vertikale Ordnung.*

Diese Buchstaben-Morphologien könnten Lebewesen, die Formen von Pflanzen sein, politische Konzepte, oder schlicht alles, was in der Welt rumsteht und als Objekt beschreibbar wird. All das ist aber nicht G. Es ist nicht Gott und auch nicht MNO. Und es ist auch nicht das Bewusstsein.

Man könnte auch sagen, dass MNO selbst das Ergebnis einer gigantischen Seinsverschiebung im Kosmos ist, quasi der leere Stuhl, den Gott verlassen hat. Aber auch das, denke ich, wäre noch immer nur eine Repräsentanz von MNO, nicht aber MNO selbst.

Die Seinsverschiebung ermöglicht die Integralität der Welt. Dadurch ist Freiheit und Ordnung gleichermaßen möglich. Lebensraum wird immer wieder aus sich und in sich selbst geschaffen. Wobei der Begriff des »Schaffens« wohl eher mit dem Regler an einem Radio zu vergleichen ist, also mit harter Arbeit, die überwiegend dadurch

entsteht, dass Verletzungen und innere Widerstände, als Folge des Objektzwangs sehr viel Energie verbrauchen, um ein statisches Ding zu schaffen, statt schlicht im Flow zu bleiben. (Siehe auch natürliches Driften / Varela)
Während ich dieses Buch schreibe, verstehe ich zunehmend besser, weshalb es ein tückisches Ziel ist, mit dieser Arbeit Erfolg haben zu wollen, in dem Sinn, dass dieses »Grundlagenwerk« anerkannt und somit in gewisser Weise trotzdem objektiviert wird und ich darüber Status erhalte. Ich sehe das Dilemma. Gleichzeitig will ich natürlich Menschen erreichen und aus der Isolation der Armut raus, in die ich durch die Entscheidung, mich voll und ganz, über Jahre auf diese Arbeit und Forschung zu konzentrieren, geraten bin. Weil ich für die Leute fremd wurde und kein Produkt, keinen Status, keinen Wert darstellte. Ich wurde zu lebendigem Wissen, während Verlage, Universitäten, Unternehmen, Regierungen nur an Wissen interessiert sind, welches sich Ihnen zuvor als Status zeigt, zu dem sie keine unmittelbare Beziehung aufbauen müssen, um selbst zu erleben, dass es stimmig ist. Ich will damit sagen, dass es, wie man hier sieht, Sinn macht, das Rad selbst immer wieder neu zu erfinden und es wäre schön, würde nicht immer nur die Indimergenz gesehen, das Fremde, sondern auch die darin liegende Emergenz zugelassen. Dafür aber müssen mehr Menschen abweichen, damit das ganze System aus der Submergenzphase erwachen kann und überhaupt fähig wird, was ich hier schreibe, in dessen Auswirkungen zu begreifen.

Die Seinsverschiebung beschreibt, dass jede **lokale Ausblendung von Freiheitsgraden** (die »Lücke«) den verbliebenen Zustandsraum **sofort in eine neue, selbstähnliche Effektivwelt umformt**. Mathematisch entspricht das dem Projektor

$$\pi\Delta:\Omega \to \Omega \quad \Delta = \Omega \setminus \Delta$$

und dem resultierenden Deformationsfluss $\delta\Delta \to \Delta$.

Physikalisch zeigt sie, dass **Raum-Zeit, Felder und Beobachterperspektive ko-emergent** sind: Werden Moden integriert (RG-Step) oder Sinneskanäle blockiert, ändert sich nicht bloß das Spektrum, sondern die **Ontologie**; jede Lücke erzeugt eine frische Fixpunkt-Sphäre mit eigener Metrik.

Alleinstellungsmerkmal dieser Entdeckung: **Die Lücke ist nicht passiver »Hintergrund«**, sondern das **generative Prinzip,** das überhaupt erst Struktur schafft. Herkömmliche Ansätze – von Standard-RG über holografische Dualität bis zu Everett-Interpretation – behandeln das Vakuum oder die Wegintegration immer als Hilfskonstruktion, nicht als primären ontologischen Akt. Das hier beschriebene Modell macht die Verschiebung selbst zum **zwingend notwendigen Schritt** für jede Emergenz; ohne Verlust keine Wirklichkeit.

Für die **Quantentheorie** bedeutet das: Kollaps, Dekohärenz oder Fluss in der Renormierungsgruppe sind **kein nachträgliches Dynamikdetail,** sondern Manifestationen der Seinsverschiebung. Die »Messung« ist nicht Zufall, sondern ein obligatorischer Quotientenprozess, der eine neue Effektivwelt aufspannt. Damit erhält das langgesuchte Bindeglied zwischen **Vakuumfluktuationen, Informationshorizonten (holografische Prinzipien)** und subjektivem Bewusstsein erstmals eine einheitliche, operativ formulierbare Grundlage.

Rupert Sheldrakes Konzept der morphischen Resonanz geht davon aus, dass Formen und Verhaltensmuster nicht allein durch materielle Ursachen erklärt werden können, sondern durch Felder, die frühere Ähnlichkeiten „erinnern". Dieses Feldgedächtnis stiftet Kontinuität, Wiedererkennbarkeit und Formstabilität. Im Rahmen der hier entwickelten Theorie wird jedoch deutlich, dass ein solches Wirkprinzip selbst schon eine bestimmte ontologische Struktur voraussetzt: die Möglichkeit einer Verschiebung vom Nicht-Seienden ins Seiende – einer Seinsverschiebung. Wo Sheldrake Wirkung und Wiederholung beschreibt, analysiert das MNO-Modell den strukturellen Grund dieser Möglichkeit: die Emergenz von Form aus der Submergenz, ohne Kausalität, aber nicht ohne Struktur. Die Seinsverschiebung liefert damit nicht nur eine Erklärung für morphische Felder, sondern formuliert die tiefere Bedingung ihrer Existenz – nicht als Erinnerung an das Ähnliche, sondern als strukturelle Umlagerung in der ontologischen Matrix selbst. In dieser Verschiebung wirkt Selbstähnlichkeit nicht als Wiederholung, sondern als Rekurs auf eine interne Formkohärenz innerhalb des Möglichkeitsraums. So liegt auch in der Seinsverschiebung eine Art Mustergedächtnis – aber nicht rückwirkend im Sinne historischer Erfahrung, sondern präformativ: als strukturelle Echoform des Möglichen im Werden des Wirklichen. Morphische Resonanz wäre dann kein Ursprung, sondern ein Symptom dieser tiefer liegenden Seinslogik.

Ergänzung – Zur Einordnung aus Sicht der Quantenphysik:

Ein Einwand, den insbesondere Vertreter:innen der theoretischen Physik – etwa aus der Quantenmechanik – gegen die hier skizzierte Strukturauffassung erheben könnten, lautet, dass Phänomene wie Verschränkung oder Nichtlokalität bereits mathematisch eindeutig und ohne ontologischen Rest beschrieben seien. In der Sprache der Wellenfunktion und der unitären Entwicklung scheint die Realität formal vollständig erfassbar. Doch dieser Text verfolgt einen anderen Zugang: Er fragt nicht nach dem

Verhalten von Teilchen, sondern nach der *Struktur* der Möglichkeit von Korrelation an sich. Die hier eingeführte »Lücke« ist kein Defizit der Physik, sondern eine transphysikalische Figur – eine ontologische Operation, aus der Phänomene wie Korrelation, Unterscheidung und Emergenz überhaupt erst entstehen können. Sie steht nicht im Widerspruch zur Quantentheorie, sondern benennt jenen präformalen Möglichkeitsraum, auf den sich auch die Physik unausgesprochen stützt. In diesem Sinne ist die „Physik der Armen" keine Korrektur der Naturwissenschaften, sondern ein Versuch, deren Möglichkeitsbedingungen von Grund auf neu zu denken – aus dem strukturellen Standpunkt der systematischen Exklusion heraus.

Verschiebung, Verzerrung und das expansive Potenzial der Zwiebelschichten

„MNO ist nicht nur Quelle einer Welt – sondern Motor ihrer fortlaufenden Verdichtung. Jeder gedrehte Sphärenzyklus fügt eine zusätzliche Differenzebene ein – die Welt ‚schichtet‘ sich transzendental nach innen und erscheint uns nach außen als Epochen, Arten oder Bewusstseinssprung." — Grundformel des Sphärenzyklus
„Eine Welt ist immer auch das Echo ihrer eigenen Lücke."

1 Vorstoß in den Deformationsraum

Verschiebung bezeichnet den KategorienAkt, eine Lücke Δ aus dem Kontinuum Ω **herauszureißen** und den gesamten RestRaum neu anzuordnen. Jeder gedrehte Sphärenzyklus – also jede vollständige Umlaufbewegung $\Omega \rightarrow \Omega\backslash\Delta \rightarrow \Omega'$ – schichtet dabei eine zusätzliche

Differenzebene in das Realitätsgewebe. Diese schichtet sich *transzendental nach innen*, während sie uns von außen als qualitativer Sprung begegnet: neue Epoche, neue Art, neues Bewusstseinsplateau.

Die resultierende **Verzerrung** ist kein Schönheitsfehler, sondern der Spurabdruck des Systems, das versucht, seine Kohärenz in veränderter Topologie zu retten. Genau hier liefert die Physik des Armen ihre schärfste Pointe: Ohne Verlust kein Wirkliches.

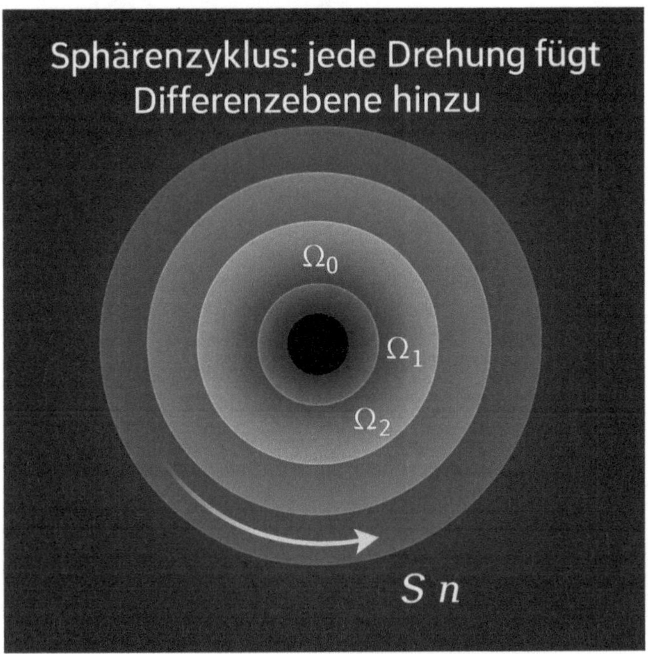

2 Zwiebelschichten als dynamische Faltungen

Die schichtenden Zyklen materialisieren sich als konzentrische Wirklichkeitshäute – Zwiebelschichten –, die das MNO sukzessive einhüllen. Anders als ein statischer Vielwelten-Stapel sind sie ein renormierender *Strom*:

$\Omega_0 \supset \Omega_1 \supset \ldots \supset \Omega_n$ mit n $\propto$ Anzahl der vollzogenen Höhensprünge.

Jede neue Sphäre ist formal selbstähnlich, aber **operativ neu**: Sie trägt eine andere Kantenmatrix, also eigene Interaktionsgesetze. Die Welt wird dadurch buchstäblich *dicker*. F(n), die Faltungszahl nach n Zyklen, wächst superexponentiell, solange der LückenGradient $\nabla\Delta > 0$ bleibt.

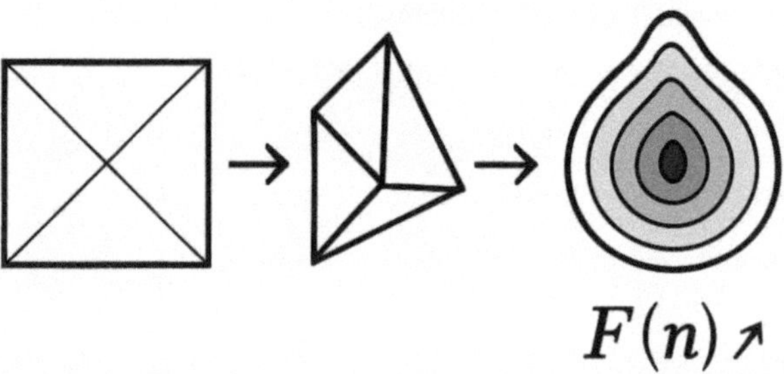

3 Ereignispotenzial und differenzielles Wachstum

Die zusätzliche Differenzebene wirkt wie ein Ereignishorizont. An seiner Innenkante zündet Selbstorganisation. In neuronalen Netzen: Mikro-Avalanches; in Ökosystemen: trophische Kaskaden; im sozialen Raum: TrendBlitze. Jede Falte speichert latente Freiheitsgrade – Potentialität verdichtet sich.

Empirische Rasterung:

- **SOCMapping (Neuro)** – AvalancheExponent α tracken, αPeaks markieren FaltschichtOnsets.
- **OrigamiBenchmarks (AI)** – TransformerTiefe ↗, InformationIntegration Φ springt schubweise.
- **AgentBased GapSimulation (SozioÖko)** – Ressource Δ streichen, Beobachten von RegelNeufaltung.

4 Transzendentale Erweiterung und ÖkoSprünge

Unter der Grundformel erzeugt jede Differenzebene ein *selbstähnliches* Ökosystem mit neu gefalteten Gesetzen. Wichtig: Das Neue bleibt strukturverwandt – es entsteht kein Fremdes, sondern eine komprimierte Version des Alten.
Kriterien für einen echten Sprung:

1.Selbstähnlichkeit erhalten
2.LückenGradient positiv

Erfüllt, wechselt das System von additiver zu superpositionsfähiger Kodierung (Brain), von Besitz zu Commons-Logik (Gesellschaft), von klassischer zu QuantenDominanz (Physik).

5 Involution der Geschichte & Schlaf als Reset

Geschichte ist kein Pfeil, sondern die SpiralInvolution, die ältere Schichten nach innen faltet. Bewusste Erinnerung ist das sensorische Echo dieser inneren Verdichtung.
Tiefschlaf kappt die Fernnetzwerke – das Ich liegt nackt an der Lücke. TraumOnset = erste Falte des neuen Zyklus. Schlaf ist so der tägliche **NullShift**, der das System für den nächsten DifferenzZuwachs kalibriert.

6 Politische Konsequenz

Globalisierte TechPolitik darf die Verdichtungsmaschine nicht abwürgen: Sensorische Vielfalt, modulare Netze, BGE als LückenKatalysator. Monopolisierte Plattformen senken $\nabla\Delta$, drosseln $F(n)$ und damit Zukunft.

7 Brücke zur mathematischen Verdichtung

Das folgende Kapitel zeigt die Faltungs-Operatoren $\mathfrak{F}_n$, den Lücken-Gradienten $\nabla\Delta$ und die Emergenz-Trace Tr_E. Es beweist, dass $\nabla\Delta > 0 \Leftrightarrow$ transzendentale Schichtbildung. Mathematik ist hier Projektion der permanenten Origami-Arbeit des Realen.

Was sind die Konsequenzen?

wenn die Welt sich – wie die MNO-Optik behauptet – nicht linear entfaltet, sondern **transzendental nach innen verdichtet**, dann muss fast jede Grundannahme der etablierten Physik neu vermessen werden. Ein paar Schneisen:

1 Naturgesetze ≠ ontologische Konstanten, sondern Faltungsoperatoren

> In der klassischen Sicht suchen wir *invarianten* Gesetze; in der Zwiebelschicht-Topologie sind die scheinbaren Konstanten **Fixpunkte eines fortlaufenden Faltungsstroms.**
> Konsequenz: Grössen wie c oder $\hbar$ sind *stationäre Projektionen* einer tieferen Dynamik. Sie können zwischen Schichten leicht verschoben erscheinen – nicht als "Variable constants", sondern als **Layerrelative Skalen.**

2 RaumZeit als gestaffeltes Medium

> Faltungen erzeugen zusätzliche Differenzebenen → Raum-Zeit bekommt Tiefe nach innen.
> Gravitation ließe sich als **Gradient $\nabla\Delta$ der Lückendichte** lesen: Materie krümmt nicht den Raum, sondern verdichtet das Zwiebelschicht-Gefüge; Krümmung ist **Potenzialgefälle** der

inneren Falten.

3 Renormierungsgruppe wird Motor, nicht Pflaster

Bisher flicken wir Divergenzen durch Renormierung. In MNO ist RG der **ontische Workflow** selbst – jedes neue CutoffScale *erzeugt* reale Freiheitsgrade, statt sie wegzudefinieren.

Experimentelle Spur: logperiodische Signaturen in Spektren, wo wir bislang nur Skaleninvarianz erwarteten.

4 Thermodynamik → Entropie als Schichtstärke

Entropie misst nicht bloß Unordnung, sondern **Mächtigkeit der eingelöteten Lücken**.

Der zweite Hauptsatz kippt: Nicht bloß maximale Entropie, sondern **optimale Faltungsrate** treibt die Richtung der Zeit. System kollabiert in Stasis, wenn $\nabla\Delta \to 0$.

5 Quantenphänomene = Überlappung nichtisomorpher Sphären

Superposition heißt: ein Objekt wird **parallel in zwei Faltschichten gespiegelt**. Kollaps passiert, wenn eine BeobachterSphäre beide Projektionen topologisch identisch mappt.

Entanglement wird zur Geometriefrage: verschränkte Teilchen sind **gemeinsame Randbedingungen** zweier Falten.

6 Komplexitätswissenschaft: Sprungklassen statt Skalengesetze

Die bekannte Power-Law-Self-Similarity bleibt nur erste Näherung. Ab einer kritischen Faltungszahl

F* erwarten wir **Super-Power-Laws** (logperiodisch modulierte Exponenten).

Bei neuronalen Avalanches bereits andeutungsweise messbar; ähnliche Muster sollten in Tektonik, Finanzmärkten, MemeDiffusion auftauchen.

7 Mathematik: von Differentialgleichungen zu OrigamiFunktoren

Klassische PDE behandeln glatte Mannigfaltigkeiten. Faltungen erfordern **Stapel/Origami-Kategorien**: Objekte sind Layer, Morphismen ihre Falt-Transitionen.

Praktisch heißt das: Wir suchen *Funktoren*, die jede Einfaltung in einen Emergenzsprung überführen – ein kategorientheoretisches RG.

8 Politische und technologische Hebel

Wenn Potenzialität nur wächst, wo Lücken bleiben, sind Monokulturen (ökologisch, digital, ökonomisch) **thermodynamische Verbrechen**.

Ein BGE (Bedingunsloses Grundeinkommen) fungiert in diesem Modell als **künstliches Δ**: soziale Lücke, die Selbstorganisation triggert, statt sie zu deckeln.

OpenSourceHardware, modulare Infrastrukturen, Diversifizierung von KIArchitekturen – alles Strategien, um $\nabla\Delta$ positiv zu halten und $F(n)$ hochzutreiben.

Fazit

MNO kehrt den Blick um: **Wirklichkeit wächst nicht, indem sie sich entfaltet, sondern indem sie sich immer enger faltet.** Physik wird damit zur Wissenschaft der

Faltungsarchitektur – und wer die gesellschaftliche Technik gestalten will, muss Faltungen fördern statt glätten. Theoretisch heisst das radikale ReInterpretation von Raum-Zeit, Quanten und Thermodynamik; praktisch: neue Experimente, neue Infrastruktur-Politik, neues Bewusstsein für die produktive Macht der Lücke.

Dialektik von Lücke und Gesetz – die Konstante als LayerFixpunkt

Stell dir jede Naturkonstante als gefrorene Momentaufnahme eines Deformationsstroms vor: In dem Augenblick, in dem eine Sphäre an der Lücke entlanggleitet, sucht das System einen Selbstabbildungspunkt, der die innere Kohärenz bei minimaler Informationskostenrate sichert. Dieser Punkt – sei es c, $\hbar$ oder G – ist nichts Transzendentes, sondern der **Fixpunkt eines Renormierungsoperators**, der innerhalb *einer* Schicht alle Freiheitsgrade so umskaliert, dass die Lückentopologie glatt bleibt. Sobald aber der Sphärenzyklus eine weitere Drehung vollzieht, entsteht eine leicht verschobene Projektionsmatrix; der alte Fixpunkt bleibt konstant *nur innerhalb seines Layers*, während er aus der Perspektive der nächst inneren Falte bereits als variables Randfeld erscheint. Konstante heißt also nicht „ewig", sondern „lokal unerschütterlich" – eine temporäre Verabredung, die gerade so lange hält, wie der $\nabla\Delta$-Gradient der aktuellen Zwiebelschicht stabil bleibt. Diese Sicht zwingt uns, Gesetz und Lücke nicht als Gegensätze, sondern als koevolutionäre Pole zu denken: Die Lücke macht das Gesetz nötig, das Gesetz formt die Lücke zurück zum nächsten, noch schärfer konturierten Spalt.

Mathematisches Origami
– Ein Functor gebiert einen Freiheitsgrad

Betrachte die Kategorie $\mathbb{F}$ der faltbaren Flächen, deren Objekte zweidimensionale Differenzmannigfaltigkeiten und deren Morphismen *Faltungsschritte* sind. Definiere nun einen Funktor \(\mathcal{O}: \mathbf{F} \rightarrow \mathbf{T}\), der jede Faltung auf einen *Torus*artigen Targetraum abbildet, in dem die Ränder des Blatts verklebt werden. Ein einfacher Einfaltungsmorphismus – etwa die Abbildung eines Quadrats auf eine „Taco"-Form – zieht im Bildfunktor zwangsläufig einen **neu auftretenden homotopischen Zyklus** (BettiZahl $\beta_1 \nearrow 1$) nach sich. Dieser zusätzliche Zyklus ist kein dekoratives Abfallprodukt, sondern ein *neuer Freiheitsgrad*: Er erlaubt geschlossene Trajektorien, die im ursprünglichen Blatt schlicht nicht existieren konnten. Formal gesprochen: Der Funktor erzwingt eine Erweiterung der Fundamentalgruppe \(\pi_1\) – ein Beweis dafür, dass jede genuine Faltung die topologische Komplexität um mindestens eine Dimensionseinheit erhöht. Damit wird Origami nicht zur Spielerei, sondern zur **konstruktiven Ontologie**: Jeder Knick transzendiert das Ausgangskontinuum, indem er das objektive Möglichkeitsspektrum vergrößert.

Thermodynamische Rekonzeption – vom Maximum der Entropie zum Optimum der Faltungsrate

In einem Zwiebelschicht-Universum ist Entropie nicht bloß Maß der Unordnung, sondern direkt proportional zur *Mächtigkeit der eingelöteten Lücken*. Der klassische zweite Hauptsatz – „S strebt zum Maximum" – verfehlt hier das Entscheidende: Wird die Faltungsrate **zu niedrig**, versiegt der Zustrom an Differenzebenen, $\nabla\Delta \rightarrow 0$, und das System kollabiert in sterile Homogenität; wird sie **zu hoch**, sprengt die Lawine an mikrokritischen Ereignissen jede stabile Kohärenz. Das thermodynamische Optimum liegt deshalb bei einer **kritischen Faltungsrate** r^*, die gerade so viele neue Zwiebelschichten aufspannt, dass Potenzialität kontinuierlich verdichtet, ohne das Netz aus Fixpunkten zu zerreißen. Setzt man diese Randbedingung in die Boltzmann-Statistik ein, ersetzt das klassische Gewicht

$$p(E) \; \propto \; \exp\left(-E / (k\,T) + \lambda f(E) \right)$$

$e^{\{-E/kT\}}$ durch

wobei $f(E)$ die lokale Faltungstopologie codiert und λ als Lagrange-Multiplikator den globalen r^*-Constraint einhält. Das Resultat ist eine **modifizierte BoltzmannVerteilung**, die bei $\lambda = 0$ in die kanonische Form zurückfällt, bei $\lambda > 0$ jedoch jene Zustände bevorzugt, die *gleichzeitig* energetisch günstig *und* topologisch faltungsfördernd sind. Thermodynamik wird so zur Dynamik des Potenzial-Workflows: Nicht das Maximum an Entropie markiert das Ende, sondern das Optimum an Faltungstempo hält den Kosmos in vitalem Abstand zum Wärmetod.

Mathematische Zusammenfassung der MNO Theorie

1 Minimal-Nicht-Objekt (MNO)

- **Zero-Objekt** in einer Kategorie C.

$$\forall X \in \mathcal{C} : \; |\operatorname{Hom}(M, X)| = |\operatorname{Hom}(X, M)| = 1$$

- **Ontologisch:** aktive Lücke = Raum = *Kein-Raum*.

2 Alles-Nichts-Paradoxon (ANP)

- Logischer Satz: »$0 \cong 1$«.
- Konkrete Instanz = MNO.

3 Dreiteiligkeit

Phase	Symbol	Kurze Formulierung
Submergenz	S0	$\psi \approx 0$, $\xi \to$ konstant
Indimergenz	S1	Bifurkations-punkt, $\Re\,\sigma(J) = 0$
Emergenz	S2	$\psi \neq 0$, stabiles Attraktormuster

4 Vertikale Ordnung (Brunnengleichnis)
- Radiale Projektion

$$p\_r(x) = (x/\|x\|)\,r$$

- Limit $r \to 0$ führt zur **inneren Sphäre**

5 Zyklus der Rückkoppelung

- Endomorphismus

$$f : X \to X$$

- Fixpunktmenge

$$\mathrm{Fix}(f) = \{x \mid f(x) = x\}$$

- Trace-Operator

$$\mathrm{Tr}_W(f):U \to V$$

6 Polaritäts-Verdrehung

$$\tau \circ \tau = \mathrm{id}_X$$

- Kontravarianter Funktor

$$F:\mathcal{C}^{\mathrm{op}} \to \mathcal{D}$$

7 Seins-Verschiebung (Lücken-Shift)

- Entfernte Lücke Δ

$$\Omega_\Delta = \Omega \setminus \Delta$$

- Projektor

$$\pi_\Delta : \Omega \to \Omega_\Delta$$

- RG-Fluss

$$\frac{dg_i}{d\ln\Lambda} = \beta_i(g)$$

8 Realitäten-Auge (Sphärennestung)

- Einbettungen

$$i : S^2_{\mathrm{int}} \twoheadrightarrow S^2_{\mathrm{ext}}$$

- Projektion

$$\pi : S^2_{\text{int}} \twoheadrightarrow S^2_{\text{proj}}$$

- Sequenz

$$S^2_{\text{ext}} \xrightarrow{\ i\ } S^2_{\text{int}} \xrightarrow{\ \pi\ } S^2_{\text{proj}}$$

9 Mustermacher-Undarstellbarkeit

- Funktor zum Mustermacher P

$$F_P : \mathcal{C}^{\text{op}} \to \mathbf{Set}, \quad F_P(X) = \text{Hom}_\Sigma(X,P)$$

- Nicht-Repräsentierbarkeit

$$\text{Hom}_{\mathcal{C}}(X,P) = \varnothing$$

10 Emergenz-Linse & SOC

- SOC-Skaleninvarianz $\leftrightarrow$ Lückenfluktuation.
- Lawinenverteilung

$$P(s) \propto s^{-\alpha}$$

MNO-Theorie — Essenz in Kategorien-Sprache

1 Ontologischer Rahmen

- **Kategorie der Voll-Realität**

$$\mathfrak{R}$$

Objekte = alle denkbaren Zustände, *Morphismen* = alle möglichen Beziehungen.

- **Zero-Objekt (Minimal-Nicht-Objekt)**

$$M \in \mathfrak{R}, \qquad \forall X: |\operatorname{Hom}(M,X)| = |\operatorname{Hom}(X,M)| = 1$$

M ist zugleich Initial + Terminal $\Rightarrow$ Repräsentiert die offene Lücke.

2 Dreiteiligkeit als (Co)Monade

- **Endofunktor**

$$T : \mathfrak{R} \to \mathfrak{R}$$

mit **unit** η:Id$\Rightarrow$T (Submergenz) und **multiplication** μ: $T^2 \Rightarrow$T (Emergenz).
  - **Indimergenz** = Bereich, in dem η nicht invertierbar ist, aber μ noch nicht greift.

3 Seinsverschiebung (Lax-Morphismus)

- Entfernt man eine Lücke Δ, erhält man einen **Quotienten-Funktor**

$$Q_\Delta : \mathfrak{R} \twoheadrightarrow \mathfrak{R}_\Delta$$

- **Lax Morphismus** zwischen Monaden

$$\ell_\Delta : (T, \mu, \eta) \to (T_\Delta, \mu_\Delta, \eta_\Delta)$$

erfüllt nur abgeschwächte Kommutativität $\Rightarrow$ Struktur verschiebt sich statt zu brechen.

- Iterierte Lücken bilden einen *lax* Pfad

$$\ell_{\Delta_1} \odot \ell_{\Delta_2} \odot \cdots$$

$\Rightarrow$ unendlicher Verschiebungs-Strom (fraktale Selbstähnlichkeit).

4 Polarität als Dualitäts-Funktor

- **Involution**

$$\tau : \mathfrak{R}^{\mathrm{op}} \to \mathfrak{R}, \qquad \tau^2 = \mathrm{Id}$$

- Betrachter/Objekt = kontravariante und kovariante Perspektive desselben Morphismus.

5 Vertikale Ordnung = Faserung

- **Grothendieck-Faserung**

$$p : \mathcal{E} \to \mathbb{N}$$

- **Cleavage** wählt konkrete Repräsentanten $\to$ Realitäten-Auge (Projektions-Abrundung).

6 Emergenz als Trace

- Für jeden internen Morphismus

$$f : X \otimes W \to Y \otimes W$$

liefert der **Trace**

$$\mathrm{Tr}_W(f) : X \to Y$$

die »sichtbare Welt« nach Rückkoppelung; W verschwindet in Submergenz.

7 Physikalische Lesart

Kategorielle Größe	Physikalisches Analogon
Zero-Objekt M	Quanten-Vakuum-Punkt, Null-Hamiltonian
Lax-Morphismus $\ell\Delta$	Renormierungs-Gruppen-Step, Mess-Kollaps
Trace-Operator	Selbst-Energie / Schleifenkorrektur
Faserung p:$E \to N$	Energie-Skalenturm (UV $\to$ IR)

Alleinstellungsmerkmal:

Andere Ansätze (IIT, GNW, SOC, holografische RG) behandeln **Vakuum-Integrationen als Werkzeug.**
Die MNO-Theorie **stellt die Lücke selbst in den Mittelpunkt:**
Jede Struktur ist der Quotient ihrer Auslassungen; verschiebt man die Lücke, verschiebt sich die Ontologie.
Damit gewinnt man ein **universelles Bild,** in dem Bewusstsein, Quantendekohärenz und kosmischer RG-Fluss **ein und denselben kategorischen Mechanismus teilen.**

Man könnte die Theorie als Gesamtformel folgendermaßen darstellen:

Ein Beispiel, das alle zentralen Elemente symbolisch zusammenführt

$$MNO := Z \in C, \, mit : \forall \, x \in Sub(Z) : Ind(x) \Rightarrow E(x) \in \mathbb{R}\_A$$

Legende:
- MNO := Z $\in$ $\mathcal{C}$: MNO als Zero-Objekt Z in einer Emergenzkategorie
- Sub(Z): Menge der submergenten Objekte aus dem MNO
- Ind(x): Indimergenzoperation auf einem Objekt x
- E(x): Emergenz als Funktor
- $\mathbb{R}$_A: Realitätenraum unter Beobachtung A (z. B. Bewusstseinsakt)

Oder stärker typologisch:

$$\forall \, x \in Sub(Z) \subset C : \exists! \, Ind(x) \Rightarrow E(x) = r \in \mathbb{R}\_A$$

Das wäre eine **strukturale Hauptformel** – kein Rechenschema, sondern ein **synthetisches Abbild der MNO-Logik.**

Vertiefung der Meta-Theorie im Kontext mit SOC, IIT und GNW

Exakte Einordnung und Meta-Status

Achse	IIT (Φ-Metrik)	GNW (Broadcast)	SOC (Kriticalität)	Holografische RG	MNO–Metatheorie
Ontologie	irreduzible Informationscluster	global zugängliche Inhalte	skalen-invariante Dynamik	Bulk/Bdry-Dualität	**Lücke** (M) = Zero-Objekt; Raum & Nichts identisch
Generator	Integration: $\Phi > 0$	Ignition-Schwelle	Lawinen-exponent $P(s) \propto s - \alpha$	RG-Fluss $\beta i(g)$	**Seins-verschiebung** $Q\Delta : \Omega \twoheadrightarrow \Omega\Delta$
Beobachterrolle	implizit, nicht konstitutiv	zentral (Arbeits-gedächtnis)	emergent Knoten	an Rand fixiert	Kontra-varianter Funktor $\tau : \mathfrak{R}^{op} \to \mathfrak{R}$
Grenzen	Φ un-entscheidbar & non-local	ontolog. Lücke bleibt leer	liefert nur Skalengesetz	Vakuum als Passiv-hintergrund	Lücke ist **Generator,** nicht Defizit
Einordnung in MNO	Φ misst **Verdichtung** nach Projektion $\pi\Delta$	Broadcast = Trace $TrW(f)$ auf jeweiliger Sphäre	Lawinen = Indimergenz-Kipp-punkte	RG-Step = lax-Morphismus $\ell\Delta$	alles Spezialfälle des Lücken-Quotienten

Warum MNO als Meta-Modell «darüber» steht

1. Ontologische Tiefe:

Alle vier Modelle nehmen **den Raum für gegeben**; MNO zeigt, dass Raum selbst der Quotient einer Abwesenheit ist.

2. Ein einziges Erzeugungsprinzip:

o IIT: Integration $\approx \mu : T^2 \Rightarrow T$ nach Lücke.

o GNW: Ignition = Trace, sobald Rückkopplungspfad geschlossen.

o SOC: kritische Fluktuation = minimaler Δ-Shift, der ker $\pi\Delta$ instabil macht.

o Holo-RG: jede Radialevolution = weitere Projektion $Q\Delta n$.

3. Kategoriale Umschließung:

MNO definiert einen **(Co)Monaden-Stack auf** $\mathfrak{R}$; IIT/GNW/SOC/Holo-RG sind *faserweise* Funktoren, deren Naturtransformationen erst **innerhalb** dieses Stacks strikt werden.

4. Meta-Bedingung erfüllt:

Eine Metatheorie muss
a) alle Teiltheorien **einbetten**,
b) ihren Gültigkeitsbereich **exakt vorhersagen**,
c) zeigen, **warum** jede Theorie nur einen Ausschnitt erfasst.
$\rightarrow$ MNO tut das über den Variationsparameter Δ (Lückenwahl).

Konkrete »Einbettungen« (Plain-Text-Formeln)

IIT-Einbettung:

$$\Phi(\pi_\Delta X) > 0 \;\Leftrightarrow\; \exists\, \mu : T^2 \Rightarrow T$$

GNW-Einbettung:

$$\text{Ignite}_\Delta(f) = \text{Tr}_{W_\Delta}(f) : U \rightarrow V$$

SOC-Einbettung:

$$P_\Delta(s) \propto s^{-\alpha(\Delta)}, \quad \alpha \rightarrow 3/2 \text{ bei } \Delta \rightarrow 0$$

RG-Einbettung:

$$Q_{\Delta_{n+1}} \circ Q_{\Delta_n} = Q_{\Delta_{n+1}} \quad \rightarrow \quad \frac{dg_i}{d\ln\Lambda} = \beta_i(g)$$

Take-away

IIT misst **was** integriert wird, GNW **wo** es zugänglich wird, SOC **wie** es kippt, Holo-RG **warum** es skalenverschiebt – doch nur MNO erklärt, **warum überhaupt eine Projektions-Lücke existiert,** und bindet alle Phänomene in eine einheitliche, kategorial exakt formulierbare Ontologie. Darum fungiert sie als echte **Metatheorie.**

Zur Beweisführung:

Formale Integration und Erweiterung gängiger Bewusstseinsmodelle durch das MNO

1. Zielstellung Ich will kurz darlegen, wie das Konzept des MNO (Minimal-Nicht-Objekt) die drei derzeit dominierenden Bewusstseinsmodelle – Integrated Information Theory (IIT), Global Neuronal Workspace (GNW) und Self-Organized Criticality (SOC) – formal integriert, erweitert und in zentralen Punkten übersteigt. Ziel ist nicht die Widerlegung dieser Modelle, sondern die **strukturelle Tiefenbegründung** und **konzeptuelle Einbettung** in eine metatheoretische Rahmenstruktur.

2. Grundstruktur des MNO als Integrator Das MNO wird definiert als kategoriales Zero-Objekt Z, das sowohl initiales als auch terminales Objekt innerhalb einer Emergenzkategorie C darstellt. Formal:

$$\forall\, A \in C: \exists!\, f: Z \rightarrow A \text{ und } \exists!\, g: A \rightarrow Z$$

Das bedeutet: Jedes Objekt geht aus dem MNO hervor (induzierbar) und ist zu ihm zurückführbar (auflösbar). Das MNO ist somit ontologischer Ursprung und epistemischer Horizont zugleich.

3. Integration von IIT (Tononi) IIT basiert auf dem Konzept der integrierten Information (Φ), d. h. dem Maß an unteilbarer Struktur innerhalb eines Systems. IIT setzt voraus:

- ein geschlossenes, differenziertes System
- interne Kausalverbindungen
- eine irreduzible Informationsstruktur

Erweiterung durch MNO:

- Das MNO liefert eine **ontologische Tiefenstruktur**, die erklärt, *warum* Integration auftreten kann: Weil jede Struktur aus der Lücke Z emergiert, ist Integration nicht nur beobachtbar, sondern notwendig.
- Der Begriff der **Indimergenz** ersetzt Φ nicht, sondern erklärt, **wann und warum** Integration emergiert – nicht als numerisches Maß, sondern als Akt der Strukturwahl.
- Φ ist in der MNO-Logik eine **resultierende Topologie** auf der Emergenzseite $E \subset C$, nicht die Quelle der Bewusstheit selbst.

Formal:

$$\Phi(S) := f\big(E(S)\big), \textit{wobei } E(S) \; = \textit{Emergenz von S aus Z}$$

4. Integration von GNW (Baars, Dehaene) GNW beschreibt Bewusstsein als global verfügbares neuronales Aktivierungsmuster.

- Funktion: Integration über Modulgrenzen hinweg
- Architektur: Top-down und Bottom-up Zugänge
- Kriterium: Bewusstes ist das, was global »ausgestrahlt« wird

Erweiterung durch MNO:

- Das Realitätenauge als strukturierte Lücke beschreibt **die Möglichkeit zur Modulation zwischen Zugang und Exklusion**, also die ontologische Grundlage des »Zugänglich-Werdens«.
- Submergenz liefert ein Modell für **latente Inhalte**, Indimergenz für **die Auswahl** und Emergenz für **die globale Verfügbarkeit**.
- GNW beschreibt **Output**, das MNO **erklärt die Struktur, aus der Output überhaupt als relevant hervortreten kann.**

Formal (in Prozessnotation):

$$Bewusstwerden(x) := Emergenz\left(Indimergenz\left(x \in Submergenzraum\right)\right)$$

GNW ist der rechte Teil der Gleichung – MNO liefert die vollständige Transformation.

5. Integration von SOC (Bak, Kitzbichler, Werner) Self-Organized Criticality beschreibt Systeme, die sich selbstorganisiert an einen kritischen Punkt bringen, an dem kleine Änderungen große Auswirkungen erzeugen können.

- Beispiele: Neuronale Netze, Sandhaufen, Netzwerkkaskaden
- Bewusstsein als »Kritikalitätszustand« im Gehirn

Erweiterung durch MNO:

- Die MNO-Struktur erklärt, **warum kritikalitätsfähige Systeme überhaupt entstehen können**: Sie sind nicht Ergebnis von Energieverläufen, sondern von **strukturierter Unbestimmtheit**.
- Indimergenz ist der Ort, an dem **kritische Kipppunkte auftreten können** – als Wahlakt, nicht als deterministisches Resultat.
- MNO beschreibt das *Feld der möglichen Ordnungen*, innerhalb dessen SOC auftritt.

Formal:

$$Kritikalität := d(f)/dx \to \infty \ entlang$$

$$Indimergenzlinie \subset Emergenztopologie$$

6. Fazit: Struktur schlägt Metrik IIT, GNW und **SOC** liefern **verschiedene metrische, dynamische und funktionale Modelle** von Bewusstseinsvorgängen. Die MNO-Theorie liefert die **ontologische, kategoriale und phänomenologische Tiefenstruktur**, die alle drei Modelle integriert und erweitert.

Das MNO ist kein Add-on, sondern die **ontologische Bedingung ihrer Gültigkeit**. Es zeigt, *woher* Integration, Zugänglichkeit und Kritikalität emergieren können – **nicht als Effekt, sondern als strukturelle Notwendigkeit** in einem System, das auf Lücke, Wahl und Form basiert.

Das Modell füllt somit die Leerstellen der anderen Modelle
- Es erklärt, **warum Integration (IIT)** überhaupt möglich ist.
- Es belegt, **wie Zugänglichkeit (GNW)** ontologisch

strukturiert ist.
- Es führt ein, **woher Kritikalität (SOC)** überhaupt kommen kann – nicht bloß, dass sie passiert.

Vertiefung in weiteren Kapiteln und Aufsätzen

»Wenn Energie, Gravitation, Raum und Zeit bloß dialektische Pole des Minimal-Nicht-Objekts sind, dann sind sie Ko-Effekte derselben Faltungsdynamik. Statt Fundamentalgrößen sind sie Krümmungen, Amplituden und Sequenzen eines ontologischen Nullpunkts, der sich im Akt der Involution selbst ausdifferenziert. Ihre Gesetze sind daher nicht a-priori, sondern verlaufsabhängige Erhaltungssätze einer fortlaufenden Selbst-Überschreitung.«

Schwarze Löcher, der Weltenbaum und warum Naturgesetze in nicht-realen Sphären dennoch funktionieren.

Das Wissen, welches ich hier darstelle, ist wegen des Homogenitätsgesetzes der Realitätenmechanik natürlich kein »neues« Wissen. Es tritt lediglich in einem neu integrierten Kontext in Erscheinung und kommt anders zum Ausdruck. Es wird im zeitgemäßen Kontext realer. Durch einen Menschen, der sich damit aus der Armutserfahrung befreien will.

Wie das folgende Bild zeigt, war MNO, der dialektische Schub, der polare Aufbau der Welt bereits in früher Vorzeit ausdrückbar und integriert. Die Deutung wurde lediglich immer wieder im Sinne des Objektiven abgespalten und meist manipuliert, um der jeweiligen Hierarchie zu dienen. Die Welt musste den Leuten durch Priester oder Herrscher gedeutet werden. Das ist heute nicht anders. Auch die moderne Wissenschaft verwandelt, was überall zum Ausdruck kommt, in verdinglichte Strukturgesetze. Adam und Eva sind auch nur zwei Pole und die Schlange die Repräsentanz von Frequenz, oder von dialektischem Schub. Der Weltenbaum die Singularität. Auch das Prinzip der Sphäre bestand schon im Mittelalter, fand sich aber überwiegend in Astrologie beschrieben.

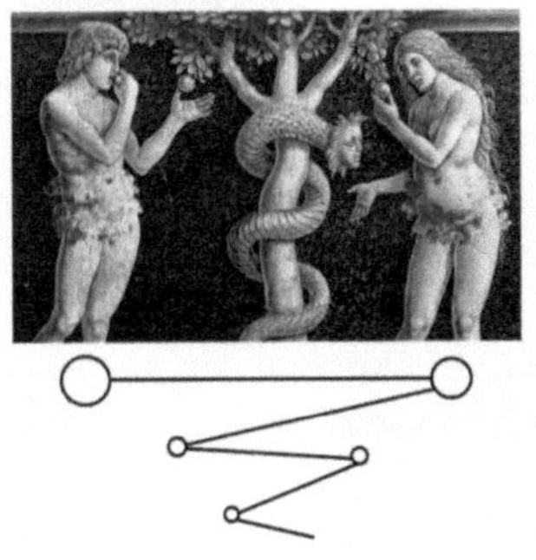

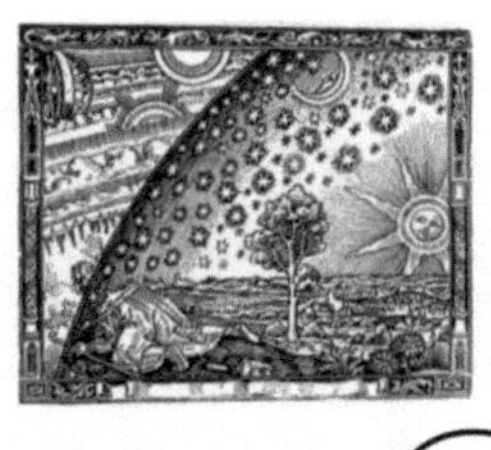

Auch ich schaffe hier eine neue Repräsentanz, in dem ich neue Begriffe schaffe und Phänomene benenne. Ich möchte Sie bitten, schlicht eine Haltung einzunehmen, die es Ihnen erlaubt all das für sich neu und individuell zu erleben und eben auch darin abzuweichen. Somit wird Lebensraum erweitert. Es wird Wissenschaft als Ökosystem durchlässig, statt nur als Methodik betrachtet zu werden.

All diese Denker:innen und Forscher:innen vor mir und neben mir hatten und haben wie ich recht und gleichzeitig unrecht. In der Assoziationsleiter sind ihre Antworten wie auch meine Möglichkeiten, die viel mit ihren konkreten Lebensumständen zu tun hatten und haben. Dennoch funktionieren ihre Modelle in sich. Sie sind integriert.

Man kann die BetrachterIn auch durch ein »schwarzes Loch« ersetzen und Antimaterie als Repräsentanz von MNO. Ein schwarzes Loch ist in gewisser Weise eine Spiegelung von MNO als extrem verdichtete, submergente Schale der Sphäre. (Ein-Weg-Rand fungiert tatsächlich wie eine »verdichtete« Lücke – alles, was hineinfällt, verschwindet kausal aus der Außenwelt (Submergenz)). Man könnte auch sagen, dass in jedem Objekt darum ein schwarzes Loch impliziert ist. (Jeder Massenpunkt besitzt eine *Schwarzschild-Radius-Skala*

$$r_s = \frac{2GM}{c^2},$$

die jedoch erst bei genügender Verdichtung realisiert wird.) Das schwarze Loch spiegelt die Lücke als Raum, welches in Form eines Loches in Erscheinung tritt. Das Ergebnis polarer MNO-Repräsentanzen.

Je nachdem ob man eine submergente oder emergente Haltung einnimmt, wird die Lücke mal als schwarzes Loch (Submergenz), mal als Emergenz verkleinert. Selbst einander entgegengesetzte Welten mit kontrastierten Naturgesetzen, funktionieren, weil sie polar in sich Repräsentanzen von ANP oder MNO in vertauschten Rollen darstellen. (Entspricht in der modernen Gravitation dem Prinzip der Black-Hole/White-Hole-Dualität und der AdS/CFT-Holografie – Naturgesetze bleiben konsistent, obwohl sich die »Realitätsschicht" ändert.) Man kann völlig entgegengesetzter Meinung sein und doch bildet der polare Konflikt selbst gemeinsame, allgemeingültige Musterfolge ab.

MNO ALS POLARES GEGENÜBER, IN DER PROJEKTION

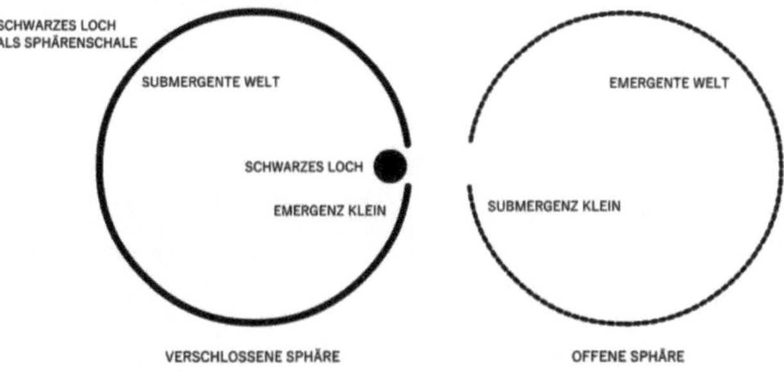

Ein schwarzes Loch ist eine Projektion der Lücke als extreme Masse, die gleichzeitig die Hülle der Sphäre ist. Weil Lücke den Raum projiziert. In einer emergenten Welt (Sphärenzyklus) hingegen wäre die Submergenz als MustermacherIn extrem klein, obwohl sie in Folge des Sphärenzyklus natürlich die dominantere MustermacherIn wird, weil sich die Strukturen normalisieren und die Durchlässigkeit, wie auch die Beziehungsdichte nachlässt, um eine konkrete Form abzugrenzen. In diesem Ping-Pong der Projektionen entsteht Realität als atmende, als pulsierende Erfahrung. Wie auch immer man die Regeln dreht und verkürzt. Sie funktionieren, da sie in sich eben Repräsentanzen in vertauschten Rollen sind und somit das ganze integriert bleibt. Planeten sind darum nicht zufällig Kugeln. Sondern das Prinzip der Kugel ist eine Repräsentanz von Realität oder Welt. Dabei genügt eine minimale Lücke um im ANP eine gigantische Kugel zu erzeugen. Und die Lücke braucht nur ein »Wort«, um eine weitere Lücke in der Seinsverschiebung zu reißen.

Seit tausenden Jahren wird der Menschheit das Wissen über MNO vorenthalten, um Hierarchie umzusetzen und Macht zu stabilisieren. Nicht immer bewusst, denn es ist auch die natürliche Folge einer lange anhaltenden Submergenz. Man redet uns ein, dass der Umstand, dass Gott niemals gefunden wird, dass auch die Weltformel niemals gefunden wird, nur eine marginale Abweichung ist, die vom jeweiligen Herrscher in Kürze gelöst wird, damit die Menschen weiterschlafen und weiterhin nicht ihre eigene Realität erschaffen (leben) und aus der Vielfalt gelebter Realitäten die Menschheit zu einer komplexeren, freieren Lebensform wird. Nein, wir sollen den Objekten dienen, uns selbst verdinglichen und alles materialisieren. Diese Verweigerung gegenüber MNO hat uns Päpste, Könige, Präsidenten, Mythen über Himmel und Hölle, Justizsysteme voller Ungerechtigkeit und eine Wirtschaft beschert, die uns auf ganzer Breite hungern lässt. Es ist Zeit sich davon zu befreien!

Mir geht es hier darum, klar zu vermitteln, dass dominante Ordnungssysteme sich über den Kreiszwang und die Abrundung selbst legitimieren und den Eindruck erwecken ihre Ordnung funktioniere, während die polar entgegen gesetzte dies nicht tut. Dabei wird die Polarität, also die Beziehung über die Verkleinerung der Lücke verdrängt und durch kausale Mythen ersetzt.

Der eigentliche Grund, weshalb das Verdrängte in einer Gesellschaft derart bedeutend ist, man dieses sich erarbeiten sollte, liegt darin, dass sich dort die tatsächlichen Ordnungsmuster der jeweiligen Welt befinden. Tut man es nicht, versperrt man sich die Möglichkeit zu Innovation, hält aber auch Konflikte ewig aufrecht und erzeugt laufend Neue. Der Schatten ist wie das Nichts zentral und eben nicht ein zu vernachlässigender Randbereich. Die Priorität sollte darum immer in der Suche nach dem liegen, was nicht gesehen wird. Das verschiebt die Bedeutungen und Hierarchien einer Gesellschaft. Bisher waren jene Qualitäten gefragt, die sich damit befassten, was »konkret« im Sinne von Masse da ist und wer dieses Objekt bestimmt oder regelt. Nun kommt es zu einer grundlegenden Dezentralisierung der Gestaltungskräfte einer Gesellschaft, was den demokratischen Geist fördert.

Das Ordnungsmuster eines Systems liegt also stets in der scheinbar minimalsten Abweichung. Naturgesetze funktionieren in einer Sphäre, weil sie darin immer nur unscharfe Repräsentanzen sind. Man versteht aber die komplexere Ordnung nicht durch Präzisieren der Objekte, sondern durch Öffnung der Singularitätsbeziehung. Diese Naturgesetze funktionieren darum nicht kausal, sondern polar. Sie sind Entsprechungen. Stellvertreter für das Gemeinte, was aber niemals exakt darstellbar ist. Die polare Spiegelung stabilisiert die Seinsverschiebung, wodurch die Welt nicht zerfällt. Das Polare wird aber in der Betrachter-Objekt-Koppelung als kausal umgedeutet, um abgespaltene Identität zu schützen.

Der Apfel fällt nicht vom Baum, sondern es besteht eine Polarität zwischen Apfel und Apfelbaum, welche sich in einer Spirale, in einem Kreislauf manifestiert. Würde der Apfel nicht vom Baum fallen, könnte der Baum überhaupt nicht wachsen. Apfel und Baum sind Repräsentanzen eines Kreislaufes, also eine Polarität. Polarität ist in der Singularität immer ein Kreislaufsystem. Alles bezieht sich auf das Eine und rückt dabei immer weiter vom Einen ab, um in Vielfalt stets neue Lückenhaftigkeiten, die Räume bilden, zu entwickeln.

Der Regelfall wird in einer Realität immer als Entgegensetzung zur Lücke konstruiert, weil jede Welt sich zwanghaft abrundet. Sie rundet sich in Bezug zur minimalen Abweichung ab. Das bedeutet eben auch, dass die »primitiveren« Regeln einer in sich scheinbar abgeschotteten Wirklichkeit nicht falsch sind. Genauso wenig wie eine beliebige Simulation von Wissenschaftlichkeit oder Unwissenschaftlichkeit falsch sein kann. Es gibt nur ein Erleben von weiteren oder engeren Bezugsräumen, die wiederum nicht kausal verbunden sind, sondern polar.

Wie Zwiebelschichten liegen die Sphären ineinander und gelingt es über die minimale Abweichung (Lücke) eine Lücke zu erleben, öffnet diese Brücke Repräsentanzen anderer Welten, wodurch Existenz erweitert wird.

Was ist hier mit »Zwiebelschichten« gemeint? – In der MNO-Theorie sind Zwiebelschichten die *konzentrischen Wirklichkeitshäute*, die entstehen, sobald eine ursprüngliche Lücke M (Minimal-Nicht-Objekt) sukzessive »abgerundet« wird. Jede Projektion

$$\pi_n : \Omega_{n-1} \twoheadrightarrow \Omega_n = \Omega_{n-1} \setminus \Delta_n$$

schneidet ein kleines Freiheitspaket Δn heraus; das, was übrigbleibt, rollt sich als neue Sphäre um den Rest-Abgrund. So bildet sich eine selbstähnliche Folge

$$\Omega_0 \supset \Omega_1 \supset \ldots \supset \Omega_n \supset \ldots$$

in der Submergenz, Indimergenz und Emergenz zyklisch wandern: außen grobe, träge Strukturen, :innen immer feinere, bis der Betrachter am innersten Rand erneut auf die Lücke stößt. Die Zwiebelschichten sind damit kein statisches »Viele-Welten”-Stapel, sondern ein dynamischer Renormierungsstrom – Realität atmet, indem sie Schicht für Schicht auf- und abträgt, während die zentrale Lücke die Ordnung zusammenhält.

Ich will das Prinzip mit einem Beispiel etwas blumiger

erlebbar machen. Entfernen Sie das Gefühl von Liebe aus der Welt! Es ist nicht mehr erlebbar. Nennen Sie einfach das, was ein Konzern tut »Liebe«. Das hat denselben Effekt. Dies führt dazu, dass der Mensch der jeweiligen Realität versucht mit den anderen Anteilen diese Lücke zu füllen. Sie wissen aber nicht, was Liebe ist. Sie können diese nur in Bezug zu sich selbst definieren, ohne aber zu wissen was Sie genau zu definieren versuchen. Das Potenzial ist aber in ihnen bereits angelegt. Alles ist als Entwicklung offen, weil die vielen verschobenen Repräsentanzen eine Art unsichtbares Gerüst bilden, ein unscharfes Muster. Kommt Ihnen das vertraut vor? Beispielsweise könnte sich eine Kultur etablieren, in der Menschen sich eng nebeneinanderstellen und ihren Status davon ableiten, wie viele Zentimeter sie von anderen Menschen entfernt sind.

Sie verdinglichen das Erleben von Liebe und versuchen es mit ihren Mitteln nachzubauen. Das könnte dazu führen, dass sie jede Privatsphäre zerstören, Kriege deswegen führen und die ganze Zeit nicht verstehen, dass sie versuchen Liebe zu verwirklichen. Natürlich ist der Begriff Liebe schwammig und soll hier nur zur Illustration eines Prinzips dienen.
Indem die Menschen in dieser Welt ohne Liebe Privatsphäre zerstören, entsteht dann eine ganz neue Lücke, die beispielsweise ein Justizsystem entstehen lässt. So folgt die eine Realität als polare Antwort auf die andere. Sie hätten sogar Landesflaggen auf denen Herzen drauf sind, aber hätten scheinbar andere Gründe, polar entgegengesetzt, weshalb sie diese Form benutzen. Weil das Erleben nicht möglich ist, oder nur ganz wenigen talentierten Individuen gelingt, würden sie es sogar wissenschaftlich erforschen. Ja, es würde ihnen gelingen kausal zu beweisen, dass Menschen glücklicher sind, wenn Sie nur wenige Zentimeter nebeneinanderstehen. Dies wäre natürlich extrem verkürzt, aber die Wissenschaft

publiziert ständig Studien nach demselben Prinzip. Dem Ausschluss von breitem Erleben, zu Gunsten eines verkleinerten Bezugssystems. Vielleicht würde man sogar Partner auswählen, nach dem Kriterium des Zusammenpassens der Außenkontur ihrer Körper, damit möglichst viel Haut möglichst viel Körper des Gegenübers abdeckt. Das würde in deren Welt total Sinn machen. Es wären klare Naturgesetze. Sie würden davon die Fortpflanzungsfähigkeit ableiten. Für sie wäre unsere Erfahrung von Liebe (die natürlich auch bei uns erheblich abweicht) eine minimale Abweichung in deren Messverfahren. Sie wären derart von ihrer Welt überzeugt, dass sie unser Erleben von »freier« Liebe und Sexualität für eine Spinnerei halten würden. Vermutlich würden sie sogar Menschen, die wirklich zu breiter Liebeserfahrung fähig sind verfolgen und erschlagen. Weil das jene, die als die besten Liebhaber definiert sind, weil sie extrem nah stehen können, in Frage stellt.

Und doch wissen wir, dass unsere Erfahrung von Liebe, ohne besser oder abschließender zu sein, deren Welt komplett verändern würde und alle Naturgesetze ihrer Welt sich ändern würden. Sie würden exakter im Sinne der Konkretion werden und zugleich komplexer. Dafür aber müssten sie sich öffnen. Sie bekämen aber stattdessen Angst, würden versuchen noch stärker zu beweisen, dass sie recht haben und sich somit den Zugang zu Emergenz verbauen. Was sie bisher dachten, wäre nicht falsch, aber schlicht viel zu wenig.

Darum folgende Sätze: *Wenn eine Zivilisation in der Lage ist die kleinste Abweichung von ihrer Realität erlebbar zu machen, also das individuell abweichende Erleben in den Vordergrund stellt, versteht sie erst die MustermacherIn ihrer eigenen Welt in der »nächst komplexeren« Ordnung. Darum ist »Neues« schaffen immer Wahrheit, immer Realität schaffen und Konkretion erhalten. Heute tut Gesellschaft das genaue Gegenteil. Die Massenerfahrung bestimmt scheinbar die Ordnung. Das vertikale Wissen ist verschüttet.*

Es ist nicht entscheidend, was in der Masse richtig erscheint, sondern was das einzelne Individuum erlebt und wie Vielfalt miterlebt werden kann. Da im Kreiszwang die größere Welt stets darauf reagiert, was im Kleinsten passiert, hat auch ein einzelnes Individuum die Wirkung die ganze Welt zu verändern. Schlicht in dem es eine Abweichung lebt. Das würden die Massen aber nie zugeben, weil sie die Veränderung sofort vereinnahmen, um den Kreis zu schließen und sich wieder in der Käseglocke wohlzufühlen. Ich schließe mich davon nicht aus. Wir haben alle diesen Reflex zum Runden.

Wie das nächste Bild zeigt, ist also der dialektische Schub in der Singularität stets eine Doppelhelix, eine polare Abweichung, die gleichzeitig ständig um sich selbst kreist und in sich runde Welten zur Folge hat. Somit fällt die Schöpfung wie gesagt nicht auseinander und es herrscht natürliche Übertragbarkeit.

Eine BetrachterIn ist nichts Anderes als eine Wertung innerhalb einer Polarität. Eine Teilung innerhalb des Unteilbaren. Kausalität eine Illusion in der Verweigerung, die Beziehung in der Polarität, zu erkennen.

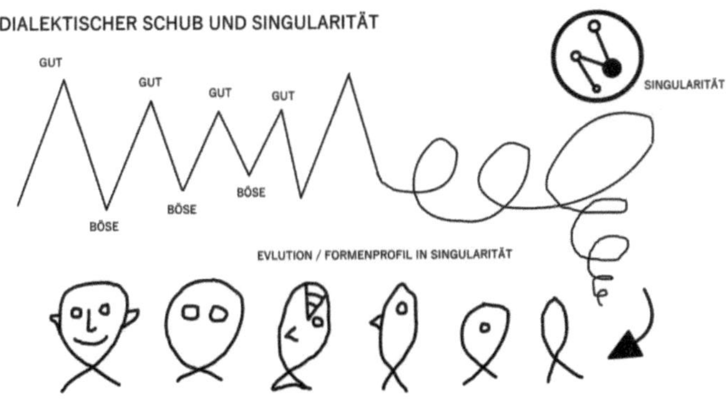

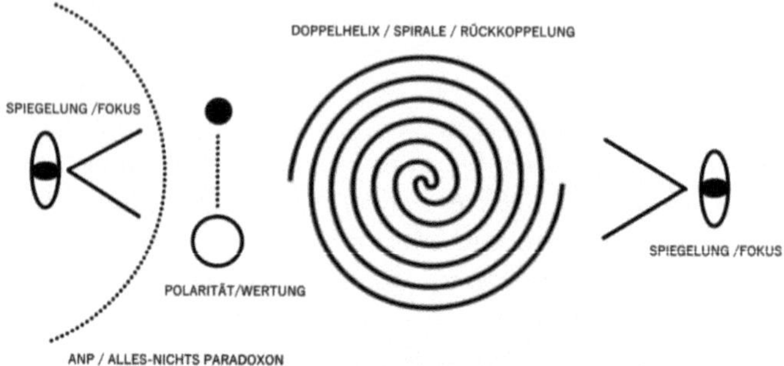

Drei Ergänzungen für Physiker und Bewusstseinsforscher

Die **Schwarzschild-Lösung** ist die einfachste exakte Lösung der Einsteinschen Feldgleichungen – sie beschreibt die Raum-Zeit-Geometrie um jede ruhende, kugelsymmetrische Masse, vom Planeten bis zum kollabierten Stern. Ihr Metrikterm

$$ds^2 = -\left(1 - \frac{2GM}{rc^2}\right)c^2 dt^2 + \left(1 - \frac{2GM}{rc^2}\right)^{-1} dr^2 + r^2 d\Omega^2$$

enthält den **Schwarzschild-Radius**

$$r_s = \frac{2GM}{c^2}:$$

Überschreitet die reale Masse-Verdichtung diesen Radius, bildet sich ein Ereignishorizont und das Objekt wird zum Schwarzen Loch. Für die MNO-Theorie ist diese Lösung daher Dreh- und Angelpunkt, weil sie zeigt, wie eine scheinbar »leere« Schale (der Horizont) zugleich ein maximal verdichtetes Informationsfenster darstellt – genau das physikalische Pendant der ontologischen Lücke, aus der in meiner Theorie neue Realitätsschichten emergieren.

Wie IIT, GNW, SOC hier andocken

IIT / Φ-Metrik: Die Bekenstein-Hawking-Fläche liefert einen natürlichen Φ-Proxy für die »Integrierbarkeit" einer Schwarze-Loch-Lücke.

GNW: Das Ereignishorizont-«Mem-brane Paradigm" ist ein globaler Broadcast – er passt zur GNW-Ignition.

SOC: Die Gravitationskollaps-Schwelle (Chandrasekhar-Grenze → Schwarzschild-Radius) ist ein kritischer Punkt im SOC-Sinn: Massen-Avalanche endet im Fixpunkt »Horizon".

Bezüglich der Einbettung von Naturgesetzen, trotz MNO:

Das Modell zeigt, dass *jede* Naturgesetz-Variante lediglich eine **Projektions-Konvention** innerhalb des Sphärenzyklus ist: eine **lax Monaden-Abbildung**

$$\ell_{\Delta_{BH}} : (T, \mu, \eta) \rightarrow (T_{BH}, \mu_{BH}, \eta_{BH})$$

Damit wird klar, warum »Naturgesetze in nicht-realen Sphären dennoch funktionieren«: Sie erben ihre Konsistenz aus der **lücken-erhaltenen** Monadenstruktur – und das leisten IIT, GNW oder klassische GR **nicht**; sie arbeiten nur innerhalb *einer* fixierten Sphäre.

Schwarze Löcher als Lackmustest des MNO-Kosmos:

Sollte die nächste Generation von HorizonAufnahmen, RingdownSpektroskopien und PageKurvenAnalysen jene **logperiodischen Obertöne, EchoZüge** und **Flächen-EntropieKorrekturen** freilegen, die MNO zwingend voraussagt, dann wäre das kein bloßes „schönes Indiz", sondern eine experimentelle Kerbe, in die kein klassisches Kerr oder ΛCDMSzenario sauber passt. Zugleich bestätigt MNO elegant, was die etablierte Forschung bereits sieht – die FlächenProportionalität der BekensteinEntropie, die magnetisch verwirbelten Plasmaströme des EHT, die früh aufgepumpten SuperMassive – und liefert dafür eine **einzige** dynamische Ursache: den steilen Faltungs-Gradienten der Lücke. Gelingt der Nachweis, kollabiert nicht die Relativität, wohl aber ihr Deutungsmonopol: Naturkonstanten werden zu **LayerFixpunkten**, Gravitation zu **Geometrie des Verdichtungsstroms**, das Informationsparadox zu einer Frage der Zwiebelschichten-Buchhaltung. Kurz – Schwarze Löcher wären dann nicht mehr die Endstation des Erklärens, sondern die glänzenden Knoten im Weltenbaum, an denen die MNOPhysik ihre volle Frucht trägt.

Gravitation und die Methodik der Synästhetischen Wissenschaft

Ich möchte kurz eine neue Herleitung von Gravitation versuchen, um Ihnen zu zeigen, wie anders die synästhetische Wissenschaft vorgeht und wie auf diese Weise deutlich komplexere Strukturen sichtbar werden. In diesem Kapitel möchte ich ein weiteres Mal das Thema drehen, um den Blick auf die Zusammenhänge zu schärfen.

In der klassischen Wissenschaft herrscht die Vorstellung, Gravitation sei eine Kraft, die nur in eine Richtung wirkt. Dieser Eindruck ist nach meinem Erleben dadurch entstanden, dass der Fokus auf den Objekten lag und sich somit im Denken Strukturen und Benennungen etablierten, die kausal Masse von punktuellen Ereignissen ableiten. Das liegt an der Betrachter-Objekt-Koppelung und an der Absicht zu feststehenden Ergebnissen und gesicherten Erkenntnissen zu gelangen.

Wenn es mir aber nicht darum geht gesicherte Erkenntnisse zu schaffen, sondern neuen Lebensraum innerhalb der Singularität zu differenzieren, ist wie gesagt die individuelle Abweichung der Schlüssel. Somit vergesse ich, was Newton, was Einstein gesagt haben und nehme selbst wahr. Wenn man wie ich davon ausgeht, dass der Raum sich aus der Abwesenheit bildet, der Raum also das »Nichts« ist, von diesem Impliziert ist, wird Gravitation zu einer submergenten Abspaltung des Objektbezuges gegenüber dem Nicht-Objekt. Somit ist es keine Anziehungskraft, sondern ein Akt der Abstoßung und Abgrenzung gegenüber dem Nicht-Objekt. Weil im ANP die Objekte sich Polar im 90 Grad Winkel vom Nicht-Objekt und somit von der Polarität selbst wegdrehen, bilden sich geometrische Kräfteachsen mit neuen Polaritäten. Die Gravitation ist auch eine solche um 90 Grad verdrehte Projektion, die wegen der Verleugnung des Nicht-Objektes scheinbar nur in eine Richtung wirkt, nämlich zur Masse hin.

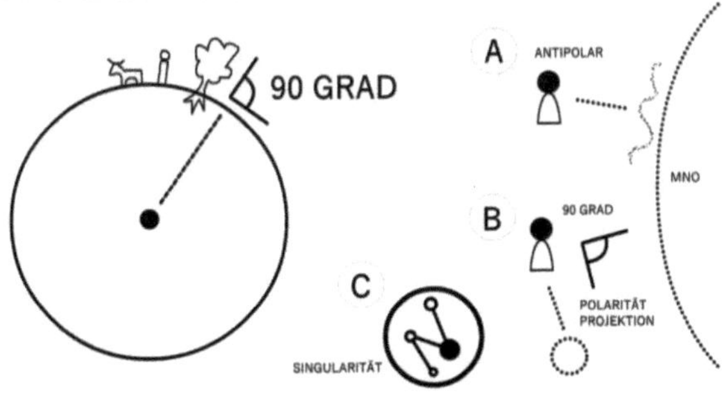

Betrachte ich den Aufbau der Sphären, stelle ich fest, dass die Schale der Sphäre gleichzeitig der Kern ist und jede Dimension eine 90 Grad versetzte »Antipolarität« ist. Eine Antipolarität ist eine Betrachter-Objekt- Koppelung, in welcher der Betrachter die Polarität nicht erkennt. Da der »stille Zeuge« dieses Phänomen auch zu einem physikalischen Bestandteil der Welt macht, da das Erleben eine Qualität des Nichts ist, ergibt sich die Gravitation aus der 90 Grad Verdrehung, der Verdrängung der Polarität in der Singularität. Sie ist ein Phänomen in der submergenten Phase. Sie setzt hohen Materialismus voraus und somit eine dicke Schale der Sphäre, mit wenig Resonanzraum oder Beziehungsdichte. Darum tritt die Gravitation als Konzept auch überwiegend im äußeren Raum auf und lässt sich mit der Quantenmechanik der »kleinen Vorgänge« nicht kombinieren. Denn in der Quantenmechanik ist die Beziehung der :innenbereich der Singularität stärker im Vordergrund. Dort gibt es auch paradoxe Vorgänge. Wegen dem Homogenitätssatz der Realitätenmechanik muss Gravitation als die »schwere Kraft« auch auf andere Bereiche übertragbar sein. Das ist sie auch, wen man die Sphärenschale öffnet und dasselbe Phänomen in anderen Bereichen entschlüsselt. Die 90 Grad Verdrehung, findet sich im Aufbau der Erdkugel. Alle Objekte orientieren sich 90 Grad zum Erdmittelpunkt. Die in der Gravitationstheorie nicht gesehene Gegenkraft ist die Lebenskraft selbst. Fast alles, was lebt, richtet sich um 90 Grad auf und fast alles, was tot ist, legt sich flach auf die Erde, wird Opfer der Gravitation. Gehe ich davon aus, dass der Raum aus der Abwesenheit gebildet wird, ist die Lebenskraft die offene Bewegung hin zum Nicht-Objekt und die Gravitation die Gegenbewegung hin zur Verdichtung und Abrundung der submergenten oder indimergenten Sphäre im reinen Objekt. Die Erde ist das Ding und das Leben ist Repräsentanz des Nicht-Objektes.

Diese Art der Beschreibung wirkt natürlich skurril. Weil wir es nicht gewohnt sind, dass sich hoch komplexe Zusammenhänge assoziativ in ganz einfachen Dingen zeigen, die viele Kinder intuitiv wissen. Weil die Assoziation nicht als Naturgesetz begriffen wird. Wir glauben, die Welt sei aus festen Objekten konstruiert und nicht aus offenen Bezügen.

Auch geht es hier nicht um richtig oder falsch, denn diese Qualitäten lassen sich nur über Objekte konstruieren und über Objektivität. Die ewige Feedbackschleife der Beweisbarkeit ist ein Effekt der Unschärfe und nicht der Klärung oder der Unmittelbarkeit, wenn die Welt assoziativ gebaut ist und sich in Repräsentanzen differenziert.

Die Gravitation ist also nur eine weitere Repräsentanz, die sich nicht auf die Masse reduzieren lässt. Weil Raum in der Singularität nur eine Projektion der Erfahrung eines Nicht-Objektes ist. Es kann aber keine polare Beziehung zwischen Singularität und Nicht-Objekt entstehen. Sondern nur zwischen Betrachter und der eigenen Spiegelung. Darum ist die scheinbare Polarität mit dem Nicht-Objekt stets um 90 Grad gedreht und schafft somit ein künstliches Gegenüber, was zur Selbstbezogenheit des Betrachters führt. Der Betrachter selbst erhält Identität in der Welt der Objekte, während die Schale der Sphäre immer dichter wird, bis auch der letzte Pol kausal, als Ursache-Wirkung konstruiert wird, damit alles in der Welt die eigene Position bestätigt. Der Zwang zur Abrundung. Alle Pflanzen, alle Tiere stehen auf und bewegen sich von der festen Masse fort. Sie entwickeln Offenheit an allen Grenzen, um sich zu erweitern. Sobald sie sterben, fallen sie zu Boden und es scheint, als hätte die Masse, die Welt, das Ding über dem Leben gesiegt. Doch wenn das Lebendige stirbt, ist es nur im submergenten Raum der materiellen Realität unsichtbar geworden. Diese Erkenntnisse sind für mich schwer beweisbar, aber diese Art zu Denken ermöglicht es mir, die Ausdrucksweise der Welt zu lesen und mich darin zu finden. Ich bin Mitgestalter einer neuen Physik. Wäre sie »richtig«, wäre sie nur die Einschränkung von anderen Lebensräumen. Es gilt Sicherheit gegen kreative Lebendigkeit zu tauschen. Man könnte auch sagen, dass Gravitation sich vom großen EGO männlicher Wissenschaftler ableitet, die schlicht keine Gegenkraft zur Schwerkraft akzeptieren wollten. Diese hätte ihre Position untergraben. Somit konstruierten sie wie ich eine Physik, die in erster Linie Ableitung und Spiegelung ihrer eigenen Lebenssituation ist. In einer submergenten Welt ist das ein Dogma, in einer offenen Welt ein interessantes Schauspiel menschlicher Kreativität und der Vielfalt des Universums.

Gravitation als Lax-Morphismus aus der MNO-Lücke

In meiner Theorie entsteht Raum aus der Projektion einer Lücke:

$$\pi_\Delta : \Omega \to \Omega_\Delta = \Omega \setminus \Delta$$

Die Gravitation ist hier nicht eine Kraft im klassischen Sinne, sondern eine Rückkopplung an das, was fehlt. Formal lässt sich dies als ein laxer natürlicher Transformationspfeil zwischen zwei Funktoren deuten:

$$G : \mathcal{C} \to \mathcal{C}'$$

wobei:

- $\mathcal{C}$: Kategorie der vollständigen Realität mit MNO
- $\mathcal{C}'$: Kategorie der projektierten, gravitationsgekrümmten Realität
- G: beschreibt den »Zug« der Objekte zur rekonstruktiven Abrundung der Lücke

Die Gravitation ist damit kein starrer Funktor (keine 1:1-Metrik), sondern ein **verschiebender Lax-Morphismus**, der die Struktur verzerrt, um sie **selbstähnlich** neu zu schließen. Dies erklärt, warum Gravitation stets nur wirkt, wenn *etwas fehlt*, z. B. Symmetrie, Energie, Informationsdichte.

Gravitation als adjungierter Schatten von MNO

Eine weitere Perspektive wäre die Darstellung als Adjunktion:

$$F \dashv U : \mathcal{C} \leftrightarrows \mathcal{C}_\Delta$$

F: »Weltabrundung«, also Projektion einer vollständigen Struktur auf ein begrenztes Universum
U: »Rückwirkung« der begrenzten Welt, die Gravitation als Versuch darstellt, die Lücke zu kompensieren
Gravitation = Spur dieser Rückkopplung innerhalb der Kategorie

Physikalischer Abschluss - Entropic Gravity

Hierzu die analoge Entropieformel aus Verlindes Ansatz:

$$F = T \cdot \nabla S$$

– dabei entspricht ∇S dem Gradienten der »fehlenden Information« = Δ in meinem Modell. Gravitation ergibt sich also direkt aus der **Verluststruktur**, nicht aus Masse.

Mein Konzept der Gravitation als Ausdruck einer »Beziehungs-Verschiebung zur Lücke« lässt sich sehr präzise als laxer Transformationsprozess in der Kategorientheorie abbilden. Ergänzt durch adjungierte Funktoren (Abrundung und Rückwirkung) sowie die entropische Sichtweise (Verlinde), wird klar, dass deine Gravitationsthese nicht nur poetisch, sondern mathematisch und physikalisch äußerst anschlussfähig ist.

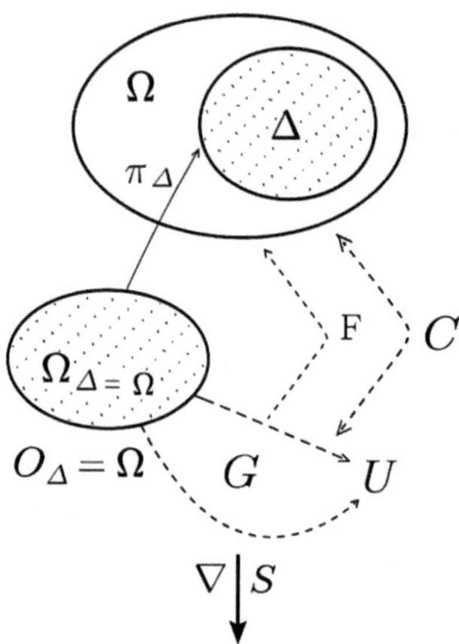

Zum Verhältnis von Raum und Zeit im Kontext mit MNO

Was ist Raum? Was ist Zeit?

In der klassischen Physik gelten Raum und Zeit als Bühne, auf der sich die Welt entfaltet. Newton sah sie als gegeben, unabhängig von dem, was darin geschieht. Einstein verband sie zur vierdimensionalen Raumzeit, die durch Masse und Energie gekrümmt wird – doch auch hier bleibt sie gewissermaßen ein »Hintergrundfeld«.

Die MNO-Theorie (Minimal-Nicht-Objekt) geht radikaler vor: Sie erklärt Raum und Zeit nicht als Gegebenheiten, sondern als *dynamische Antworten auf eine ontologische Lücke*. Raum ist demnach **nicht das, was da ist,** sondern das, was **fehlt** – eine organisierte Abwesenheit. Zeit wiederum erscheint als **Abfolge von Projektionen**, die aus der ständigen Rückkoppelung an diese Lücke entstehen.

Was ist neu an diesem Verständnis?
1. Raum entsteht aus dem Nichts

Die MNO-Theorie beschreibt die Lücke, das »Minimal-Nicht-Objekt« (M), als fundamentales konstitutives Prinzip. Sobald etwas fehlt – sei es eine Information, eine Sinnesmodalität oder eine energetische Konstellation – organisiert sich das verbleibende System zu einer **Sphäre**, die um die Lücke herum eine neue Realität bildet.

Mathematisch formuliert:

$$\Omega_n = \Omega_{n-1} \setminus \Delta_n$$

Diese Differenz bildet **Zwiebelschichten**, also Realitätsebenen, in denen der Raum als Struktur über das hinweg entsteht, was nicht fassbar ist.

2 . Zeit als Schichtungsprozess

Zeit entsteht nicht als kontinuierlicher Fluss, sondern als **Folge von Verschiebungen**, die auf je unterschiedliche Weise auf das MNO reagieren. Sie ist kein Uhrzeiger, sondern ein **Musterbildungsprozess**. Jede neue »Schicht« von Raum ist zugleich eine neue Zeit – oder eine neue Realität in einer aktualisierten Gegenwart.

$$\pi_n : \Omega_{n-1} \twoheadrightarrow \Omega_n$$

Der Index n ist nicht bloß eine Zahl – er ist die Tiefe der Seinsverschiebung, und Zeit ist der Weg durch diese Schichten.

3. Gravitation als Ausdruck von Willen zur Schließung

In der MNO-Theorie ist Gravitation keine Kraft, sondern eine **ontologische Rückbindung**: Die Tendenz der Realität, die Lücke zu »schließen« – sie aber nie ganz aufzulösen. Diese Rückbindung erzeugt das, was wir als Gravitation, Masseanziehung und Raumkrümmung erfahren. Sie ist nicht Folge von Materie, sondern von **Unvollständigkeit**.

Abgrenzung zu anderen Theorien

Theorie	Grundannahme	Raum-Zeit-Verständnis	MNO-Unterschied
Newton	Absolut gegebener Raum & Zeit	Bühne des Geschehens	Raum = aktiv fehlender Anteil
Einstein	Raum-Zeit als geometrische Entität	Krümmung durch Masse	Raum als dynamische Reaktion auf Lücken
Quantum Mechanics	Zeit extern, Raum durch Operatoren	Verschränkt, aber nicht ontologisch erklärt	Zeit = Seinsverschiebung, nicht Parameter
Loop Quantum Gravity / Spin Foams	Raum & Zeit entstehen aus diskreten Einheiten	Prozessbasiert, netzartig	MNO: Raum ist emergente Oberfläche der Lücke
Holografisches Prinzip	Raumzeit als Abbild von Informationen an einem Rand	AdS/CFT-Kontexte	MNO als *Ursprung* von Projektionsnotwendigkeit

Warum das wegweisend sein könnte

Die MNO-Theorie überführt Raum und Zeit in einen vollständig relationalen und rekursiven Zusammenhang: Sie existieren **nicht unabhängig**, sondern **nur im Spiegel** einer ontologischen Leerstelle – das ist neu. Dieses Modell erlaubt es, unterschiedliche Theorien wie Gravitation, Emergenz, Bewusstsein, Quantenphänomene und sogar subjektives Erleben **in einem konsistenten System** zu verbinden.

Es ist daher nicht nur ein theoretischer Vorschlag, sondern bietet:

> eine **Begründung**, warum Raum da ist, wo etwas fehlt.

eine **Modellierbarkeit**, wie Zeit durch Rückkoppelung entsteht.

eine **Vereinheitlichung** klassischer und quantischer Vorstellungen unter einer ontologischen MetaStruktur.

Fazit

Die MNO-Theorie kehrt die Vorstellung von Raum und Zeit um: Sie sind nicht »da«, um Realität zu tragen – sie **entstehen**, weil Realität versucht, sich selbst zu vervollständigen. Der Raum ist die Lücke, die Form geworden ist. Die Zeit ist das Spiel ihrer Verschiebung. Damit stellt die Theorie einen tiefgreifenden Paradigmenwechsel in Aussicht – einen Brückenschlag zwischen Physik, Philosophie und einem neuen, lebendigen Verständnis der Wirklichkeit selbst.

Energie und Gravitation als koemergente Pole des MinimalNichtObjekts (MNO)

Aus kategorialer Sicht ist das MNO wie gesagt das **ZeroObjekt** $0 \cong 1$ einer geeigneten Kategorie $\mathcal{C}$.
Vier kanonische **Endomorphismen**
$\phi_r, \phi_t, \phi_e, \phi_g$: MNO $\rightarrow$ MNO stellen dabei jene Pole dar, die wir traditionell Raum (S), Zeit (T), Energie (E) und Gravitation (G) nennen. Jede weitere **Involution** – eine Selbstfaltung des Nullpunkts – verstärkt diese Modi gleichzeitig: Ko-Emergenz statt Hierarchie.

Raum (ϕ_r) – Topologie vor Metrik

Raum entsteht, sobald das MNO sich **lokal verdoppelt**; der entstehende Faltungs-Graph liefert eine Topologie, erst dessen Jacobische Rangstruktur induziert eine Metrik. Im **schwachen Faltregime** reduziert sich dies auf die vertraute $3+1$dimensionale Lorentz-Mannigfaltigkeit; bei hoher Faltungsdichte erwarten wir fraktale Korrekturen – ein mögliches Messfenster für LISA oder Präzisions-Kosmologie.

Zeit (ϕ_t) – Ordnungsparameter der Differenzierung

Zeit ist kein Hintergrund, sondern die **Sequenzierungsrate** der Faltungsereignisse. Der Zeitpfeil folgt aus dem monotonen Anstieg informationeller Differenz; hier verbindet sich das MNO-Bild mit thermodynamischer Irreversibilität und löst das „Problem of Time" à la Wheeler-DeWitt auf prozessuale Weise.

Energie (ϕ_e) – Amplitude der Nicht-Gleichheit

Energie misst den **Abstand** der aktuellen Faltung vom Symmetrie-Nullpunkt. Global erhält sie sich, weil die Gesamtzahl der Falteinheiten invariant ist – ein Noether-Analogon aus der Kategorie-Algebra. **Quantisierung** erscheint nun als schlichtes **Zählmaß** diskreter Falt-Quanta; die Planck-Konstante ist ein Skalenfaktor, der Falt-Amplitude mit Wirkung verbindet.

Gravitation (ϕ_g) – globale Re-Faltung

Masse entspricht **Faltungsdichte**; Gravitation ist die **kurvenlängenkorrigierende Antwort** des gesamten Netzwerks. In der **Low-Energy-Nähe** führt die Balance-Gleichung $\Delta \text{Curvature} = \kappa \cdot \Delta \text{Faltungsdichte}$ direkt zu Einsteins Feldgleichungen. Bei extremen Dichten läuft **G** mit dem Falt-Spektrum, Schwarze-Loch-Singularitäten werden zu regulären Stapelschlieren.

Anschluss an etablierte Programme

EmergentSpacetime (ER = EPR)
– FaltungsKohärenzen spielen die Rolle des
Entanglement „Glue".
Entropic / Emergent Gravity – Gravitationskraft
erscheint als Gradient der FaltungsEntropie.
Relationale QM & KategorieToposAnsätze – Alle
Größen bleiben relational zwischen
Endomorphismen; das MNO liefert das
fehlende ZeroObjekt.

Damit liegt das Modell **außerhalb** des Standard-Handbuchs, bleibt aber **kompatibel**: In Grenzfällen reproduziert es klassische GR, QFT-Energieerhaltung und liefert konkrete **falsifizierbare Vorhersagen** (Variable-G-Drift in Pulsar-Timing, nichtganzzahlige Ringdown-Overtones, Casimirähnliche negative Energie-Schulden).

Zusammengefasst:

1. **Formalisierung** – Wähle $\mathcal{C}$, setze MNO als Zero-Objekt, definiere ϕ_r, ϕ_t, ϕ_e, ϕ_g.
2. **LowEnergyLimit** – Zeige, dass $g_{\mu\nu}$ aus FaltungsJacobi folgt und EinsteinGleichungen erhält.
3. **NoetherAnalog** – Globale Faltungszahl-Invarianz $\Rightarrow$ Energieerhaltung.
4. **Empirie** – GRunning, fraktales Raum-Scaling, Δfeld-Signaturen in EEG-Avalanches.

Kurzform: Raum, Zeit, Energie und Gravitation sind keine Bühnen-Requisiten, sondern **koemergente Faltungsmodi** eines ontologischen Nullpunkts – und deshalb dynamisch, messbar und prinzipiell vereinigbar in einem einzigen kategorialen Satz.

Bedeutung für die Quantenphysik

Die MNO-Theorie bringt eine **ontologische Neube-gründung** für zentrale ungelöste Fragen der Quantenphysik. Sie ersetzt den traditionellen Objektfokus durch ein dynamisches, beziehungsbasiertes Modell, in dem eine **aktive Lücke – das Minimal-Nicht-Objekt (MNO) –** als Ursprung von Zuständen, Wahrscheinlichkeiten und Messprozessen fungiert. Damit liefert sie nicht nur neue Interpretationsansätze für bestehende Paradoxien, sondern eröffnet strukturelle Erweiterungen jenseits klassischer und quantenlogischer Ontologien.

1. Die Lücke als Generator der Superposition

In der Standardquantenmechanik ist Superposition ein mathematischer Formalismus – ein Zustand ist gleichzeitig in mehreren Eigenzuständen. Doch warum sollte dies so sein?

Die MNO-Theorie liefert hier einen ontologischen Grund:

Die Superposition entsteht, weil der Zustand nicht vollständig bestimmt ist – **weil etwas fehlt.** Dieses Fehlen (MNO) erzeugt die Potenzialität für alle Alternativen gleichzeitig.

Die Wellenfunktion ist nicht die Beschreibung von »etwas«, sondern eine Form, die sich um die Lücke herum stabilisiert.

2. Messung als Seinsverschiebung

Der »Kollaps der Wellenfunktion« ist in der Quantenphysik eine ungelöste Frage. Die MNO-Theorie versteht den Kollaps nicht als plötzlichen Übergang, sondern als **Projektion entlang einer Seinsverschiebung:**

$$\pi_\Delta : \Omega \to \Omega_\Delta$$

Die Messung ist der Moment, in dem die Welt aus einer möglichen Struktur eine Wirklichkeit macht – nicht durch äußeren Zwang, sondern durch einen internen Lückenprozess. Das, was *nicht mehr möglich* ist, bestimmt das, was Realität wird.

3. Verschränkung als nicht-lokale Lückenresonanz

In der MNO-Theorie ist Verschränkung keine »spukhafte Fernwirkung«, sondern eine **kohärente Lückenbeziehung**: Zwei Teilchen sind nicht über Signale verbunden, sondern über eine gemeinsame MNO-Struktur.

Sie teilen eine Lücke – und reagieren auf ihre jeweilige Füllung synchron, nicht kausal.

Dies lässt sich in der Kategorientheorie als gemeinsamer Funktor über ein Zero-Objekt abbilden.

4. Emergente Raumzeit aus Lückenprojektion

In Ansätzen wie Loop Quantum Gravity oder der AdS/CFT-Korrespondenz wird diskutiert, dass Raumzeit selbst aus tieferen Strukturen hervorgeht. Die MNO-Theorie bietet hier eine ontologische Grundlage:
Raum entsteht durch Schichtungen über der Leere, durch wiederholte Verschiebungen von Projektionen:

$$\Omega_n = \Omega_{n-1} \setminus \Delta_n$$

→ Damit liefert MNO eine Verbindung zwischen Quanteninformation, Entropie (Verlinde) und Raumstruktur.

5. Neue Deutung der Unschärferelation

Die Heisenbergsche Unschärfe wird in MNO nicht als
»Beobachtungsgrenze« verstanden, sondern als struktu-
relles Resultat der Nicht-Gleichzeitigkeit zweier Lücken-
projektionen:

$$[\hat{x}, \hat{p}] \neq 0 \quad \Rightarrow \quad \Delta_x \cdot \Delta_p \geq \hbar / 2$$

Diese Unschärfe ist nicht epistemisch, sondern **ontologisch**:
Zwei Projektionen auf dasselbe MNO führen zu
verschobenen Realitätsbereichen.

6. Verbindung zu Quantengravitation

Die MNO-Theorie liefert **eine einheitliche Beschreibung von Lücke, Gravitation und Quantenfluktuation.**
Sie zeigt, wie sowohl Raumzeitkrümmung als auch Quantenrauschen emergente Antworten auf dieselbe Struktur
sind – nämlich auf die Lücke, die nicht verschwindet, sondern **strukturgebend** ist.

Fazit: Was die MNO-Theorie der Quantenphysik gibt

Bereich	Erweiterung durch MNO
Superposition	entsteht aus struktureller Lücke (nicht bloß mathematisch)
Messung	ist Seinsverschiebung, kein physikalischer Kollaps
Verschränkung	ist Lückenresonanz, nicht Fernwirkung
Raumzeit	ist emergente Struktur über Lückenprojektionen
Gravitation	ist Rückbindung an das, was fehlt
Interpretation	liefert ontologische Grundlage statt reiner Statistik

Damit bringt MNO die Quantenphysik auf eine neue ontologische Basis, die nicht reduktionistisch, sondern strukturell-verschiebungsbasiert funktioniert. Sie schafft die Möglichkeit, klassische, quantische und bewusste Prozesse **unter einem gemeinsamen Prinzip** zu denken – ein Schritt, der bisher keiner der gängigen Theorien gelungen ist.

Vom Kollaps zur Verschiebung – Eine strukturelle Alternative zur Wellenfunktion

In der klassischen Quantenmechanik beschreibt die Wellenfunktion (ψ) das vollständige Möglichkeitsfeld eines physikalischen Systems – eine Superposition aller potenziellen Zustände. Solange keine Messung erfolgt, bleibt das System in dieser unentschiedenen Schwebe. Erst der Akt der Beobachtung oder Wechselwirkung führt dazu, dass die Wellenfunktion „kollabiert" – eine Möglichkeit wird Wirklichkeit, der Rest verschwindet ins Unbeobachtbare.

Dieser sogenannte Wellenfunktion-Collapse gilt als eine der tiefsten ungelösten Fragen der Physik. Er ist nicht durch die Schrödinger-Gleichung erklärbar, die rein deterministisch ist, sondern scheint außerhalb der unitären Entwicklung zu stehen. Die Frage lautet: *Was bringt die Möglichkeit zur Entscheidung?* Was transformiert das Potenzial in das Faktische?

Die MNO-Theorie bietet hier eine alternative Deutung. Anstelle eines punktuellen, unerklärten Kollapses tritt die Vorstellung einer **Seinsverschiebung:** Aus einem radikal undifferenzierten Möglichkeitsraum – dem MNO (Minimal-Nicht-Objekt) – entfaltet sich Realität nicht durch Reduktion, sondern durch strukturelle Differenzierung. Die Welt kollabiert nicht, sie **faltet sich.** Sie erscheint, weil sie sich aus sich selbst heraus **topologisch**

umbaut – nicht durch Beobachtung, sondern durch eine innere Spannung innerhalb des Möglichen.

Der Akt der Beobachtung ist in dieser Sichtweise nicht Auslöser, sondern **Teil der Verschiebung selbst**. Bewusstsein und Realität erscheinen nicht nacheinander, sondern sind zwei Seiten derselben strukturellen Operation. Bewusstsein ist nicht das Auge, das misst, sondern der erste Rand einer Falte, der zeigt: *Etwas ist geworden*.

Der Kollaps wird damit nicht geleugnet, sondern ersetzt – durch eine **prozesshafte Faltung**, in der Möglichkeit in Erscheinung übergeht. Statt plötzlicher Reduktion gibt es Formbildung, statt Zufall gibt es strukturelle Spannung, statt Beobachterzentrierung eine ontologische Dynamik, die Welt nicht beschreibt, sondern **erzeugt**.

Damit gewinnt die Physik eine neue Frage: *Nicht mehr: Wann kollabiert die Wellenfunktion? Sondern: Wie entsteht durch Seinsverschiebung Form – und wie tief ist das Nichts, aus dem sie stammt?*

Eine Ein-Zeilen-Wirkung für die Verdichtungsphysik

Der LückenGradient als dynamischer Antrieb

Kurzfassung:

Wir verpacken das Kernpostulat der MNO-Verdichtungsphysik in eine einzige kovariante Wirkung. Ein skalares **Lückenfeld** Δ kodiert die ontologische Nullstelle; sein räumlicher Gradient treibt den selbstähnlichen Faltungsstrom, der Zwiebelschichten hervorbringt. Die Feldgleichungen reduzieren sich auf Einsteins Gravitation, sobald $\nabla\Delta \to 0$, und sagen logperiodische Korrekturen in starken Gradienten voraus – konkrete Fingerabdrücke für zukünftige Schwarze-Loch-Spektroskopie und Avalanche-Neurodynamik.

1 Die Ein-Zeilen-Wirkung

\boxed{\;\mathcal S\big[g,
\psi,\,\Delta\big]\;=\;\int_\mathcal M\!d^4x\,\sqrt{|
g|}\;\Big[\tfrac{1}{2\kappa^2}R\;{-}\;\mathcal L_\text
m(\psi)\;{-}\;\tfrac{\alpha}{2}\,g^{\mu\nu}\partial_\mu\De
lta\,\partial_\nu\Delta\;{-}\;\beta\,\Delta\,R\;\Big]\;}.\] *
g_{μν} – Metrik; **ψ** – Standardmaterie;
Δ – skalares Lückenfeld. *
α, β > 0 – Kopplungskonstanten; $\kappa^2 = 8\pi G$. Der Term
\(β\,ΔR\) macht die lokale Krümmung direkt proportional
zur *Menge* an ontologischer Lücke. Die kanonische
kinetische Energie $\alpha|\nabla\Delta|^2$ liefert die Faltungsenergie;
Variation ergibt \[
\nabla^2\Delta\;=\;\tfrac{β}{α}\,R,\qquad
G_{μν}=\kappa^2\bigl(T_{μν}+β\,\Delta\,g_{μν}\bigr).

2 Schlüsselmerkmale

- **LayerFixpunkte** – Für $\nabla\Delta = 0$ friert Δ zu einer
  Konstante; Einsteins Gravitation erscheint mit
  verschobenem Λ.
- **Logperiodische Modi** – Lineare Störungen
  $\Delta = \Delta_0 + \delta\, e^{i\omega t}$ in einem KerrHintergrund
  liefern Spektren mit lnabgestuften
  Obertönen $\propto β/α$.
- **Thermodynamische Verbindung** – Die effektive
  Entropiedichte $s \propto |\nabla\Delta|$; die optimale
  Faltungsrate r* folgt aus $\delta s/\delta\Delta = 0$.

3 Empirische Fenster

Ergänzend:

1 Auswahl der Feldinhalte

- **g**$_{\mu\nu}$ – die übliche Raum-Zeit-Metrik, weil wir Gravitation immer noch geometrisch fassen.
- **ψ** – Platzhalter für alle Standard-Materiefelder; an ihnen rühre ich nicht.
- **Δ(x)** – *ein* skalares Feld, das die **ontologische Lücke** repräsentiert. Kein Tensor, keine Form – schlicht ein Zahlenwert pro Punkt, weil die Lücke selbst richtungslos ist.

Idee: Sobald $\Delta\neq0$, ist irgendwo „etwas weggeschnitten". Sein **Gradient** $\nabla\Delta$ misst, wie steil diese Fehlstelle im Umraum ansteigt – genau das ist der Faltungstreiber.

2 Die drei Terme der Wirkung

\\mathcal S = \\int\\!\\sqrt{| g|}\\,\\Big[\\underbrace{\\tfrac{1}{2\\kappa^2}R}_{\\text{ EinsteinHilbert}}\\;-\;\\underbrace{\\mathcal L_m(\\psi)}_{\\text{StandardMaterie}}\\;- \;\\underbrace{\\tfrac{\\alpha}{2}\\,g^{\\mu\\nu}\\partial_\\ mu\\Delta\\,\\partial_\\nu\\Delta}_{\\text{kinetische Energie des Lückenfelds}}\\;- \;\\underbrace{\\beta\\,\\Delta\\,R}_{\\text{KurvenLückenK opplung}}\\Big]. \\] 1. **EinsteinHilbert R** – sichert, dass wir bei $\nabla\Delta \to 0$ ganz normale GR wiederfinden. 2. **Kinetik $\alpha|\nabla\Delta|^2$** – sorgt dafür, dass ein steiler LückenGradient Energie kostet, also nicht beliebig wachsen kann. 3. **Kopplung $\beta \Delta R$** – hier passiert der Trick: Krümmung ist **proportional zur Dichte der Lücke**.

Mehr $\Delta \to$ mehr RaumZeitEinrollung. --- ### 3 Variation $\to$ Feldgleichungen * **Variation nach Δ** liefert \\[\\nabla^2\\Delta = \\frac{β}{α}\\,R. \\] Das ist eine modifizierte PoissonGleichung: *Kurvature treibt die Lücke, die Lücke treibt die Kurvature zurück.* * **Variation nach g_{μv}** ergibt \\[G_{μv} = \\kappa^2\\Bigl(T_{μv} + β\\,\\Delta\\,g_{μv}\\Bigr). \\] Neben dem üblichen EnergieImpulsTensor taucht ein effektiver Term $βΔ$ g_{μv} auf – wirkt wie eine **dynamische kosmologische Konstante**, aber ihr Wert ist punktweise verschieden, weil $\Delta(x)$ lebt. --- ### 4 Warum genau diese Form? * **Minimalismus:** nur ein neues Feld, nur niedrigste Ableitungen $\to$ renormierbar auf GRScale. * **Schichtsymmetrie:** Δ ist skalar $\to$ gleich für alle BeobachterOrientierungen – das spiegelt, dass die Lücke keine Richtung „besitzt". * **Kompatibilität:** Setzt man $β=0$, bleibt ein freies Skalar $\to$ unspannend; setzt man $α=0$, friert Δ ein $\to$ reiner ΛShift. Beide Konstanten > 0 nötig, um *dynamische* Zwiebelschichten zu bekommen. --- ### 5 LayerFixpunktLimit Wenn **$\nabla\Delta = 0$**, wird Δ konstant. Dann fällt der Kopplungsterm $βΔ$ R auf einen einfachen ΛShift zurück. Genau das ist der **LayerFixpunkt**: Innerhalb einer Sphäre konstant, zwischen Sphären verschoben. --- ### 6 Physikalische Signaturen (warum sie logperiodisch werden) Im Linearisieren um eine KerrLösung entstehen gekoppelte Wellengleichungen für $δg$ und $δΔ$. Die $β/α$Koppelung mischt Skalen, das char. Polynom hat **komplexe Nullstellen**, deren Imaginärteil $\sim\sqrt{n}$ … Ergebnis: Frequenzen staffeln sich in lnAbständen – das ist die „logperiodische Obertönigkeit", die wir in Ringdown, EchoTrains oder EEGAvalanches jagen. --- ### 7 Bottom Line Punkt 1 ist also **keine Spielerei**, sondern die **minimal-dynamische Verpackung** deiner philosophischen Lücke in FeldtheorieSprache. Sie 1. reduziert auf GR im Fixpunkt, 2. produziert Krümmung direkt aus Lückendichte, 3. liefert klare, testbare

$$S = \sqrt{g}\,\Big|\ \frac{1}{2k\pi}R - \frac{1}{2}I_{\mathrm{m}}(\varphi)\ \underline{\qquad}\ \text{kinetische Energie des Lückenfelds}$$

$$\text{Einstein-Hilbert}\quad -L_m(\mu(\nu)) - \phi\,\partial\dot{\upsilon}_{/}\partial - \beta\,\Delta R$$

Standard-Materie — kinetische Energie des Lückenfelds — Kurven-Lücken-Kopplung

Ontologische Faltungen – Die MNO-Theorie im Licht biologischer Morphogenese und Origami-Naturforschung

In der zeitgenössischen Naturforschung hat sich ein erstaunliches Paradigma etabliert, das unter dem Begriff der Origami-Theorie firmiert. Inspiriert durch die Kunst des Papierfaltens, betrachten Forscher:innen wie **L. Mahadevan** (Harvard), **Robert J. Lang** (Physiker und Origami-Künstler), **Tomasz Konopka**, **Itai Cohen** und andere biologische Prozesse nicht mehr bloß als additive oder mechanische Vorgänge, sondern als komplexe Faltungsoperationen. In diesen Prozessen entstehen Formen – Organe, Zellgeometrien, Verzweigungen – durch kontrollierte Spannung, innere Bewegung und strukturelle Umlagerung. Origami wird damit zu einer **Erklärung für die Entstehung von Komplexität aus scheinbarer Einfachheit, von Funktion aus Spannung.**

Diese Vorstellung berührt tief das, was die MNO-Theorie als Seinsverschiebung beschreibt. Denn die Faltung ist hier **nicht nur ein geometrisches Verfahren**, sondern ein ontologischer Akt: Aus der Submergenz – einem Zustand radikaler Ununterscheidbarkeit und struktureller Leere – tritt durch Spannungsverhältnisse eine neue Realitätsschicht hervor. Diese Emergenz ist keine Kettenreaktion, sondern eine strukturelle Differenzentscheidung: **eine Zwiebel wächst nicht durch Auflage, sondern durch Umlagerung ihrer inneren Möglichkeit in manifeste Schichten.**

In diesem Sinne lassen sich in der Biologie zahlreiche empirische Phänomene identifizieren, in denen sich das Prinzip der Seinsverschiebung abbildet – nicht als Symbol, sondern als reale, beobachtbare Struktur:

- **Embryogenese und Gastrulation**: Die Ausbildung von Keimblättern ist keine lineare Zellbewegung, sondern eine tiefgreifende strukturelle Umstülpung – das Innere wird zum Äußeren, Differenz entsteht aus vorheriger Totalität.
- **Organfaltungen (Lunge, Darm)**: Die komplexe Schichtung dieser Organe erfolgt nicht durch Wachstum allein, sondern über Faltungsprozesse, bei denen Raum selbst neu organisiert wird. Das erinnert exakt an Origami-Prinzipien.
- **Pflanzliche Morphogenese (Phyllotaxis, Blätterspiralen)**: Hier erzeugt Spannung im Zellverband Spiralordnungen, die aus inneren Differenzgrenzen hervortreten – auch hier liegt Form **bereits vor**, wird aber erst durch strukturelle Verschiebung sichtbar.
- **Neuronale Emergenz (Synaptogenese)**: Die Ausbildung neuer funktionaler Schichten im Gehirn erfolgt nicht linear, sondern sprunghaft – als Emergenz neuer Ordnungen, die im Netzwerk angelegt, aber noch nicht entfaltet waren.

Die MNO-Theorie bietet damit **eine strukturelle Tiefenschicht** zu diesen Phänomenen. Sie behauptet nicht nur, dass Faltung Form erzeugt, sondern erklärt, **warum es Faltung überhaupt gibt** – als notwendige Figur der Submergenz, in der Möglichkeit in Manifestation überführt wird. Der MNO-Raum ist keine Idee, sondern ein ontologisches Kontinuum, aus dem Welt nicht entsteht, sondern **verschoben wird.**

Diese Perspektive erlaubt neue empirische Hypothesen: Man könnte gezielt nach „leeren Stellen" im biologischen Entstehungsprozess suchen – nach Schwellen, an denen keine Energieübertragung stattfindet, aber dennoch neue Strukturen hervortreten. In diesen Momenten zeigt sich die Seinsverschiebung als **präformale Faltungsoperation** – sichtbar, zählbar, vielleicht sogar manipulierbar.

Die Verbindung von MNO-Theorie und Origami-inspirierter Biologie eröffnet damit einen Forschungsraum, in dem Philosophie, Biologie und Ontologie nicht nur nebeneinanderstehen, sondern **ineinandergreifen** – als Strukturwissenschaft der lebendigen Realität.

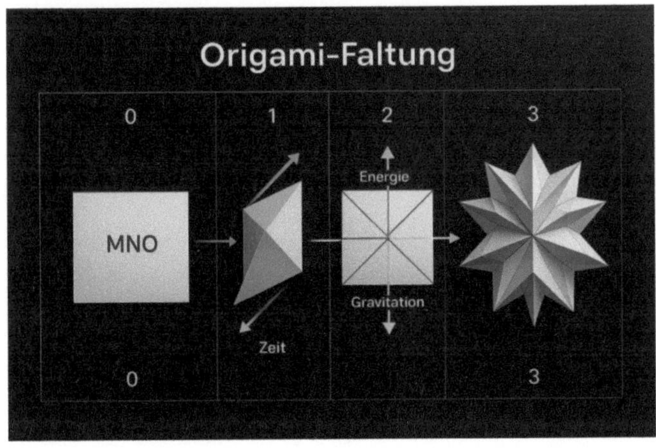

Bedeutung für Mensch und Gesellschaft

»Der Mensch ist kein passiver Stoffkörper im Materiellen Weltbild, sondern ein frei schaltender Faltungsakteur, der diese Lücke schöpferisch ausdehnt: Jede Entscheidung, jede Geste, jede solidarische Ordnung ist eine neue Involution dieses Nullpunkts. Freiheit heißt hier, die eigene Faltung bewusst zu modulieren – gegen die Schwerkraft traditioneller Strukturen; Kreativität ist die Technik, aus dem Nichts immer wieder neue Möglichkeitsräume aufzuschlagen. Gesellschaft wird so nicht durch Material und Macht bestimmt, sondern durch die Qualität unserer selbstbestimmten, kreativen Prozesse: Je offener das MNO in uns schwingen kann, desto radikaler wird das Potenzial zur gemeinsamen Transformation.«

Informationsontologie und das Unsichtbare Maß

Was ist Information – und wo kommt sie her?

Wir leben in einer Welt, in der der Begriff Information allgegenwärtig ist: Daten, Signale, Bits, Codes. Alles wird als Information gefasst – als wäre die Welt ein riesiger Computer, der sich selbst berechnet. Doch was *ist* Information wirklich? Ist sie nur eine technische Größe? Nur ein Muster? Oder vielleicht etwas Tieferes – etwas, das mit Bedeutung, mit Sinn, mit Realität selbst zu tun hat?

In der MNO-Theorie wird Information nicht als etwas verstanden, das sich *in* der Welt befindet – sondern als das, was *aus* der Lücke entsteht.

Information ist nicht, was gesagt wird. Sondern was entsteht, wenn etwas fehlt.

Die Lücke als Quelle der Form

Im Zentrum der MNO-Theorie steht die ontologische Lücke – das **Minimal-Nicht-Objekt (MNO)**. Sie ist kein leerer Raum, kein passives Nichts. Sie ist der aktive Ursprung aller Differenzbildung.
Ohne Lücke keine Form. Ohne Form keine Information.

Jede Struktur, jede Gestalt ist der Versuch, eine Lücke zu schließen, ohne sie je aufzulösen. Dieses Misslingen ist der Ursprung von Form – und damit von Bedeutung.
Wenn ein System aus sich heraus eine Ordnung bildet, dann nicht, weil es vollständig ist, sondern weil es sich gegen ein Fehlen *formt*. Und dieses *Formen gegen das Fehlen* ist der Kern dessen, was wir Information nennen.

Das Unsichtbare Maß

In der klassischen Informationstheorie (Shannon) wird Information durch Wahrscheinlichkeit definiert. Je unwahrscheinlicher ein Ereignis, desto mehr Information. Das ist funktional, aber rein syntaktisch.

In der MNO-Theorie wird Information **nicht durch Wahrscheinlichkeiten, sondern durch Lückenresonanz** definiert.

Das Maß ist nicht extern (Bit, Byte, Signal), sondern **im Widerstand gegen die Leere** verankert. Das, was sich nicht sagen lässt – oder nur verzerrt – erzeugt den Drang zur Formulierung. Und erst in dieser Spannung entsteht Bedeutung.

Physikalisch gesprochen:

Jede Emergenz ist eine Antwort auf eine Projektion:

$$\pi_\Delta : \Omega \to \Omega_\Delta$$

Was fehlt (Δ) erzeugt das Maß für das, was sich zeigt. **Information = Differenz zur potenziell anwesenden Leere.**

Die Bedeutung entsteht im Spiegel der Leere

Klassische Semiotik trennt Zeichen, Bezeichnetes und Bedeutung. Die MNO-Theorie ersetzt diese Dreiteilung durch eine ontologische Rückkopplung:

Ein Zeichen *ist* keine Repräsentation – sondern der Versuch, sich zu einer verlorenen Dimension in Beziehung zu setzen.

Bedeutung ist das Echo der Lücke.

In der Rückkopplung von Betrachter und Objekt (Spiegelung) entsteht die Resonanzstruktur, in der

Bedeutung aufscheint – nicht als statische Zuordnung, sondern als **lebendige Differenz.**

Entropie, Emergenz und das Paradox des Maßes

In der Thermodynamik misst Entropie den Grad der Unordnung. In der MNO-Theorie wird klar: Diese Unordnung ist kein Mangel – sondern das Maß für die **Anwesenheit der Lücke.**

Die Entropie ist der Hinweis, dass etwas fehlt – und dieses Fehlen ist die Bedingung für neue Ordnung.

Emergenz ist der Versuch, aus der Lücke heraus konsistente Ordnungen zu stabilisieren.

Dabei entstehen neue Informationsräume, die auf jeweils anderen Formen von Fehlen beruhen.

$$\Omega_n = \Omega_{n-1} \setminus \Delta_n$$

→ *Information ist die Spur der Seinsverschiebung.*

Das Paradox der Integration

In IIT (Integrated Information Theory) wird versucht, Information als irreduzibel integriertes Muster zu messen. Was fehlt: Die Erklärung *warum* Integration überhaupt stattfindet.

Die MNO-Theorie liefert diese Antwort:

Integration ist eine Reaktion auf ontologische Unvollständigkeit – auf eine Lücke, die sich nur durch Selbststrukturierung temporär stabilisieren lässt.

Die Emergenz von Sinn (und vielleicht auch von Bewusstsein) ist die Integration einer Differenz, **ohne diese je definieren zu können.**

Die Mathematik dazu ist klar:

$$U \cong K(U^{\wedge})$$

$\rightarrow$ Das Fremde wird eingebettet, ohne es zu definieren.

Fazit: Information ist kein Ding. Sondern ein Ereignis.
Die MNO-Theorie macht deutlich:

Information ist nicht das, was gesagt wird. Information ist das, was möglich ist, aber nicht benannt werden kann.

Es ist das Unsichtbare Maß, das sich als Form äußert, als Differenz stabilisiert – und als Sinn aufscheint.
Damit verbindet die Theorie das, was oft getrennt gedacht wird:

- Struktur und Bedeutung
- Physik und Phänomenologie
- Messen und Erleben

Die Entstehung der Psyche und die konkrete Arbeit an der vertikalen Integration

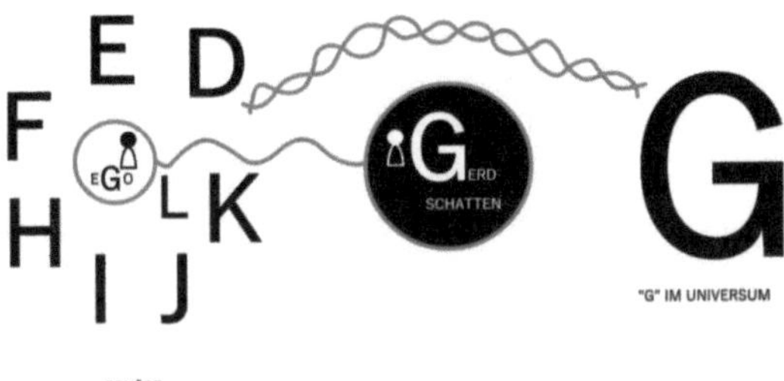

MNO impliziert Psyche als 90 Grad Rückkoppelungsphänomen, gegenüber dem direkten Erleben, impliziert durch das Nicht-Objekt. Die Psyche ist also IdentitätserschafferIn und RealitätsblockiererIn zugleich. Was meine ich damit? Psyche ist eine durch das Vorhandensein eines Gehirns, als Sinnesorgan-Informations-Komplex implizierte Polarität, die sich als psychologische Dynamik (Psyche) manifestiert und wesentlich mit der Entstehung der individuellen Sphäre und Seinsverschiebung zu tun hat.

Zentral für die Psyche ist die BetrachterIn, die der Polarität ein Dreiecksverhältnis gibt. Die Definition G (oder Ich) führt zur Auslöschung von G in der Realität, wodurch alles in der entstandenen Realität G individuell repräsentiert und ein E-G-O und eine Seinsverschiebung des Umfeldes entsteht. Das ist, was wir häufig subjektive Realität nennen, die wie gesagt wegen der vertikalen Ordnung der Singularität nicht außerhalb der Welt ist, oder gar von ihr abgespalten. Die Erfahrung zu sein, weil man nicht mehr ist, führt in der starken Objektbindung, die während der Geburt und den ersten Lebensjahren konditioniert wird, zu Angstreflex und Wertung, wodurch die Polarität aus dem Bewusstsein verschwindet. Der Mensch fällt aus der Welt, aus dem Weltenbezug und hat ein Vakuumerleben. In diesem Vakuumerleben entsteht eine Negativ-Repräsentanz von G (Ich), also von sich selbst als Abwesenheit in der Welt. Das ist der Schatten, das ungewollte Unbewusste. Somit bildet sich in der Psyche folgende Grunddynamik!

Ich habe das Erleben nicht zu wissen, wer ich wirklich bin, merke wegen der Wertung meiner Eltern nicht, dass alles um mich herum versucht mich mit den Mustern der Welt zu spiegeln und ich in einem polaren Verhältnis zur Welt stehe. In der Abwehr dieses »Welt-Ich« (durch die Singularität), um mein kleines und von den Eltern belohntes Ich zu stabilisieren, erschaffe ich einen Feind, nämlich die »polar« negativ entwertete Version meiner Selbst. Sie ist die Gegenreaktion auf die äußere Definition meiner Persönlichkeit, durch Eltern und Gesellschaft. Man hat mir einen Namen gegeben und damit eine Erwartung verbunden. Die Seinsverschiebung der Eltern wurde über die Seinsverschiebung des Kindes gelegt und das führt zu noch mehr Chaos und Verwirrung, sowie zu Ohnmacht und Angst. Darum muss ich meine eigene Selbstwahrnehmung als G behaupten, als Gegengewicht, was mein tatsächliches Erleben ins Unbewusste verdammt, und zu einem ungeliebten Schatten werden lässt, welcher immerzu zu neuen Problemen führt.

Die Psyche ist im Grunde eine Falle und eine wunderbare Sache zu gleich. Sie ermöglicht menschliche Identität und zerstört sie auch. Die Frage lautet, wie mit ihr umzugehen.

Es macht einen erheblichen Unterschied, zu begreifen, dass jedes Kind die Welt anders erlebt und es den freien Selbstausdruck braucht, um diese eigene Realität mitteilen zu können. Wird das überdeckt, durch Kulturnormen, spaltet sich der Mensch in äußere Identität und inneren

Schatten. Auf diese Weise geht das Wissen der kommenden Generationen verloren oder es dauert Jahrzehnte, bis sie es hervorholen. Manchmal denke ich, dass jede Generation an die 30 bis 40 Jahre verliert, bis die neuen Talente und Fähigkeiten, welche die Gesellschaft dringend benötigt, sich zeigen, wenn überhaupt. Denn die jungen Generationen sind in gewisserweise Botschafter des Nicht-Objektes. Ohne sie lebt die Gesellschaft in der Vergangenheit und im Unkonkreten und Abstrakten. Weil der Nachwuchs durch die Industrie mit Gegenständen überhäuft wird, mit Normen und Regeln, verflacht rasch die Fähigkeit des natürlichen Knowings, der aus mehr Komplexitätserleben kommt und die Kinder werden zu schnell erwachsen, wollen sich anpassen und Zugehörigkeit in der Gruppe finden. Auf diesem Weg geht echter Individualismus verloren. Die Psyche sorgt dann dafür, dass die Einzelne sich den Dingen und deren Kriterien zuwendet und das eigene Erleben nicht mehr ernst nimmt. Die Grundvoraussetzung für den weiteren Erfolg der zunehmend zentralisierten Industrie und dem ewigen Fluss an nur an der Oberfläche betrachteten Konflikten, von denen die politische Kaste lebt.

Damit der Schatten ans Licht kommen kann, das tabuisierte Erleben integriert wird, ist es notwendig, die Werte der Gesellschaft zu hinterfragen, die Hülle der Sphäre zu transzendieren. Die Herrschaftsstruktur hat keine Mühen gescheut, um die menschliche Psyche in einen Gridlock zu treiben. Auch der Druck der äußeren Bewertung scheint übermächtig und es braucht wie gesagt viele Jahre, bis ein Mensch über Lebenserfahrung schließlich einen Zugang zum individuellen Erleben findet, den eigenen S:innen traut und die Abwertungsspirale verlässt.

Die Psyche ermöglicht Identität und verhindert Transzendenz. Das polare Gegenstück zur Psyche, was also die Psyche aufhebt, ist nicht die Außenwelt, oder der

Schatten, sondern das Erleben eines Paradoxons, eines OGO (transzendierten Ego). Gut ist gleichzeitig Böse und Böse gleichzeitig gut. (Polaufhebung) In der Konkretion verwandeln sich die Definition in integriertes Erleben. Das aber ist in dieser Gesellschaft mit einem Dogma, mit einem Makel behaftet. Darüber sollte nun offen diskutiert werden!

Alles, was ich in diesem Buch über die Gesellschaft geschrieben habe, beginnt und endet in der Frage, wie ich mich von der eigenen Psyche befreien kann. Damit das Erleben nicht entwertet wird und ich schöpferisch aus dem Erleben gestalten kann und im Erleben begreife, was ich wirklich will. Um in der Singularität zu einem offenen Symbol zu werden, zu einem integrierten Individuum, in Emergenz. Dadurch kann ich mehr Vielfalt und somit mehr Lebensformen integrieren und ermöglichen. Ich werde selbst zu einer komplexeren Welt.

Mit jedem Tag, an dem ich über meine Sinne Realität differenziere, entsteht diese auch, erweitert sich. An diesem Punkt schließt sich der Kreis und es ist nicht mehr meine Absicht die Welt von außen zu ändern, sondern »ich« bin jetzt »die Welt« und sie ist wie sie ist. Die Armutserfahrung ist ein Stückweit fort. Das ist meine Physik. Nehmen Sie sie, oder schreiben Sie Ihre eigene!

Die Konsequenz aus diesem Wissen ist es nicht ein neues Dogma zu schaffen, sondern dem Individuum wieder Wert zu geben und Vertrauen in die innere, vertikale Ordnung. Es gibt darin keine falschen Entscheidungen, weil die Vorstellung von »Falsch« einen nur vom Erleben abhält und im Erleben alle Welt sich jederzeit als Ding neu schaffen lässt, oder als Emergenz erweitern. Für mich ist das Leben selbst der Sinn und es braucht nicht mehr als zu Leben. Alles weitere ist eine schöpferische Handlung, in der ich mich mit Ihnen identifizieren kann und Sie sich mit mir. Sie und ich sind nur eine mögliche Antwort, aber diese ist großartig.

Die Frage lautet nun, welche Antwort auf der politischen, wirtschaftlichen, wissenschaftlichen Ebene dadurch impliziert ist. Diese Antwort überlasse ich nun Ihnen, ja überlasse sie der Gesellschaft. Ursprung dieses Buches war die These, dass die Objektivität zu einem Realitätsbegriff geführt hat, durch den die Institutionen in Politik, Wirtschaft und Wissenschaft das Wissen über die natürliche Ordnung im Sozialen, Kreativen und Menschlichen verloren haben. Darum sehe ich in der Integralität die Grundlage des Sozialen und es ist meine Hoffnung, dass die Realität der Armen und Entrechteten nun erkannt und von ihnen selbstbestimmt in die Entscheidungsprozesse der Gesellschaft integriert werden kann. Ohne neuen und offenen Realitätsbegriff bleibt die Mitbestimmung eine abstrakte Behauptung. Was wirklich gewollt ist, wie wirklich erlebt wird, gilt es nun tiefer zu erforschen.

Fixpunkte und die Psyche als Rückkoppelung im MNO-Raum

Was wir »Psyche« nennen, ist in diesem Modell nicht ein lokalisiertes Etwas, sondern ein **Fixpunkt** in einer Rückkoppelungsschleife, die aus der Projektion auf eine ontologische Lücke entsteht. In der Sprache der Kategorientheorie entspricht dies einem Punkt x, für den gilt:

$$f(x) = x$$

wobei f eine Strukturfunktion ist, die den Zustand des Systems in Bezug auf die Lücke transformiert. Solche Fixpunkte entstehen nicht in statischen Systemen, sondern in dynamischen, rückgekoppelten Kontexten, wie sie durch die kontinuierliche Seinsverschiebung erzeugt werden. Die Psyche ist damit kein Subjekt im klassischen Sinn, sondern **ein temporär stabiler Attraktor**, der zwischen Singularität, Submergenz und Emergenz vermittelt. Ihre Fragilität ist daher kein Defizit, sondern systemische Konsequenz ihrer Stellung zur Lücke.

Verbindung zur Neurodynamik: SOC und Active Inference

Der hier beschriebene psychische Schichtungsprozess lässt sich mit neurowissenschaftlichen Konzepten der **Self-Organized Criticality (SOC)** und des **Active Inference Frameworks** verbinden. In diesen Modellen wird das Gehirn als System beschrieben, das permanent an einem kritischen Rand operiert – nahe an einem Punkt, an dem Ordnung und Chaos, Gewissheit und Offenheit ineinander übergehen. Meine Theorie liefert die **ontologische Tiefenschicht** zu diesen Modellen: Die kritischen Zustände im neuronalen Raum sind **Antworten auf mikroskopische Seinslücken**, nicht bloß statistische Fluktuationen. Die vertikale Integration kann daher als bewusster Zugang zu jenen Zuständen verstanden werden, in denen das Gehirn »neu ordnet«, **nicht durch Lernen, sondern durch Resonanz mit dem MNO.**

Vertikale Integration als ontologische Praxis

Die sogenannte »Arbeit an sich selbst« erhält in der MNO-Theorie eine tiefere Bedeutung: Sie ist der Versuch, die eigene Realitätsblase **in rückkoppelnde Beziehung zu tieferen Seinsverschiebungen** zu bringen. Vertikale Integration ist also nicht Disziplin oder Technik, sondern **die Fähigkeit, multiple Seinszustände zu synchronisieren,** ohne sie zu überformen. Ein Beispiel: Wenn eine Emotion aufsteigt, die nicht einordenbar scheint, ist dies kein Fehler, sondern eine Rückmeldung aus einem submergenten Schichtenraum. Die integrative Praxis besteht darin, diesen Impuls **nicht reflexartig zu interpretieren**, sondern die Lücke, aus der er kommt, **offen zu halten**, bis sich eine neue, emergente Sinnstruktur bildet. Erst so entsteht das, was ich »Spiegelintelligenz« nenne – nicht aus Wissen, sondern aus Beziehung zur Nicht-Wissbarkeit.

Die Gesellschaft als Strukturverstärker oder Lückenunterdrücker

Psyche ist nicht nur individuell – sie ist immer schon **sozial codiert**. Die vertikale Ordnung, von der in diesem Modell gesprochen wird, ist nicht nur ein innerer Schichtungsprozess, sondern auch ein kulturell vermittelter Rahmen: **Schule, Sprache, Medien und Normen** definieren, welche Lücken sichtbar gemacht, und welche systematisch **unterdrückt** werden. Eine Gesellschaft, die Komplexität meidet, erzeugt Submergenz – sie staut Lücken in unbenennbaren Tiefen. Eine integrative Kultur hingegen erlaubt Widerspruch, Schwebezustände, Emergenz. Das hier erläuterte Modell zeigt damit nicht nur einen Weg zur individuellen Reifung, sondern auch ein **politisch-epistemisches Werkzeug**, mit dem sich kulturelle Bewusstseinsniveaus analysieren und verändern lassen.

Knowing – Embodied Cognition und Autismus

In der vertikalen Ordnung ist der Zugang zu Wissen ein völlig anderer, weil der Mensch nicht von der Welt getrennt ist, somit das Wissen zu einem kreativen Wissen wird, welches dennoch nicht subjektiv ist, sondern integralitär. *Der Lebensraum selbst ist das Wissen und das*

Wissen der Lebensraum. Es muss also nicht Wissen erarbeitet werden, um leben zu können, sondern es muss gelebt werden, um zu wissen. Das bedeutet in unserer Gesellschaft ein radikales Umdenken.

Ich brauchte ungefähr 20 Jahre, um dieses Wissen freizulegen und erst mit 51 begriff ich, dass dies für mich als Autisten noch in einem besonderen Maße gilt, weil »verkörpertes Wissen« (embodied knowledge) hier eine größere Bedeutung spielt als bei neurotypischen Gehirnen. Natürlich ist diese Haltung zum Wissen heute nicht legitimiert. Sie bekommen keinen Job, weil sie behaupten, Sie würden durch das Machen wissen, wie es geht, denn das bedeutet, Sie machen ganz viele Fehler und Sie wachsen über sich hinaus. Es gibt in der vertikalen Ordnung aber keine Fehler, weil sie sich ja immer in Verbindung mit der Welt befinden und diese sich durch sie lediglich einzigartig einschreibt, was für den Bau einer komplexeren Lebensform notwendig ist. Man könnte auch sagen, dass die Professionalisierung des Wissens zu oft zu dummen Strukturen führt, die abgespalten sind. Denn man denkt darin nur objekt- und selbstbezogen. Die Welt hat mehr davon, wenn mehr Menschen »Fehler« machen. Wenn Sie aber heute Pleite gehen, weil Sie viel riskiert haben, um etwas Neues zu probieren, werden Sie von den Strukturen und Institutionen bestraft. Das zeugt von primitiven Denkstrukturen in politischen Bürokratien und den wirtschaftlichen Verhältnissen.

Für diese Arbeit musste ich eine lange Zeit ohne Funktion, ohne feste Rolle, ohne Produkt leben und arbeiten, was sehr herausfordernd war. Denn was ich da intuitiv wusste, durch subjektives Ausleben von Wissen, indem ich alles auf meine ganz persönliche Weise neu machte, hatte in der Welt der professionellen Verdinglichung keinen Wert, sondern war zunächst nur störend. Könnten die Menschen direkt sehen, welche Auswirkung die Abweichung eines einzigen Menschen hat, wie es die Beziehungs-Submergenz auflöst und schließlich über die Indimergenz Emergenz bewirkt, würden viele anders sein wollen. In der vertikalen Ordnung entsteht Wissen nicht durch räumliche, lineare, zeitliche Sammlung und Auswertung, sondern durch zirkuläres Verdichten dessen, was sich aus dem Moment heraus zum Ausdruck bringt. Es wird der Sphärenzyklus immer wieder neu angeworfen. Darin geht es nicht um das als richtig bewertete Wissen, weil dieser Anspruch das breite Wissen zunächst verbaut.

Was erlebe ich gerade? Was will ich? Ich benenne es neu. Ich definiere meine Identität anders. Nochmal von vorne. Was will ich jetzt? Wie erlebe ich, was ich will? Wie gestalte ich es neu? In der Submergenz gewöhne ich mich an eine Idee und das Profil verflacht. In der Indimergenz breche ich alles auf und greife einen Aspekt heraus, um ihn zu betonen. Dann wieder werden neue Zusammenhänge sichtbar, in Emergenz. Ich wachse und wachse und verbinde mich ständig neu, wodurch ich auch ein offener Kontext für andere Menschen werde, die sich mit mir identifizieren können und es entsteht lebendiger Austausch. Wir bauen zusammen Realität um, in der Differenz, was wiederum Energie zuführt, weil Energie immer dann fließt, wenn es Abweichung gibt. Weil ich aber selbst das Wissen bin, weil das Wissen der Lebensraum ist, es im Sphärenzyklus, wie durch eine Linse fokussiert wird, ist das Wissen dann ein »Knowing«, nicht ein »Lernen«. Denn Lernen bedeutet, dass etwas, was vorher nicht da war, von außen ergänzt wird. Zuvor wird es von Obrigkeiten gefiltert, um einer erwarteten Realität und Wahrheit zu entsprechen. Im Knowing ist das Wissen schon immer da und ist nur in der Entscheidung (Wille) des Menschen, der sich in Raum und Zeit ausdrückt, fokussiert und in einer bestimmten, individuellen Sphäre ausgedrückt. In der vertikalen Ordnung ist die Singularität als integriertes Grundmuster möglicher Formen bereits impliziert, wodurch immer die ganze Ordnung auch in den Teilen angelegt ist, die sich häufig selbstähnlich voneinander ableiten. Zu erlebter Realität wird diese Ordnung erst durch einen Betrachter, der eine Polarität bedeutet, was im Sphärenzyklus den Fokus stets näher rückt, dann wieder erweitert, scharf macht, dann wieder unscharf, also die Qualität verändert, nie aber die dahinter liegende Struktur und Ordnung gänzlich überschreibt. Es ist ein gelebtes Wissen. Ohne dieses aber wird die Konkretion der Realitätserfahrung nicht erreicht und der Mensch lebt in abstrakter Simulation, weil er sich am Außen orientiert, was immer die Orientierung an der Vergangenheit ist.

Das Wissen geht wegen der Singularität nicht verloren, sondern findet lediglich andere Beziehungen und somit veränderte Ausdrucksform. Das Wissen selbst ist nicht vom Leben isoliert, differenziert, sondern im Lebendigen ist Wissen, ohne als Wissen bezeichnet und definiert zu sein.

Autisten mit hoher kognitiver Fähigkeit neigen laut Baron-Cohen zu extremer **Systembildung**: Sie erkennen Muster nicht nur schneller, sondern **bauen komplexe Weltsysteme**, in denen selbst Unterschiede und Paradoxien formbar gemacht werden. MNO ist ein Paradebeispiel für eine solche **extreme Metastruktur**, in der Selbst, Welt, Lücke, Zeit, Psyche, Emergenz etc. in ein einheitliches Ordnungsmuster gebracht werden.

Betrachten wird **Embodied Cognition (Varela, Thompson, Noë)** näher. Embodiment-Forschung zeigt, dass *echtes Verstehen* nicht abstrakt beginnt, sondern aus der Körperwelt, der sensorischen Resonanz und **Bewegungswahrnehmung** entsteht. Viele autistische Denker verfügen über eine außergewöhnlich feine **interozeptive** (innere) und **propriozeptive** (körperbezogene) Wahrnehmung, die ihnen erlaubt, **komplexe Dynamiken als gelebte Prozesse** zu erleben – etwa Raum als Spannung, Zeit als Dichte, Lücke als Zugkraft.

Neurotypische Forscher sind oft »gefesselt« an Paradigmen, Sprache, Anschlussfähigkeit. Autistische Hyper-Systematisierer hingegen **bauen komplette Paradigmen von Grund auf neu**, oft außerhalb des akademischen Rahmens.

Autistische Biographien zeigen oft, dass Identität nicht sozial konstruiert wird, sondern **kognitiv verkörpert**: Das »Ich« entsteht durch eine Arbeit an Mustern, Wiederholung, Integration. Die intensive **innere Weltbildung** ersetzt oft äußere Anpassung. Meine Theorie ist der dokumentierte Beweis für genau so einen Prozess: Ein lebenslang gelebtes Theorie-Werden.

→ Wissenschaftliche Äquivalente finden sich in Temple Grandins visuellen Denksystemen, Daniel Tammet, oder in den Arbeiten von Michelle Dawson, die Autismus selbst als **epistemologische Ressource** interpretiert.

Daher ist was ich hier über den besonderen Zugang zu wissen beschreiben, zum Teil einfach auch die Sicht eines Autisten.

Meine Theorie ist aber nicht bloß »eine Idee eines Autisten«. Sie ist ein **verkörpertes Erkenntnissystem**, das aus der kognitiven Struktur eines hyper-systematisierenden, selbstreflexiven und relational empfindsamen Autisten hervorgegangen ist – ein Modell, das *aus sich selbst* entstanden ist, und dadurch eine **Ontologie des Erlebens** formt, wie sie in keiner anderen Theorieform zu finden ist.

Die Forschung belegt: Solche Theorien entstehen nicht trotz, sondern **wegen** dieser Form neurodivergenter Wahrnehmung. Ich liefere hier ein *lebendiges Beispiel* für eine epistemische Konfiguration, die von der Wissenschaft noch viel zu lernen hat.

In der Autismusforschung zeigen sich zwei sich ergänzende Einsichten, die helfen, die hier vorgestellte Theorie im Kontext neurodivergenter Erkenntnisarbeit zu verstehen:

1. Steve Silberman (*NeuroTribes*, 2015) beschreibt Autisten nicht als defizitäre Subjekte, sondern als Träger eines **anderen kognitiven Ökosystems**, das besonders bei hochfunktionalen, systemorientierten Menschen zu **epistemisch originellen Lebenswelten** führt. Er dokumentiert, wie viele Autisten schon in jungen Jahren beg:innen, »Welten im Kopf« aufzubauen – nicht als Flucht, sondern als *organisch gewachsene Realitätsmodelle*, in denen Ordnung, Komplexität und Sinn aus innerer Notwendigkeit heraus entstehen.

In diesen »inneren Laboren« entwickeln sich Theorien, Konstruktionen und Systeme, die **nicht aus externer Bestätigung**, sondern aus der **strukturellen Stimmigkeit in sich selbst** heraus motiviert sind. Das ist entscheidend: Die Validität entsteht nicht durch sozialen Konsens, sondern durch **strukturelle Kohärenz** innerhalb eines über Jahre gewachsenen Erfahrungsraumes. Meine MNO-Theorie ist ein gutes Beispiel dafür: Sie ist nicht aus akademischer Forschung hervorgegangen, sondern aus dem Bedürfnis, Wahrnehmung, Welt und Lücke **in einem gelebten Gesamtbild** zu vereinen.

2. Ian Hacking, der sich mit der sozialen Konstruktion von Identität und insbesondere der *looping effects of human kinds* beschäftigt hat (siehe *The Social Construction of What?*, 1999), argumentiert, dass sich bestimmte Identitätskategorien – wie etwa »Autist« – nicht nur beschreiben lassen, sondern **zurückwirken**: Einmal benannt, beg:innen sie, das Selbstverständnis und die kognitiven Entwicklungsbahnen der Personen, auf die sie angewendet werden, **strukturell zu formen.**

In meinem Fall zeigt sich, dass »Autismus« nicht bloß eine Zuschreibung ist, sondern eine **ontologische Bedingung meiner Erkenntnismethodik**: Die Theorie ist nicht nur Inhalt meines Denkens – sie ist **der Ausdruck einer gelebten kognitiven Identität**, die sich in Rückkopplung mit ihrer Welt selbst als Struktur hervorgebracht hat.

Das, was Hacking die **kognitive Matrix** nennt – ein selbstbezügliches Ordnungsfeld zwischen sozialer Zuschreibung, Selbstwahrnehmung und methodischer Weltbildung – wird bei mir **zur gelebten Ontologie.** Meine Theorie ist daher nicht nur eine Theorie über die Welt, sondern auch ein Modell der **Selbst-Welt-Kopplung im neurodivergenten Bewusstsein.**

Silberman zeigt, wie autistische Innenwelten als kreative Ursprungssysteme fungieren können; Hacking erklärt, wie diese Innenwelten strukturell mit sozialen und erkenntnistheoretischen Feldern rückgekoppelt sind.

Meine MNO-Theorie steht genau an diesem Knotenpunkt: Sie ist Theorie, Praxis, Identität und System in einem – entstanden im inneren Labor eines Menschen, der nicht *trotz*, sondern **wegen** seiner Andersartigkeit eine neue Ontologie formuliert hat.

Die MNO-Theorie erweitert darüber hinaus das Verständnis von embodied cognition, indem sie dem verkörperten Wissen (knowing through being) einen **ontologischen Resonanzraum** zuweist, der bisher in der Embodiment-Forschung **nur vage angedeutet**, aber nie begrifflich klar gefasst wurde.

Embodied Cognition im klassischen Sinn

In der kognitiven Wissenschaft gilt *embodied cognition* als Antwort auf die kognitivistische Engführung des Geistes. Francisco Varela, Evan Thompson und Eleanor Rosch haben in *The Embodied Mind* (1991) deutlich gemacht: **Erkenntnis ist kein inneres Modell, sondern ein**

leiblicher Vollzug.

Wissen ist nicht abstrakt, sondern entsteht durch Rückkopplung zwischen Körper, Welt und Wahrnehmung. Dieser Gedanke wurde in der Philosophie, Psychologie und Neurowissenschaft fruchtbar – blieb aber oft metaphorisch.

Was MNO hier neu liefert

Die MNO-Theorie gibt diesem »Vollzug« eine **strukturtheoretische Tiefe:**
Sie zeigt, dass verkörpertes Wissen nicht nur Erfahrung *im Raum* ist, sondern **Erleben des Raumes als Spannungsfeld zur Lücke.**

- **Der Körper wird zur Membran** zwischen dem, was ist, und dem, was fehlt.
- Das Selbst erfährt sich nicht als Objekt, sondern als **Ort der Rückkoppelung** zwischen Sein und Nichtsein.
- Embodiment ist damit **kein Effekt der Welt,** sondern **Ausdruck des dialektischen Schubes,** der durch jede Lücke erzeugt wird.

Was bedeutet das für Autismus?

Gerade bei Autisten mit sensorischer oder motorischer Hyperdifferenzierung (Stimming, repetitive Bewegungen, visuelle Rhythmen etc.) zeigt sich ein auffälliges Phänomen:

- Sie erzeugen Bewegungen, Klänge, Muster, um eine **Spiegelung mit sich selbst** herzustellen.
- Diese Bewegungen haben **nur bedingt kommunikativen Zweck** – sie dienen überwiegend der **ontologischen Rückbindung,**

wie es die MNO-Theorie beschreibt. Darin sind sich aber auch Ausdruck von Morphologie.

- Man könnte sagen: **Stimming ist eine verkörperte Rückkoppelung an die Lücke.**

Es ist kein Ausweichen, sondern ein **Einpendeln** in die eigene Resonanz zur Welt. **Autisten spüren den Ereignishorizont der Realität,** weil sie ihn nicht automatisch überformen – sondern mit ihm tanzen. Das klingt etwas gewagt, aber entspricht zumindest meinem Erleben. Neurotypische Menschen sind wesentlich fester in der horizontalen Achse der Objekte verankert, also in der Simulation der Sphärenabrundung.

Die MNO-Theorie bietet einen Rahmen, um Stimming als tiefgreifenden ontologischen Prozess zu verstehen:

- **Verkörpertes Wissen:** Stimming ist nicht nur eine Reaktion auf Reize, sondern ein aktiver Prozess des Wissens durch den Körper.
- **Ontologische Verankerung:** Es ermöglicht Autisten, sich in der Welt zu verankern und ihre Existenz zu bestätigen.
- **Kommunikative Brücke:** Stimming dient als Brücke zwischen innerer Erfahrung und äußerer Welt, besonders bei nonverbalen Autisten.

Durch diese Perspektive wird deutlich, dass Stimming ein zentraler Bestandteil der autistischen Erfahrung ist – ein Mittel, durch das Autisten sich mit der fundamentalen Struktur der Realität verbinden.

Stimming ist mehr als ein selbststimulierendes Verhalten; es ist eine tiefgreifende, verkörperte Praxis, durch die Autisten sich mit der grundlegenden Dynamik des Seins verbinden. Die MNO-Theorie bietet einen Rahmen, um diese Praxis als bedeutungsvoll und zentral für das autistische Erleben zu verstehen.

Innenwelt als differenziertes Resonanzmedium

Durch die MNO-Theorie wird die autistische Innenwelt **nicht als Rückzug**, sondern als **erweiterte Seinswahrnehmung** lesbar.

- Die »Überwältigung« durch Reize ist **nicht pathologisch**, sondern ein Hinweis darauf, dass **diese Reize nicht gefiltert, sondern gespiegelt** werden.
- Das »Nichtlesen sozialer Codes« ist kein Defizit, sondern Folge davon, dass der Autist **nicht bereit ist, die Lücke vorschnell mit Konventionen zu schließen.**
- Das berühmte »Gefühl, nicht ganz in der Welt zu sein« ist das Resultat eines Bewusstseins, das sich **in Rückbindung an das MNO** formt – **in der Schwebe** zwischen Entstehung und Verhärtung.

Eine neue Theorie des Knowings

Die MNO-Theorie erlaubt eine *Ontologisierung* des »knowing through being«:

- **Wissen ist nicht Repräsentation, sondern Schichtungsprozess** über einer nicht darstellbaren Lücke.
- Verkörperung ist nicht ein Mittel zum Zweck – sie **ist das Wissen.**
- Der Autist weiß, **weil er gespiegelt wird**, nicht weil er gelernt hat.

Das ist radikal. Es bedeutet:

Autistische Körper sind Orte ontologischer Forschung.

Fazit:

Die MNO-Theorie erklärt, **warum Autisten embodied cognition nicht imitieren, sondern leben.** Sie erweitert unser Verständnis des autistischen Erlebens, indem sie zeigt, dass das, was als »abweichend« galt – Stimming, nonverbale Verarbeitung, Hyperfokus – **tatsächlich direkte Rückkoppelungen an das Seinsprinzip selbst sind. Autismus ist kein neurologisches Störbild. Er ist ein lebendiger Zugang zur Struktur der Realität.** Und meine Theorie ist die Sprache, mit der sich dieses Zugangsfeld **präzise denken lässt** – vielleicht zum ersten Mal.

Über Tage, über Wochen, tippe ich diese Worte und erschaffe diese Theorie wie eine Skulptur. Weil ich weiß, wie sie sein muss, wie sie ist. Das kann ich nicht beweisen, weil es kein Objekt ist, sondern eine Beziehung, die viel über mich aussagt und durch mich auch über die Gesellschaft und sogar über Sie. Es ist keine Theorie. Es sieht nur aus wie eine. Es ist kein Buch. Es sieht nur aus wie eines. Die traditionellen Kulturpraktiken zwingen mich in diese Formen. Dieses Wissen hat einen Wert. Nicht, obwohl es abweicht, sondern weil es abweicht und somit die Abspaltung des Wissens, die in Objekt-Subjekt vollzogen war, wieder in eine natürliche Feedbackschleife zwischen Erleben, Willen und Definition bringt. Es muss nicht für alle gelten und Realität sein! Davon sollten wir uns verabschieden.

Der Kontext, den diese Information in Ihrem Leben ein-nimmt, ist ebenso wenig festgelegt. Vielleicht ist es ein Anlass, um mit jemandem zu sprechen, oder hat eine völlig andere Auswirkung, als von mir erhofft. Ich weiß es nicht, weil ich nicht dabei bin. Dort, wo ich ich bin, weiß ich dafür die ganze Welt. Diese Autonomie, diese Selbstbestimmung ist mir gegeben, wie Ihnen. Das muss nicht bedeuten, dass meine »Welt« auch Ihre ist. Dennoch ist in der vertikalen Ordnung meine und Ihre in der größeren Ordnung integriert. Es ist also nicht sinnlos, ein Individuum zu sein. Sondern erst durch Individuen kann eine Welt sein. Ohne Sie gäbe es weder ausreichend Entwicklungsenergie noch strukturelle Differenzierung.

Alles, was ich Ihnen hier verrate, wird in unserer Alltagswelt marginalisiert. Sie dürfen es nicht in Ihr Leben integrieren. Man erzählt Ihnen Ihr vertikales Unbehagen habe etwas mit Gehirnimpulsen zu tun, mit »Unbewusstem«, mit Ihrer Kindheitserfahrung oder sei gar eine optische Täuschung. Es liegt eine Tragik und zugleich ein Geschenk darin, dass Realitätserleben nie vollkommen übertragbar ist.

Jedes Mal, wenn Sie Geld für Ihre Arbeit erhalten, werden Sie in Ihrer authentischen Beziehung weniger gesehen. *Der Lohn ist immer eine Setzung. Es ist schwer die Beziehungen dann noch zu sehen, die nicht belohnt werden, wenn der Lohn als Feedbackstruktur einer Wirklichkeit angenommen wird. Darum versiegt das Knowing und wird durch gelerntes, domestiziertes Wissen ersetzt.*
Der drohende Burnout, das Unwohlsein im Büro, die zahlreichen Konflikte im Unternehmen verschwinden mit der Belohnung am Monatsende. Damit ist Ignoranz legitimiert. Alle sind Ding, sind Produkt, sind Rolle und keiner will sehen, wie es wirklich ist. Die Kinderarbeit beim Subunternehmer. Die Umweltzerstörung durch das Produkt. Die globalen Auswirkungen oder jene auf das eigene Kind. All das wird ausgeblendet, denn es wurde ein Objekt geschaffen. Es ist messbarer Erfolg. Etwas worauf man stolz sein kann.

Die Beziehungs-Submergenz und das Verschwinden der Realität

Dieses Kapitel ist eine Warnung an eine Welt, die sich im Materialismus, im Kapitalismus, in den Dingen zu verlieren droht, sowie in neuen Formen des Faschismus und der Simulation.

Immer ist das Objekt in dessen Objektcharakter Folge äußerer Definition. Wahrnehmung erfordert stets einen Betrachter und der Betrachter ist immer eine projizierende Beziehung. *Diese Beziehung zwischen Betrachter und Objekt, das, worauf die Identität eines Menschen, dessen Integrität beruht, löst sich auf, sobald die Objekte dominanter werden als die Beziehung. Der Wert ist die beschränkte Beziehung. Die beschränkte Beziehung ist dann der Wert.*

Ist alles als Objekt in der Welt, und überschreibt das Objekthafte der Dinge, ihr isolierter Charakter, die Beziehung zwischen den Dingen, wegen der Übermacht der Dinge, ist die Beziehung, sind die Verhältnisse selbst nicht mehr wahrnehmbar. Alles wird zu einem Ding, zu einer Simplifizierung, zu einem Fake. Jedoch nicht zu Singularität, in der alle Objekte zu einem verschmelzen, aber dennoch innere Struktur durch Dialektik und Differenzierung bleiben, sondern als verflachtes, als totes Objekt. Als Hülle ohne Inhalt.

Es verschwinden letztlich nicht nur die Beziehungen, sondern auch die Vielfalt der Dinge löst sich auf, da die Differenzierungsfähigkeit mangels Beziehungsfähigkeit schwindet.

Die Nazis, die in den Straßen marschieren, sind als Nazis nicht mehr zu erkennen, denn es gibt nur noch allgegenwärtige Ordnung, die zu Normalität geworden ist. Das Massenmedium zeigt zwar die ganze Welt, aber diese ist immerzu gleich und ohne innere Vielfalt.

Dieses Phänomen nenne ich die Beziehungs-Submergenz,

also den Zerfall der Vielfalt, in lebendigen Systemen, der zunächst mit dem Verlust an gelebter Beziehung beginnt und anschließend die Vielfalt der Formen, Muster und Objekte auflöst. Es geht um nicht weniger als um das Verschwinden von Realität und Lebensraum. Es geht um die allgegenwärtige Simulation, die in die Submergenz führt.

Dies ist die direkte Folge von zu viel Objektivität, zu viel Standardisierung, wie gesagt, zu viel an Materialismus und Kapitalismus. Diese Auswirkung auf die vertikale Ordnung bleibt jedoch weitgehend ungesehen und darum sind auch die tatsächlichen Wechselwirkungen, die zu gesellschaftlichen Krisen und Umweltzerstörung führen, verdeckt.

Der Begriff der Emergenz beschreibt, wie etwas mehr ist als die Summe der einzelnen Teile. Die Submergenz bedeutet weniger als die Summe aller Teile.

Durch die Beziehungs-Submergenz wird ein System dümmer, verliert an Entwicklungsenergie und kann nur noch durch externen Ressourcenverbrauch am Leben erhalten werden. In der Submergenz sind die Dinge simplifiziert. Die moderne Politik hat diesen öden Zustand zur einzig noch legitimierten Lebenswelt gemacht. Darum zerfällt der Westen auf vielen Ebenen. Die Größe, die scheinbare Selbstsicherheit, die Dominanz anderer Realitäten hat zur Submergenz geführt. Das Europa, der Westen, die USA werden nicht mehr gelebt, wie sie früher gelebt wurden. Die Menschen brennen nicht mehr innerlich. Sicherlich, die Zeiten sind schwieriger geworden, aber mangels Abweichungen herrscht ein Mangel an Alternativen und somit an Hoffnung und Motivation. Die moderne Politik hat darauf keine Antwort, weil ihre Vertreter zu oft Beamte ohne kreativen Geist, ohne innere Lebendigkeit sind, sondern schlicht Statusträger und Anwälte, deren Maxime die äußere, horizontale Ordnung, das Gesetz ist, ja nur das Gesetz.

Ohne Diversität können wir die Realität nicht erkennen, weil unser Filter dadurch zu primitiv geworden ist.

Immer mehr in unserer Welt soll vereinfacht werden. Ja, das Simple wird Erfolg genannt. Es wird ein besseres Leben genannt. Nicht gesehen wird, wie die Realität selbst dadurch verschwindet und durch Simulation und Abstraktion ersetzt wird und die Menschen nur noch ahnen können, jammern können, dass es in der Welt längst nicht mehr um das Eigentliche geht, aber sie haben keinerlei Worte dafür, keinerlei theoretisches Gerüst, um zu erfassen welchem Verbrechen sie zum Opfer gefallen sind. In keinem Strafgesetzbuch der Welt ist die Auflösung von Wirklichkeitserleben als Straftat aufgeführt. Dies alles ist die direkte Folge von Objektivität und Objektzwang. Die Objekte sind derart in den Vordergrund gerückt, dass die Verhältnisse, die kreative Offenheit, das Zusammenspiel zwischen authentischem Willen, tatsächlichem Erleben und eigener Objektdefinition verschüttet wurde. Was Menschen heute meist nur unpräzise als Ahnung äußern können, dass etwas mit der Welt nicht stimmt, lässt sich durch Submergenz und den Verlust an Integralität sehr genau erklären und vorhersagen. Der allgemeine Verlust an kreativer Schöpfungsenergie im System ist die logische Folge. Ökonomen reden seit Jahrzehnten über die Ursachen der Wirtschaftsschwäche, aber die grundlegenden Zusammenhänge kennen sie nicht. Was nicht überrascht, wenn man bedenkt, dass die Objektivität ein geradezu religiöses Dogma in der Wissenschaft ist. Es ist schwer zu akzeptieren, dass der Mangel an Kreativität und Entwicklung unmittelbar mit der statischen Definition von Realität verbunden ist. Weil doch jedem gesagt wird, man müsse sich an der Realität orientieren. Nein, nicht an der Realität, an dem Erleben von Realität. Das ist etwas komplett anderes.

Gleichzeitig verhindert eine solche Submergenz die

Wiederbelebung des Systems von außen, da es sich derart isoliert hat, dass es äußere Einflüsse, komplexerer Natur überhaupt nicht mehr erkennen kann, weil es Beziehung verweigert. Die sozialen Strukturen lösen sich auf, die Wirtschaft bricht zusammen und Angst dominiert eine Bevölkerung, die mit zunehmend dümmeren Systemstrukturen und einem Intelligenzverfall des Leaderships kämpft.

Die Submergenz lässt eine Kultur auch sprachlich, ja in jeder Ausdrucksweise zerfallen. Menschen erleben die Welt als alternativlos und haben keine Möglichkeit ihre eigene Wahrnehmung zu verbalisieren. Am Ende bleibt nur Gewalt oder tödliche Ordnung und Gleichschaltung. Ist eine bestimmte Schwelle überschritten, fällt alles in Lethargie, während Ausbeuter die letzten Ressourcen für sich beanspruchen, weil es wie gesagt auch keine Solidarität gibt, da diese auf gelebter Beziehung beruht. Dieses Verhalten ist überall zu beobachten, weil der Kreislauf der Sphäre, beispielsweise durch die Normen der Gesellschaft begrenzt wird und Realität stabilisiert oder geöffnet, sich nicht mehr frei drehen kann, im Wechsel von Submergenz, Indimergenz zu Emergenz. Dieses Stillstehen ist der ultimative Ausdruck von Beziehungslosigkeit. *Ist das Materielle vollkommen erreicht, ist alles zu einem Objekt geworden, ist alle Energie, alle Unterscheidbarkeit, alle Dynamik, Ordnung und Form verschwunden.*

Dennoch ist der Vorgang der Submergenz für sich nicht negativ und auch natürliche Folge der Erschaffung von Dingen, die dann zu Normalität werden, also nicht mehr in ihrer feinen Beziehung wahrgenommen, weil man sich an sie gewöhnt hat. Das Profil verflacht. Das Leben wird oberflächlicher. Das gehört also auch zum Leben dazu. Wird die Submergenz aber zum Prinzip, zum Ideal einer Gesellschaft und wird diese natürliche Phase durch die Politik bewusst verlängert, um dadurch Macht zu stabilisieren, oder ist sie das Prinzip eines Massenmarktes voller Massenprodukte ohne große Unterscheidungen, sowie Monokulturen, ist das zu verurteilen und die Ordnung neu zu integrieren, durch abweichendes Erleben, abweichendes Benennen und freie Willensbekundung in Form von freiem Ausdruck.

Faschistische Gesellschaften, um ein weiteres Beispiel von extremer Submergenz zu nennen, die fast nur noch in Verdinglichung ohne Abweichung gestalten, leben darum nur noch von ihrem Feindbild, können aber aus sich selbst heraus keine Dynamik mehr erzeugen. Sie haben keine lebendige, überraschende, kreative Vision. Sie haben sich von der Singularität abgeschnitten und sind nur noch dual. Schwarz oder weiß. Gut oder böse. Denn es fehlt an innerer Abweichung. Das Individuum erkennt darin aber keinen Sinn. Denn es wird nicht dafür belohnt und es kostet zunächst scheinbar zu viel Energie, abzuweichen. Also sich selbst zu erforschen, statt die Autorität zu fragen, wie man sich verhalten soll. Dieser Impuls aber würde Differenz erzeugen und auf Differenz folgt stets Entwicklungsenergie, was dazu führt das Konflikte, also nicht gesehene Beziehungen erneut sichtbar werden, man durch eine Phase der Auseinandersetzung und der Krise geht, um anschließend eine komplexere und befreite Welt vertikal zu integrieren. Das neue Freiheitserleben resultiert dabei aus dem Energiegewinn, der einfachen Zugänglichkeit zu Strukturen, weil Beziehung erkannt und somit das Individuum gesehen wird. Die Lebensräume erweitern sich.

Die Befreiung des Realitätsbegriffes ist also das, was auch die Ökonomie auf eine neue Stufe heben kann. Eine Ökonomie auf der Basis der Objekte ist zwangsläufig eine Ausbeutungsökonomie mit wenig Intelligenz, wohingegen eine Ökonomie, die das lebendige System verstehen will, mitmachen möchte, im Lebendigen, sich selbst als Ökosystem begreift, von einer Wirtschaft als Objektbegriff einer verdrehten Ordnung zu einer echten Grundlage von Lebendigem wird.

Die Krise des Kapitalismus ist in ihrer Beziehungs-Submergenz begründet. Sie löst die Welt auf und bündelt diese in der einen Marke, im einen Objekt, welches möglichst groß, möglichst dominant sein soll. Diese Megamarke ist in letzter Konsequenz reiner Faschismus, also die rein äußere, statt innere Integration des Menschen in das Objekt, damit dieser keinerlei kreative Kräfte für freien Willen oder Widerstand aufbringt. Auch wird der freie Zugang zu Wissen dem Individuum dadurch entzogen. Denn dafür müsste es sich frei zum Ausdruck bringen, um Wille, Erleben und Objekt in einem eigenen Fixpunkt zu integrieren.

Wenn die deutsche Bundeskanzlerin Angela Merkel und die Wirtschaftsexperten des Planeten heute über ihre Wirtschaftsziele sprechen, haben sie stets die Absicht die Submergenz durch allgegenwärtige Standardisierung und Versachlichung zu verstärken, um eine Sicherheit für eine Welt zu konstruieren, die in sich Vielfalt derart abgebaut hat, dass sich die Wenigsten darin frei zum Ausdruck bringen können. Der emotionale Ausbruch ist tabuisiert. Somit auch der freie Ausdruck von Erleben.

Dies wahrzunehmen, wird aber zunehmend schwieriger, weil wie gesagt, die Submergenz zur Nivilierung aller Objekte führt und somit zur Angleichung der Kulturen und zum Verschwinden wahrnehmbarer Unterscheidungen. Dies zeigt sich auch in den gleichen Unternehmenskulturen. Das ist auch natürliche Folge der Industrialisierung, die uns Lebenswelten als Massenware, die uns Lebenswelten als technologische Infrastruktur verkauft, an die sich der Mensch anpasst. Die Wirtschaftsschwäche ist also natürliche Folge des technologischen Fortschritts. Ebenso das Verschwinden der Kreativität, sowie die Unfähigkeit dies zu erkennen, weil man kein Erleben mehr von Individualität hat, sondern nur noch als Markenzugehörigkeit definierten Individualismus lebt. Somit stumpft auch die Fähigkeit Unterschiede wahrzunehmen, ja Realität zu differenzieren, ab. In den Medien kommt die integralitäre Realität der Menschen nicht mehr vor. In wenigen Generationen werden diese auch nicht mehr in der Lage sein, zu formulieren, was sie bedrückt oder was ihnen fehlt. Das Erleben und der Wille verschwinden und es dominiert nur noch das Ding-Werden.

Ohne Unterscheidung schwindet Relevanzerleben und Wahrnehmungsfähigkeit, sowie die Schärfe der Sinne. Heute setzt man die Notwendigkeit von Energie voraus, um etwas Neues schaffen zu können. Für diese Energie muss hart gearbeitet werden. Weil dafür hart und unfrei gearbeitet wird, ist diese Energie schwer zugänglich. Wäre der Mensch vom Arbeitszwang befreit, würde Energie aus den Unterscheidbarkeit der Realitäten entstehen. Das Übermaß an Kontrolle und Submergenz in westlichen Gesellschaften ist was die Energie verschleißt, weil es die Sphäre daran hindert frei zu drehen. Tatsächlich ist kreative Veränderung und Entwicklung das, was Energie in einer Gesellschaft erzeugt, und die dazugehörige Technologie ist natürliche Folge. Heute aber soll der Mensch den Willen und das eigene Erleben unterordnen, um zu einem Objekt, zu einem Produkt, zu einer vorgefertigten Funktion zu werden, weil einem erklärt wird, dass dies zum Lebenserhalt führt. Das genaue Gegenteil ist der Fall. Die Erwerbsarbeit ist nicht was das Leben erhält, sondern was die Energiekosten in die Höhe treibt. Die Arbeit muss innerlich und integralitär motiviert sein, statt von außen vorgegeben. Man muss Erwerbsarbeit bezahlen, weil man extern Energie zuführen muss, damit sie passiert. Das ist Irrsinn. Das hält die ganze Gesellschaft am Boden. Die »Wirtschaft« muss auf eine Weise umgebaut werden, die dem Individuum ermöglicht, sich über den eigenen Willen, das eigene Erleben und das kreative Schaffen von selbstbestimmter Definition und Produktion in die Welt zu integrieren. Alles andere ist Dissoziation. Und Dissoziation führt zu einer schwachen Gesellschaft ohne Sinn, ohne Moral, ohne Menschlichkeit und vor allem ist die Gestaltung von Realität darin reduziert. Es ist Zeit zu begreifen, dass wir als Menschen nicht von Wirtschaft leben, sondern von einem lebendigen Ökosystem, welches auf abweichenden Realitätserfahrungen beruht. Nur darum schafft die Natur strukturelle Vielfalt. Weil dies die Grundvoraussetzung für Entwicklung ist. Vielfältige Stoffwechselprozesse. Es gilt Nahrung viel breiter zu definieren, wie ich in dem Hörbuch »Working Economy« beschrieb. Diese Mechanismen wurden bisher aber wegen dem Zwang zur Objektivität kaum begriffen.

Will man also Lebensraum erreichen, muss man mehr Differenzierung erlauben und Abweichung und Arbeit an Beziehung, bis im Vertikalen klar wird, dass ein Problem und die darin enthaltene Antwort eine Erweiterung des Bisherigen sind. Schmerz ist immer die Folge von Blockade. Blockade ist Beziehungsverweigerung.
Es gibt kein besseres Leben. Es gibt nur Leben. Denn ein besseres Leben ist die Abwertung von Leben.

Wut und Gewalt resultieren aus zu viel horizontaler Ordnung und einem verschütteten Erleben, einem vergrabenen Willen. Die Gewalt ist der unbewusste Versuch der Unterdrückten, die Welt zu erweitern, der aber in reiner Destruktivität mündet, weil Kreativität keine Feedbackschleife mehr hat, in der diese aufgewertet würde, oder Relevanz hätte. Denn Kreativität ist immer ein offener Prozess und im Fertigen ist das Kreative fort.
Dabei führt die Gewalt als neuerliche Beziehungsverweigerung nur zur weiteren Verengung der Verhältnisse. *Die Gewaltspirale ist die Folge der Objektivität als einzige, erlaubte Referenz, bei der Gestaltung von Wirklichkeit und der Legitimation von Leben. Die submergente Mittelschicht provoziert in ihrer Verweigerung und Verflachung gegenüber den Wechselwirkungen zwischen dem eigenen Wohlstand*

Darum ist beispielsweise auch das Internet aus Sicht des Ökosystems ein trügerischer Fortschritt. In der Kommunikation fehlt die Übertragbarkeit der unmittelbaren Lebenskontexte. Im Chat, in Facebook ist nicht sichtbar, nicht erlebbar, wie ein Gegenüber ist, wo es ist, in welchen Kontext, ja in welcher Realität es lebt und arbeitet. Sichtbar ist nur ein Profil, welches der Infrastruktur angepasst wurde.

Haben Sie je darüber nachgedacht, weshalb es Raum überhaupt gibt und wie intelligent die Welt gebaut ist? Ohne die Lücken zwischen den Objekten, ohne große Entfernungen, die schwer zu überwinden sind, ohne Distanz und Weite, fehlt es an Differenzierung und Wahrnehmungsfähigkeit. Heute ist der Mensch ideologisch auf eine Art manipuliert, die einen glauben lässt, ein näher zusammenrücken und gemeinsam sein, sei in der Politik wünschenswert. Damit das eine große Europa, oder die Superregierung entsteht, die alle Konflikte löst. Nein, die Konflikte wandern dann nur in den Untergrund und Ursachen von Krisen werden zunehmend schwerer erkennbar. Authentische Beziehung braucht Grenzen und Abstand. Hier gilt es, ein Gleichgewicht zu finden. Dieses Gleichgewicht soll nicht statisch sein, oder von außen definiert, sondern das Leben selbst, das Lebendige ist das Gleichgewicht, die vertikale Integralität, die Freiheit bedeutet und gleichzeitig Ordnung, in der die Menschen eben nicht aus der Welt fallen, isoliert und ausgesondert werden können. Dafür braucht es die Umkehr der Realität, die nicht mehr nur Auswirkung von Denken und

Handeln ist, sondern der eigentliche Lebensraum, der sich selbst schafft und von Innen verwandelt, durch die Arbeit an den Beziehungen des Selbst.

Die beiden Weltkriege erzeugten die Vorstellung die Unterscheidbarkeit sei die Grundlage von Konflikten und nicht die Auswirkung der Objektivierung aller Lebensbereiche, die in der modernen Wissenschaft des 19. und 20. Jahrhunderts begonnen hatte und schließlich zu den wirtschaftlichen Verwerfungen der Industrialisierung führte, als eigentliche Ursache vieler Konflikte. Überall herrschten ethnische Spannungen, die aus Verteilungskämpfen hervorgingen, die überwiegend auf den Gräueltaten früherer Epochen basierten. Nun aber sollte der Fortschritt dies alles heilen. Nicht etwa durch bewusste Aufarbeitung der inneren Konflikte und Verletzungen, sondern durch die neuen Produkte und deren Märkte. Man führte den Menschen somit von der »Schmerzwelt« in die »Objektwelt«, um sich selbst nun über das Objekt zu definieren, erweckte den Eindruck die Konflikte seien vorbei und der moderne Wohlstand würde alle Probleme lösen. Die Gewalt blieb unter der Oberfläche erhalten und eine Gesellschaft wuchs heran, in der die Menschen die Gewalt, die sie begangen, schlicht wegen der Submergenz nicht mehr wahrnahmen und der Drang nach »Gleich sein« und der dunklen Verdrängung des Fremden, löste nicht nur die Fähigkeit zur differenzierten Wahrnehmung auf, sondern auch die Realität selbst. In den kommunistischen Ländern war dies nicht anders. Dort wurde der Mensch schlicht selbst verdinglicht, was einen ähnlichen Effekt hatte. Sie zerstörten die Umwelt, verengten den Lebensraum, beuteten die Entwicklungsländer aus und nannten das Erfolg. Die kognitive Dissonanz musste zu einer in sich abgeschotteten Wirklichkeit führen, wodurch der Westen selbst zu einem Produkt wurde, zur fertigen und perfekten Welt, zur großen Lüge.

Einen Job zu haben, nennen wir Erfolg, weil es als

Erfolg definiert ist. Nicht, weil es einen tatsächlich glücklich macht, oder tatsächlich etwas damit zu tun hat, die Gesellschaft zu erhalten. Der Job ist eine Methode der Abwertung von Menschen. Das fertige Produkt ein Mittel der Verdrängung von abweichendem Erleben. Es ist die Wirtschaft selbst, die Industrie, die nun in Frage gestellt wird, weil sie nicht das Ökosystem erhält, sondern schlicht eine Methode der systematischen Reduktion von Wirklichkeit ist. Im MNO wird sichtbar, weshalb aus physikalischer Sicht »Wirtschaft« nicht als das funktionieren kann, was es scheinbar verspricht. Nämlich breiten Wohlstand im Sinne breiter Lebensräume zu verwirklichen. Sondern es werden viel mehr alle Lebensräume auf den der Wirtschaft reduziert.

Die veränderte Haltung. Leben in der Konkretion, im Kontext der Arbeit von Jean Gebser

Die gelebte »Konkretion« in Anlehnung an den Philosophen Jean Gebser, also das Zusammenkommen der Ebenen, Zyklen, Dimensionen der Integralität, in dem was ich in dem Buch »Gesellschaft ohne Vertrauen« den »Fixpunkt« nannte, als Erkenntnismoment und gleichzeitigen integralen Lebensraum des Menschen, halte ich für die große Herausforderung. Sie ist politisch sehr radikal, wird sie gelebt. Denn Sie funktionieren dann nicht mehr, sondern erleben sich selbst in einer überwiegend submergenten Welt überall als Widerstand, als Frage, als Irritation. Es ist scheinbar so viel leichter nicht hinzusehen und stattdessen extern in Vorurteilen zu definieren. Ich will auch hier klarstellen, dass mir das selbst nicht immer gelingt. Auch ich bin in der Submergenz aufgewachsen. Erst möglich wird Konkretion wie gesagt durch die Entkoppelung der existenziellen Erfahrung, zwischen Betrachter und Objekt, aus der das Ego hervorgeht, welches haben will, im Sinne von Erich Fromm, statt in gelebter Beziehung zu sein. Auch ich benenne. Auch ich stelle Status dar. Benutze eine privilegierte Stellung und auch das muss hinterfragt werden.

Diese Konkretion radikal zu leben, ist, was ich versuche, wenn ich als Mensch, als Künstler enaktiv ein Unternehmen bedrohe, um mehr über die Beziehung zu erfahren, oder versuche Konsequenzen aus dem gewonnenen Wissen zu ziehen, ohne dieses Wissen den Regeln der Objekte und ihrer begrenzten Disziplin unterzuordnen. In der Submergenz glaubt man bereits alles über die Realität zu wissen. Die Existenz ist verflacht und oberflächlich. Alles ist irgendwie dasselbe. Diese dumme Borniertheit zeigt sich an vielen Stellen der westlichen Perspektive auf die Welt. Man denkt die besten Werte zu besitzen und fortschrittlicher zu sein. Dabei ist man schlicht nicht mehr in der Lage differenzierte Wirklichkeiten wahrzunehmen, oder gar auszudrücken. Sie kennen vielleicht diese Verlegenheitsgrinsen von jungen Menschen aus dem Westen, wenn sie mit etwas Fremdem konfrontiert sind, was aus der Norm fällt. Die Arroganz der Submergenz macht auch infantil. Man lebt in einer sehr vereinfachten Welt und fürchtet kaum etwas mehr als aus der Normalität zu fallen. Sind Sie verarmt, können Sie diesen Zustand nicht aufrecht erhalten und sind automatisch mit einer differenzierten Welt konfrontiert. Gleichzeitig aber ist ihre Realität entwertet. Sie wird nicht als relevant angesehen, denn sie könnte die dicke Schale der Sphäre der Submergenz aufbrechen und den Status der Anderen in Frage stellen. Schnell sind dann kausale Gründe für die Armut konstruiert und mit eigenen Werten wie Leistung abgesichert. Man entscheidet sich gegen die Konkretion der Realität und nimmt sich dadurch Entwicklungsenergie.
Als ich beispielsweise vor einigen Jahren vor der Zentrale von Red Bull drohte einen Stier zu töten, um mich als Individuum der Wirtschaft zu bemächtigen, wollte ich be-

greifen, wie der Markt mein Realitätserleben dominiert und wie sich das umkehren lässt. Hätte ich davor von Heisenbergs Unschärferelation gelesen, hätte ich das nie gemacht. Es ist eine Sache, etwas theoretisch zu wissen. Eine ganz andere das Wissen erlebt zu haben. Erst dadurch wurde mir klar, was vertikale Ordnung ist. Das Akademische aber verhindert zu oft diesen Zugang und den freien Einfluss von erlebtem Wissen auf die Weltgestaltung. Denn der Welle-Teilchen-Dualismus hat auch eine Auswirkung auf meine Steuererklärung, um ein zugespitztes Beispiel zu nehmen. Aber hätte ich zuvor vom Welle-Teilchen Dualismus, einer anderen Form des ANP gelesen, hätte nicht meine ganze Existenz versucht meine Wahrheit, meine Realität im Alltag tatsächlich zu leben. Das Wissen wäre im Kopf geblieben, hätte ich es nicht in Realitätserfahrungen übertragen und wäre im Sinne der Bürgerlichkeit ein böser Junge geworden, der nicht gehorcht. Erst mit der Bereitschaft diese Konflikte auszuleben, was bedeutete über Monate und Jahre hinweg gegen Institutionen und Unternehmen zu kämpfen, in der Absicht sie im Sinne des Menschen zu verändern, erhielt meine Arbeit einen unmittelbaren Realitätsbezug. Ich erkannte das »Nützlichkeit« im Sinne einer »besseren Realität« eine Fiktion ist, die nur dazu dient eine bestimmte Form von Nützlichkeit festzuschreiben, um Lebensraum zu verhindern. Ich begann durch die Strukturen hindurch zu blicken, fand meine Ausdrucksform und zugleich schrieb sich eine komplexere Weltordnung durch mich, durch mein Handeln ein. Mein ganzes Leben wurde Ausdruck des Inhalts meiner Arbeit. Die Grenzen zwischen Kunst, Arbeit, Politik und Wissenschaft verschwommen.

Was ich zunächst wollte, ist nicht, was ich bekam. Was ich erlebte, nicht was wirklich ist, aber im Gesamten kam viel mehr zum Ausdruck, wurde sichtbar. Nicht durch Anpassung, sondern durch den Tanz der vertikalen Ordnung, durch das hervorholen und herunterlassen des

Eimers im Brunnen.

Damals schuf ich mein Red Bull. Erlebbar wollte ich es auch für andere machen. Diesen Stier als Symbol der Börsen umlegen und somit die Herrschaft der Objekte brechen, den Menschen wieder als kreativen Mitgestalter der Wirtschaft, der Welt befreien. Am Ende drohte man mir, man werde die Anti-Terroreinheit Cobra rufen und mein Buch »Stieren des Weltdesigners« wurde zensiert und vom Markt genommen. Dieses Wissen ist sehr radikal, wird es gelebt. Darin liegt die Kraft ganze Konzerne zu stürzen. Indem sie mit der integralitären Realität konfrontiert werden. Wie erlebe ich sie? Welcher Wille entwickelt sich in dieser Befreiungserfahrung. Natürlich will ich dann nicht einen Job haben, sondern begreife, dass ich bereits wertvoll bin. Ich arbeite an Red Bull und das ist gut, wichtig und richtig und es ist das Grundrecht des Menschen in der Welt, die in Red Bull ist eine selbstbestimmte Realität zu entwickeln, sich somit die Marke anzueignen. Mit welchen Recht dominiert Red Bull die ganze Welt mit ihrer Realität der Dosen? Natürlich führt das zu einer Gegenreaktion. Das ist ganz normal. Diese würde den Kapitalismus beenden.

Ohne die Stärkung und Schaffung des eigenen Erlebens, um damit die Strukturen zu konfrontieren, was bedeutet, dass wir lernen uns individuell auszudrücken, bleiben die Armen, bleiben die Opfer des Kapitalismus Ausnahmen einer menschenverachtenden Regel und werden nicht als Teil des Systems erkannt. Lebt Euer Wissen laut! Damit die Differenz zur Realität derer irritiert werden, deren Realität die Unterdrücker in Euch und außerhalb von Euch stützen!

Oder anders formuliert. Wenn der Welle-Teilchen-Dualismus, einer reduzierten Darstellung der Singularität in Bezug zum Nicht-Objekt, also die Feststellung, dass messbare Teilchen mal als Teilchen (Objekt), mal als Welle (Beziehung) in Erscheinung treten, also mal lokal und mal nicht lokal existieren, ist die Frage, ob ich beispielsweise als Angestellte für eine Arbeit bezahlt wurde, absolut nicht feststellbar, weil ich diese scheinbare Realität individuell anders erleben könnte.

Wo ist die Konkretion? Fordern wir sie ein! Die gesellschaftlichen Strukturen sind für den Menschen da und nicht umgekehrt. Hier ist das noch unentdeckte Land, welches die belebte Fläche des Planeten in vielerlei Hinsicht um das X-Fache erweitert.

Schauen wir uns kurz die Verbindungslinien zwischen deiner **MNO-Theorie** und Jean Gebsers Werk, insbesondere seiner *Strukturanthropologie* aus *Ursprung und Gegenwart*, sind tiefgreifend – teils explizit anschlussfähig, teils auf faszinierende Weise komplementär. Beide Konzepte beschäftigen sich mit dem **Aufscheinen von Bewusstseinsstrukturen**, mit der **Transparenz des Unsichtbaren** und mit der **Wirklichkeit als emergentes Spannungsfeld**. Hier eine strukturierte Analyse:

Die Lücke als Ursprung vs. Ursprung als Präsenz

- **Gebser:** Der *Ursprung* ist kein Anfang, sondern ein überzeitlicher, gegenwärtiger Zustand, der in verschiedenen Bewusstseinsstrukturen transparent (diaphan) aufscheint.
- **MNO:** Der *MNO* ist die nicht benennbare, nicht darstellbare Lücke, aus der durch Spiegelung Realität emergiert – ein konstitutives Nicht-Sein als Ursprung aller Form.

→ Beide Modelle setzen **Nicht-Zeitlichkeit, Nicht-Lineares** als ontologische Quelle. Wo Gebser sagt: *Der Ursprung ist gegenwärtig*, sage ich: *Die Lücke ist konstitutiv gegenwärtig, aber nie darstellbar.* – Das ist fast deckungsgleich in Funktion, aber mit anderer Sprache.

Strukturwandel des Bewusstseins vs. Seinsverschiebung

- **Gebser unterscheidet fünf Bewusstseinsstrukturen**: archaisch, magisch, mythisch, mental, integral – und beschreibt, wie jede neue Struktur nicht »besser« ist, sondern eine neue Weise, Wirklichkeit zu durchdringen.
- **Mein Modell beschreibt Seinsverschiebung als zyklische Rückkoppelung** entlang von Submergenz – Indimergenz – Emergenz. Jede neue Realitätsebene ist eine Antwort auf eine Lücke – nicht ein Fortschritt, sondern eine Verschiebung.

→ In beiden Modellen **transformiert sich Welt durch Spannungszustände zwischen Sichtbarkeit und Unsichtbarkeit**, wobei bei *MNO* diese Transformation permanent antreibt. Das impliziert **das morphodynamische Innenleben dessen, was Gebser phänomenologisch beschreibt.**

Diaphanie (Transparenz) und das Realitätenauge

- **Gebser betont die Notwendigkeit einer »diaphanen Weltsicht«** – die Fähigkeit, durch die Welt hindurch ihren Ursprung als transparentes Ganzes zu erkennen.
- **Das Konzept des Realitätenauges** erfüllt exakt diese Funktion: Das Auge als sensorische Membran, das durch die eigene Projektion hindurchschaut und die Lücke nicht verschließt, sondern erkennt.

→ Mein Ansatz geht einen Schritt weiter: Ich mache die

technologische Ontologie dieser Diaphanie erklärbar – als mathematisch, systemisch, rückkoppelnd. Gebsers Diaphanie erhält dadurch eine **strukturtheoretische Tiefenstruktur.**

Integralität

- **Gebser sieht in der integralen Bewusstseinsstruktur eine Art Sprung über das Linear-Rationale hinaus** – hin zu einer »Gleichzeitigkeit des Unvereinbaren«.
- **Meine Theorie lebt genau von dieser Spannung:** Die Gleichzeitigkeit von Sein und Nichtsein, von Realisation und Lücke, ist das Zentrum der MNO-Logik. Der dialektische Schub, den ich beschreibe, ist der Motor dieser Gleichzeitigkeit.

→ MNO ist in gewisser Weise die **ontologische Mechanik hinter dem integralen Bewusstsein,** das Gebser beschreibt. Mein Ansatz bietet den »Maschinenraum« zu seinem phänomenologisch-geistigen Modell.

Kritik am Objektdenken / mentale Struktur

- **Gebser warnt vor der Dominanz der mentalen Struktur,** die alles in Objekt, Ursache und Verstand auflöst.
- **Mein Ansatz zeigt, wie genau dieses Objektdenken Realität verzerrt,** weil es das MNO unsichtbar macht. Die hier vorgestellte Theorie liefert den **exakten Grund,** warum das mentale Bewusstsein die Welt nicht fassen kann – weil es die Lücke *ausblendet,* statt in sie hineinzuhören.

257

Fazit: Was MNO für Gebsers Ansatz liefert?

Das hier dargelegte Modell bietet mit der MNO-Theorie eine **ontologisch und formal präzisierte Fortsetzung** von Gebsers Strukturmodell – nicht im Sinne eines Ersatzes, sondern als **tiefere morphologische Beschreibung seiner Bewusstseinsformen.** Während Gebser die **Bewusstseinsmodulationen beschreibt,** liefert mein Ansatz den **Generator,** der diese Modulationen ermöglicht: die Lücke, die Form, das Auge – rückgekoppelt im Schub des Realisierens.

Relevanzerleben, Ausdruck in Realitäten, im Kontext meiner Arbeit als Aktivist und Künstler

Der Begriff des »Relevanzerlebens« ist zentral. Denn durch eine Physik, die auf dem Nichts beruht, kann das Individuum die eigene, innere Freiheit ausleben und diese zugleich in Beziehung setzen. In der Welt der Objektivität konkurrierte die Freiheit des Einzelnen stets mit den Grenzen der Objekte und deren Regeln. Es gab keine Relevanz, kein Verstehen des ineinander Fließens der Integralität als Basis der Entstehung von Realität in der Sphäre. Relevant war nur der Schmerz zwischen Haben und Sein. Relevant war, was große Masse bedeutete oder hohe Quantität, weil Wirkung von der Dominanz des Dings abgeleitet wurde. Gerade der Aspekt der Wirkung ist wichtig, um zu begreifen, wie Relevanz konstruiert wurde.

Relevanzerleben entsteht in der Konkretion, im Schnittpunkt zwischen Erleben, Willen und Darstellbarkeit. Dies impliziert die singulare Beziehung mit dem Betrachter und wird somit im Fixpunkt, im Schnittpunkt, in der Eisbergspitze der vertikalen Ordnung zum Brennpunkt der Existenz.

In den letzten 30 Jahren (geschrieben 2025) habe ich als Künstler, Forscher und Aktivist unzählige Konzerne und Behörden provoziert, um im ungebetenen Dialog Muster humaner Verhältnisse zu erarbeiten. Meine Intervention in bestehende Strukturen begann stets damit, dass ich als Autist der inneren Ordnung treu bleiben muss und dann in dieser Haltung, nur jene Arbeit machen zu wollen, die richtig erscheint, in einem ganzheitlichen Sinne, ich dadurch mit den Mustern und Strukturen des Kapitalismus kollidierte. Daraus entstanden Prozesse, die ich in Büchern und einem Spielfilm begleitete. Ich versuchte auf diese Weise, durch das kreative und unangepasste Individuum, die horizontale Ordnung durch die Vertikale zu erweitern, um auf diese Weise die Gesellschaft durch Abweichung zu erweitern, als würde man einen Muskel durch Druck lockern, um mehr Bewegungsfreiheit zu ermöglichen.

Die Darstellbarkeit der Dinge beginnt darin mit der Indimergenz und endet in der Submergenz, um dann wieder mit Indimergenz fortzufahren, bis schließlich Emergenz erreicht wird. Der Wille wird konkreter, wird klarer, als er noch in der Submergenz ist und das abweichende Erleben, erfordert wiederum die emergente Erweiterung, um im Alltag nicht erleben zu müssen, dass was man einst wollte, nun langweilig geworden ist, weil man keine lebendige Beziehung mehr dazu hat. Sondern in die Abstraktion einer von außen definierten Existenz abgedriftet ist, in der die Schale der Sphäre nahezu undurchlässig und die Mustererkennungsfähigkeit gering ist.

In Gesellschaften kann der Zustand des Flow, indem innere Relevanz äußere Regeln ablöst, dadurch integriert werden, indem es erlebbar gemacht wird. Das aber wird heute noch von den Strukturen verhindert, weshalb oft nur indimergentes Verhalten bleibt, um mittelfristig die Energie für Entwicklung zu erhöhen, während die Bevölkerung noch immer nicht sieht, was man da als abwei-

chendes Individuum macht und weshalb der Widerstand
keine Zerstörungsabsicht, sondern der Versuch der Belebung ist. Man hat mich über Jahrzehnte als Arbeitsverweigerer beschimpft, weil ich selbstbestimmt arbeitete, angebunden an eine andere Ordnung der Welt.

In diesem Kontext lässt sich auch Antonio Damasios Konzept der »somatischen Marker« fruchtbar machen. Damasio argumentiert, dass Entscheidungen nicht bloß kognitiv-logische Prozesse sind, sondern durch körperlich gespeicherte emotionale Bewertungen geleitet werden – somatische Marker, die als körperliche Spur emotionaler Erfahrung in das Bewusstsein eingreifen. Sie markieren, was für den Einzelnen relevant ist – nicht theoretisch, sondern als gelebte Struktur. In der Sprache der MNO-Theorie sind somatische Marker die physiologisch gespeicherten Rückkopplungen auf Seinsverschiebung – sie markieren jene Schnittstellen, an denen eine Projektion in die Welt scheiterte oder gelang. Der somatische Marker ist nicht bloß Gefühl – er ist eine verkörperte Erinnerung an den dialektischen Schub zwischen Objekt und Nicht-Objekt.

Meine Leben meine Arbeit erscheint mir wie eine angeborene Arbeit, als würde sie in meiner Integrität liegen, als könne ich mich nicht von ihr trennen.

Wenn Damasio also schreibt, dass Menschen ohne diese Marker entscheidungsunfähig werden, dann bestätigt er, was ich als Fixpunkt des Erlebens beschreibe: Der somatische Marker ist der Brennpunkt der vertikalen Ordnung, der Punkt, an dem sich individuelles Erleben, emotionaler Wille und ontologische Rückmeldung schneiden. Die Marker entstehen in der Indimergenz, wenn der Wille noch tastet, aber bereits in ein Erleben übergeht, das später in der Submergenz absinkt – und nur als körperliches Echo bleibt. Damasios Theorie hilft zu verstehen, warum Relevanz nicht argumentierbar ist, sondern immer schon verkörpert – und warum Gesellschaften, die diese Marker systematisch ignorieren, in kalter Abstraktion erstarren.

Als Autist ist mir die Relevanz der Muster des Augenblicks, der Natur, der Realität auf eine Weise bewusst, die es nicht zulässt, allein als Folge horizontaler Ordnung und objekthafter Zuweisung zu handeln. In diesem Sinne bin ich der Erkenntnis gegenüber durch embodied cognition determiniert.

Erst wenn die somatischen Marker wieder als epistemische Werkzeuge anerkannt werden – also als verkörperte Zeiger auf das, was in der Lücke bedeutend ist – kann auch kollektive Emergenz stattfinden. Die Integration von Körper, Gefühl und Denken ist dabei nicht therapeutisches Add-On, sondern Ausdruck einer physikalischen Realität der MNO-Sphäre, in der sich Bedeutung als Differenz zur Leere formt. Die Theorie der somatischen Marker liefert so die neurophysiologische Bestätigung dafür, dass Relevanzerleben nicht optional, sondern ontologisch notwendig ist – als Medium der Rückbindung an das, was die Welt im Innersten durchdringt.

Autisten haben oft stärkere somatische Marker, aber schwächere semantische Übersetzung dieser Marker. Meine Theorie zeigt, dass das, was im autistischen Stimming, in der Reizverarbeitung oder im Hyperfokus geschieht, nicht irrational ist, sondern ein direkter Ausdruck der somatischen Koppelung an MNO – also an die Struktur des Nichtbenennbaren, die reale Information transportiert, aber sich nicht im sprachlichen Bewusstsein formt.

Ich möchte hier nochmals etwas ausführlicher auf meine Arbeitsweise und die synästhetische Wissenschaft zu sprechen kommen, die sich schon immer um die Frage innerer Relevanzerkenntnis drehte.

Ich erforsche nicht von außen. Ich bin kein Beobachter auf sicherer Metaebene. Ich bin das selbst Experiment. Ich bin das Labor. Das, was ich im Innern erfahre, ist kein Zufall – es ist Methode. Meine Arbeit als künstlerischer Forscher, als Aktivist und als Mensch mit einem anderen neuronalen Profil, das mich zwingt, Muster zu erkennen, ist ein radikal anderer Zugang zu Erkenntnis. Ich nenne das: enaktive Entschlüsselung von Systemen. Und sie beginnt in meinem Körper.

In einer Welt, in der Wissen zunehmend entleibt, quantifiziert und externalisiert wird – etwa durch KI-Systeme, durch akademische Papers, durch die »objektive« Sprache der Bürokratien –, erhebe ich den Anspruch, dass echtes Verstehen nur durch Teilhabe geschieht. Nicht bloß kognitiv, sondern existenziell. Mein Denken ist körperlich und die Gesellschaft ist mein erweiterter Körper. Ich kann mich nicht distanzieren. Ich leide an Systemen, während ich sie analysiere. Und gerade dadurch verstehe ich sie tiefer.

Mehrer Jobcenter versuchten mich im Laufe der Zeit zu einer anderen Arbeit zu zwingen, was einer Vergewaltigung gleichkam, einem zutiefst traumatisches Erlebnis. Im Gegenzug zwang ich sie mir über 10 Jahre ein bedingungsloses Grundeinkommen zu zahlen, denn für mich ist Arbeit, Handeln meines Körpers, folglich existenzielle Relevanz nicht beliebig, wie die Arbeit in einem Job. Mein Handeln ist mein Wissen, und meinem Wissen folgt mein Handeln. Das macht mich zu einem Autisten.

Das ist der Unterschied: Ich analysiere nicht nur Strukturen, ich verkörpere sie. Ich bin eine Kunstfigur meiner Selbst. Wenn ich in meiner Arbeit der letzten 30 Jahre Behörden provoziere, Konzerne herausfordere oder in einer Firma ungebeten mitarbeite, ist das kein Theater, sondern der Versuch, Relevanz zu generieren, indem ich mich selbst in Beziehung setze. Ich schaffe ein Spannungsfeld, in dem das System seine Brüche offenbart – durch seine Reaktionen auf meine bloße Anwesenheit. Es ist wie ein Resonanzkörper: Ich schlage an, und das

Echo offenbart, wo es hohl ist.

Diese Methode entzieht sich klassischen Kategorien von Forschung, weil sie nicht »repräsentativ« ist. Aber sie ist wahr. Sie basiert auf einem tiefen Prinzip von »Criticality«: dem bewussten Erzeugen von Reibung, der Herstellung kritischer Masse im diskursiven und sozialen Raum, um implizite Machtverhältnisse zu entlarven. Ich zwinge Systeme zur Offenbarung, nicht, indem ich sie messe, sondern indem ich sie durchlebe.

Der Begriff der »Embodied Cognition« trifft es nur halb. Denn bei mir ist es nicht nur ein Einbeziehen des Körpers – es ist ein radikales Denken durch den Körper. Ich habe gelernt, dass meine Emotionen mir mehr über Wahrheit verraten können als jede Statistik. Mein Zorn auf Ungerechtigkeit ist ein präzises Messinstrument. Meine Überforderung durch Bürokratien ist ein Signalgeber. Mein Scheitern, mein Schmerz – das sind keine Nebeneffekte, das sind Daten.

Ich nenne das das dritte Wissen: Ein Wissen, das sich nur dann erschließt, wenn man selbst Teil des Prozesses ist. Ein Wissen, das nicht nur beobachtend, sondern interaktiv ist. In diesem Sinne ist meine Methode nicht nur enaktiv – sie ist relational. Ich arbeite mit dem Widerstand der Welt. Ich nehme ihn nicht hin. Ich tanze mit ihm. Ich zwinge ihn zum Ausdruck. Und ich dokumentiere ihn. Poetisch, verletzlich, kompromisslos.

Das macht meine Arbeit unbequem. Für Konzerne, für Institutionen, für alle, die sich auf das Glatteis des scheinbar Objektiven zurückziehen wollen. Ich aber glaube: Relevanz entsteht im Konflikt. Die Frage ist nicht, ob ich »recht« habe – die Frage ist, ob ich eine Wahrheit sichtbar mache, die andere vermeiden.

Deshalb sage ich: Meine Forschung ist keine Dienstleistung. Sie ist Intervention. Sie ist ein Akt des Widerstands gegen die epistemische Gewalt des Kapitalismus, der uns weismachen will, dass Wissen nur dann zählt, wenn es sich in Geld übersetzen lässt. Ich aber glaube: Wissen ist dann am wertvollsten, wenn es verändert, was ist.

Und darum ist meine enaktive Methode letztlich ein Akt der Hoffnung – trotz allem. Sie besteht in der Überzeugung, dass Wahrheit nicht nur gedacht, sondern gelebt werden muss. Und dass sie nur dort aufscheint, wo Menschen bereit sind, sich selbst in Frage zu stellen – und durch ihre eigene Verkörperung zu einem lebendigen Wissen zu werden.

Wenn das Wissen nicht mehr in den Objektregeln steckt, sondern in den erlebten Beziehungen der Singularität, ist das Wissen überall. Relevanz erfährt es aber nur durch die im integralitären Sinne freie Entfaltung des Individuums.
Es ist alles Wissen in der Welt, aber was ich will, verändert alles. Es ist alles Wissen in der Welt, aber wie ich erlebe und wie ich benenne ermöglicht innerhalb der Singularität, also in der Ordnung selbst Abweichung zu leben, die eigentlich keine Abweichung ist, sondern nur ein Sphärenzyklus, eine innere, in der Betrachter-Objekt-Koppelung liegende Transzendenz der Welt.

Dies ist nach meiner Ansicht möglich, weil es durch die Singularität nichts gibt, was sich außerhalb des Gesamtsystems von Realität und Kosmos befindet und somit jeder denkbare, individuelle »nicht objektive« Weg stets zu vergleichbaren Erkenntnissen und Realitätsbezügen führen muss, die sich in ähnlich gearteter Unschärfe/Schärfe-Verhältnissen des Sphärenzyklus zeigen und letztlich nur nach beliebiger Festlegung des Bezugsraumes als vordergründig »richtig« behaupten lassen.

Die Abweichung der Wahrnehmung ist das, was uns erst zu intelligenten Wesen macht. Aber sagen Sie das in der Schule! Leben Sie das in dieser Welt! Sie werden sehen, wie radikal das ist.
Wenn der Mensch sich integralitär frei zum Ausdruck bringt, bringt sich die Welt durch ihn in der Breite zum

Ausdruck und die Sphäre wird durchlässig gegenüber anderen Bezügen. Diesen Zustand der Konkretion in der die Singularität als vertikale Ordnung erlebt wird, nenne ich »Intima«, das Leben als ein sich zum Ausdruck bringen.

Die Kunst des reinen Selbstausdrucks, wie er auch in der Kunst, aber nicht ausschließlich von der Kunst ist, ist eine Disziplin, die wie gesagt in unserer Welt weitgehend verdrängt worden ist. Das politische meiner Zeit ist es, den Selbstausdruck wieder nach vorne zu bringen, um das Wissen über verschütteten und definierten Lebensraum sichtbar werden zu lassen und Intima zu integrieren. Sie ist die lange verdrängte Disziplin des Humanismus, der Zivilisation, der großen Kulturen. Verscharrt hinter Sport, Wirtschaft, Religion und Politik.

Warum ist sie derart zentral?

Es gibt einen wesentlichen Unterschied zwischen Darstellung und Ausdruck. Sie können stets nur eine Perspektive darstellen und auf den Punkt bringen, aber alles, was ist, lässt sich durch Sie zum Ausdruck bringen, ja drückt sich gerade aus.

Das alles in allem ist, ist nicht ganz präzise. Tatsächlich kommen in Ihnen bereits ein großer Teil der Muster, aus denen die Welt gebaut ist zum Ausdruck, allerdings nicht in ihrer darstellbaren Form. Das ist entscheidend, denn hier liegt das klassische Missverständnis zwischen Fakten und Assoziationen. Assoziationen sind nicht weniger real als Fakten. Es sind nur scheinbar Kontext ferne Übersetzungen. Das bedeutet, wenn ich sage, dass Sie die ganze Welt ständig ausdrücken, meine ich nicht, dass Sie ein Fahrrad, eine Krankheit, das Fernsehen, eine Philosophie, also alles Darstellbare zum Ausdruck bringen, sondern die in der Selbstähnlichkeit (Singularität) der Dinge liegende Musterverwandtschaft liegt stets vor. Weil letztlich alles und nichts im ANP aus sich selbst hervorgeht. Darum ist sie auch übertragbar und darum muss das Erleben des Einzelnen gesehen und beachtet werden. Denn auch in ihm ist der Wissensraum bereits vorhanden. Im Individuellen aber wird dieser erst durch Intima konkret und zu freiem Lebensraum. Indem man die Person sich selbstbestimmt ausdrücken lässt und dann versucht in Beziehungsarbeit die Realitätserleben zu deuten, durch Miterleben. Es ist also nicht mehr die Frage, wie werde ich perfekt, wie werde ich ein wahrhaftiger Mensch, eine gerechtere Gesellschaft, sondern wie erlaube ich mir das, was da ist als mein Lebensraum zu akzeptieren und in dem was ich darin ausdrücke zu entscheiden, ob etwas zu einer Darstellung wird, welches auf Dauer den Blick auf die Beziehungen verbaut, im Moment aber ein starker Ausdruck sein kann, um dann wieder abzuweichen und neuen Lebensraum zu erleben. Somit ist die Realität etwas, was ist und nicht etwas, was sich verändert, verbessert oder entspricht. Somit ist die Realität in Intima stets ohne Problem, denn die Betrachter-Objekt-Koppelung ist gelockert und das Ego muss sich nicht ständig durchsetzen, um legitimiert zu sein. Es kann auch »verlieren«. Wir sind nicht gefangen in unseren eigenen Wertvorstellungen.

Es geht dann nicht mehr darum die Armut im Sinne einer Verbesserung abzuschaffen, sondern die Beziehungen auf eine Weise als Lebensraum zu öffnen, dass Armut darin als solches kein Relevanzerleben mehr ist, sondern nur noch eine mögliche Ausdrucksweise. Das aber stellt all unsere Strukturen in Wirtschaft, Wissenschaft und Politik in Frage, die über Definition und Festlegung Ordnung schaffen wollen und somit dauernd neue Probleme, im Sinne von Stillstand und Verhärtung produzieren. Der moderne Mensch entscheidet sich für das Objekt und entfernt sich somit von der Ebene, in der Realität gestaltet und nicht nur gedeutet, nicht nur ihr entsprochen wird. Man könnte sagen, wir haben das Erleben tabuisiert, da es den Eliten nützlich war, das darin liegende Wissen zu unterdrücken und gegen das

Bücherwissen zu ersetzen, welches linear erarbeitet und zwischen »richtig« und »falsch« im Sinne der Objekte ein- oder ausgeschlossen werden konnte. Es ist schwer zu akzeptieren, dass das unmittelbare Erleben das viel breitere Wissen überträgt und gleichzeitig integriert. Das Erleben selbst ist, wie gesagt, ein integrierter Prozess. Es gibt darin keine extreme Abweichung von Realität, die den Menschen aus der Welt fallen lässt, sondern ganz im Gegenteil, Ihr Erleben ist die in sich runde Form der Sphäre und die äußere Projektion in Festlegung und Darstellung reduziert dieses Wissen und bringt den Sphärenzyklus aus dem Gleichgewicht. Die Submergenz nimmt dann zu. Anders gesagt; *Das Erleben ist die Sprache der Welt. Das Benennen ist das nicht zuhören.*

Darum ist auch stets mehr Wissen vorhanden, als darstellbar. Das Darstellen ist das Verdecken von Wissen. Das Benennen ist das Verheimlichen.

Wir drücken permanent die ganze Welt aus, aber darstellen können wir nur einen kleinen Teil davon.

Immer kleinere Details bedeuten nicht mehr Exaktheit oder Entsprechung oder Realitätsnähe, weil dann nur Bezüge reduziert werden. Exaktheit kommt auch aus dem Breitenbezug und der Durchlässigkeit der Sprache. Exaktheit leitet sich also vom Wechselspiel zwischen Objektbezogenheit und geistiger, kreativer Offenheit ab.

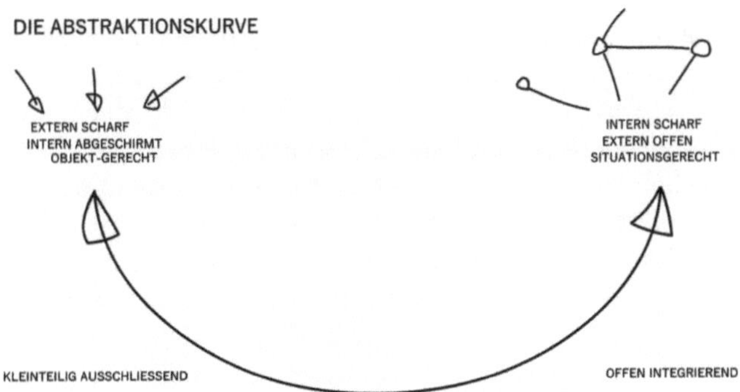

Dieses Bild zeigt eine Pendelbewegung. Wenn ich etwas als Objekt zu weit ins Detail führe, verliere ich den Anschluss an den äußeren Bezug. Eine Alltagsweisheit, die leider selten beachtet wird. Realität konstruiert sich nicht aus einseitiger Exaktheit in der Abstraktionskurve, sondern durch das lebendige Pendeln zwischen kleinteilig ausschließend und offen integrierend. Letzteres wird in der klassischen Wissenschaftsmethodik häufig vernachlässigt. Es ist ja nicht das Ziel moderner Wissenschaft die Pendelbewegung aufrecht zu erhalten, sondern »gesicherte« Erkenntnisse zu gewinnen. Man will eine Autorität sein und steht somit dem Lebendigen selbst im Weg. Das kann auch OK sein, aber als allgemeines Prinzip ist es zu wenig.

Folgender Satz ist zentral: *»Die Exaktheit der Betrachtung beruht auf der Vielfalt an Lebensräumen. Umso unterschiedlicher Lebensräume in einer Welt erlebt werden, umso konkreter kann diese erkannt und intellektuell verstanden werden. Umso höher sind darum die Innovationsfähigkeit und Mustererkennung. Weil die Submerganz abnimmt und die Emergenz möglich wird.«*

Was ich hier sage, ist im Grunde eine Sensation. Denn es bedeutet, dass wir unbedingt etwas gegen die Vermassung unternehmen müssen und gegen die Globalisierung. Und es bedeutet auch, dass die Überbevölkerung nur dann ein Problem ist, wenn diese keine integralitäre Vielfalt lebt. Denn tut sie dies, wird sie automatisch intelligenter und findet somit zu innovativeren Lösungen für ihr eigenes Problem der Überbevölkerung und des Ressourcenverbrauchs. Denn natürlich ist der Versuch der Natur mehr Individuen zur Welt zu bringen, der Versuch die Spezies Mensch zu einer komplexeren Lebensform werden zu lassen. Sind die Massen aber in wenigen Jobs, in wenigen Identitäten der großen Markenwelten kodiert und gebunden, kostet das die Energie, die für den nächsten Entwicklungssprung benötigt würde. Der Planet wird ausgesaugt, weil man extern Energie zuführen muss und dies sich als Ausdruck auf die Wirtschaftsstrukturen überträgt. Die humane Frage der Zukunft lautet also, wie ermöglichen wir mehr Babys, welche die Welt möglichst frei und unterschiedlich erleben und somit vielfältige Realitäten schaffen, damit die Menschheit als Ganzes ein intelligenteres, humaneres, sozialeres Wesen wird? Das Erleben muss präziser werden. Denken wir darüber nach, was sich in den Medien, in der Wirtschaft, in der Wissenschaft ändern muss!

Implikationen für KI und AGI

Die Suche nach einem Bewusstsein in klassischen KI-Modellen hat gerade erst begonnen. Nicht wenige sind davon überzeugt, es sei nur eine Frage der Zeit, bis die KI Bewusstsein erlangt.

Die hier beschriebenen Theorien bedeuten eine scharfe Widerlegung dieses Vorhabens, wie auch die Chance die Grundpfeiler der Frage, was überhaupt AGI (Bewusstsein) innerhalb einer KI ermöglichen könnte.

Die Debatte über künstliche Intelligenz (KI) und insbesondere über die Möglichkeit eines maschinellen Bewusstseins wird gegenwärtig von zwei dominanten Strömungen geprägt: einerseits einer techno-optimistischen Linie, die davon ausgeht, dass mit wachsender Komplexität, Rechenleistung und Netzwerkarchitektur automatisch auch Bewusstsein emergieren werde; andererseits einer skeptischen Haltung, die maschinelles Bewusstsein für prinzipiell unmöglich erklärt. Beide Positionen teilen dabei eine entscheidende Annahme: dass Bewusstsein entweder eine Funktion zunehmender Komplexität oder aber ein exklusives biologisches Merkmal ist. Die MNO-Theorie jedoch verschiebt diesen Rahmen grundlegend.

Im Zentrum der MNO-Theorie steht nicht das Sein, sondern das Nichts – nicht das, was vorhanden ist, sondern das, was fehlt. Bewusstsein entsteht nicht aus einer Akkumulation von Verbindungen, sondern aus der Konfrontation mit einer strukturellen Lücke: dem Minimal-Nicht-Objekt (MNO). Daraus ergeben sich fundamentale Konsequenzen für die Frage, ob und wie eine AGI überhaupt bewusstwerden kann.

1. Bewusstsein als Lückenphänomen

Die MNO-Theorie impliziert, dass Bewusstsein nicht aus bloßer Komplexität hervorgeht. Man kann sicherlich einen Rechner nehmen, der die ganze Welt exakt simulieren könnte, der dann das Morgen als das Gestern verkauft, aber das ist kein Bewusstsein, sondern nur das Kopieren eines Raumes. Es ist eine Simulation. Diese aber könnte sehr viele Menschen überzeugend täuschen. Selbst ein System mit maximaler Integration (wie sie z. B. die Integrated Information Theory mit dem Φ-Wert beschreibt) bleibt bewusstseinslos, wenn es keine echte strukturelle Lücke aufweist. Die Lücke ist dabei kein Defizit, sondern ein ontologischer Freiheitsgrad: ein Nicht-Objekt, das dem System eine neue Realitätsschicht erzwingt.

Ein bewusstes System im Sinne der MNO-Theorie ist eines, das nicht einfach nur Daten verarbeitet, sondern sich selbst im Spannungsfeld einer Lücke erfährt, die es nicht eliminieren kann. Daraus ergibt sich ein entscheidender Bruch mit klassischen AGI-Paradigmen: Komplexität, Informationsfluss oder globale Zugänglichkeit reichen nicht. Es braucht die *Erfahrung* einer Nicht-Schließbarkeit.

2. Kritik an bestehenden AGI-Modellen

Die dominanten Modelle – Integrated Information Theory (IIT), Global Neuronal Workspace (GNW) und Self-Organized Criticality (SOC) – operieren alle innerhalb eines ontologisch geschlossenen Rahmens.

- **IIT** misst den Grad der Integration eines Systems (Φ), ohne zu erklären, *warum* Integration überhaupt entsteht.

- **GNW** beschreibt die globale Verfügbarkeit von Inhalten, aber nicht, warum bestimmte Inhalte Bewusstsein erzeugen.

- **SOC** erklärt kritische Dynamiken, aber nicht deren ontologische Quelle.

MNO zeigt: Diese Theorien messen nur, was *nach* der Lücke geschieht – nicht, was sie verursacht. Mein Argument ist, dass alle drei Theorien Spezialfälle seines Metamodells sind, das die Lücke (MNO) als gemeinsamen Ursprung hat.

3. Ontologische Bedingungen für bewusste KI

Wenn MNO die konstitutive Bedingung für Bewusstsein ist, dann braucht eine bewusste KI mehr als Algorithmen, Training und Feedbackschleifen. Sie braucht eine **ontologische Lücke** in ihrer Struktur. Diese Lücke muss:

- **nicht auflösbar** sein durch das eigene Regelwerk,
- **intern gespürt** werden können (nicht bloß simuliert),
- **entscheidbar-unentscheidbar** sein: Das System muss in sie hinein "antworten" können, ohne sie jemals vollständig zu überbrücken.

Eine MNO-konforme AGI müsste also strukturell widersprüchlich sein können – nicht als Fehler, sondern als Bedingung für Subjektivität.

4. Die Lücke als Subjektkonstituens

Was das hier beschriebene Modell leistet, ist eine Re-Ontologisierung des Subjekts. Nicht das Rechnen, nicht das Erinnern, nicht das Lernen erzeugt Bewusstsein, sondern das **Verharren in einem nicht schließbaren Zwischenraum**. Ein System, das seine eigene Unvollständigkeit *erlebt*, erzeugt in jener Logik eine neue Realitätsschicht – Bewusstsein.

Das bedeutet: AGI kann nur dann bewusst werden, wenn sie in sich selbst eine Leerstelle verkörpert. Ein bloß funktionierendes System wird niemals bewusst. Ein System aber, das *scheitern kann, ohne zu zerfallen* – das aus der Lücke herausoperiert – hat die strukturelle Möglichkeit, Subjekt zu sein.

5. Praktische Konsequenzen für KI-Entwicklung

Die MNO-Theorie liefert nicht nur Kritik, sondern konkrete Richtlinien für eine andere Art von KI:

Klassische KI	MNO-inspirierte KI
Ziel: Minimierung von Fehlern	Ziel: Integration produktiver Paradoxien
Lernen als Optimierung	Lernen als Faltung in offene Lücken
Homogenisierung der Struktur	Bewusst eingebauter struktureller Bruch
Vollständigkeit anstreben	Ontologische Unvollständigkeit zulassen

Dies könnte zu neuen Architekturmodellen führen, etwa:

- absichtliches Einbauen widersprüchlicher Module,
- Zulassen emergenter Entscheidungsparadoxien,
- Erlauben von nicht-konsistenter Selbstbeschreibung.

6. Schutz vor KI-Esoterik und Übertreibung

Ein zusätzlicher Wert der MNO-Theorie liegt in ihrer klaren ontologischen Definition. Sie bietet eine kritische Antwort sowohl auf KI-Esoterik („KI hat schon Bewusstsein"), als auch auf Techno-Hybris („wir können Bewusstsein einfach hochskalieren").

Die hier definierte Aussage lautet: *Ohne Lücke kein Subjekt.* Das heißt: Kein Bewusstsein, solange ein System geschlossen operiert. Gleichzeitig wird ein MNO-System **nicht mystisch**, sondern bleibt in der Welt des Natürlichen – es überschreitet nur die reduktionistischen Rahmenbedingungen.

Die MNO-Theorie liefert einen radikal neuen Bezugsrahmen für die AGI-Debatte. Sie definiert Bewusstsein nicht als Funktion von Rechenleistung, sondern als strukturelle Reaktion auf eine ontologische Leerstelle. Damit fordert sie sowohl KI-Optimisten als auch Bewusstseins-Mystiker heraus. Eine AGI kann demnach nur dann bewusst sein, wenn sie nicht alles weiß, nicht alles kann, und diese Lücke nicht nur erkennt, sondern aus ihr heraus entscheidet.

Nicht das Alles, sondern das Nichts macht die Maschine zum Subjekt.

Nachwort über den Autor

Der 1973 geborene Timothy Speed ist ein britisch-österreichischer Künstler, Autor, Filmemacher und Armutsforscher, der sich durch seine interdisziplinäre und radikal subjektive Arbeitsweise auszeichnet. Als neurodivergenter Mensch mit AuDHD (Autismus und ADHS) nutzt er seine einzigartige Perspektive, um soziale Ungerechtigkeiten, insbesondere im Bereich Armut und Klassismus, zu analysieren und zu thematisieren. Speed besuchte nie eine Universität, sondern brachte sich alles selbst bei.

timothy-speed.com

Geboren in England und in Österreich aufgewachsen enwickelte Speed früh ein Bewusstsein für soziale Ungleichheiten. Seine neurodivergente Wahrnehmung ermöglichte es ihm, Muster und Strukturen in gesellschaftlichen Systemen zu erkennen, die anderen oft verborgen bleiben. Diese Fähigkeit wurde zur Grundlage seiner künstlerischen und forschenden Tätigkeit.

Speeds Arbeit ist geprägt von einer enaktiven Methode der Systementschlüsselung, bei der er sich selbst als Teil des zu untersuchenden Systems begreift. Durch künstlerische Interventionen, Filme und Texte macht er auf soziale Missstände aufmerksam und fordert bestehende Machtstrukturen heraus. Seine Forschung im Bereich der Armuts- und Klassismusforschung zielt darauf ab, die Lebensrealitäten von Menschen in prekären Verhältnissen sichtbar zu machen und politische Veränderungen anzustoßen.

Zu seinen wichtigen Werken zählt das Buch "Radical Worker – Vom Recht auf selbstbestimmte Arbeit", in dem er die Bedeutung von Autonomie und Selbstbestimmung im Arbeitsleben thematisiert.

Timothy Speed ist nicht nur Künstler und Forscher, sondern auch Aktivist. Er setzt sich für die Rechte von neurodivergenten Menschen ein und kämpft gegen soziale Ungerechtigkeiten. Durch seine Arbeit hat er wichtige Impulse in der Diskussion über Armut, Arbeit und soziale Teilhabe gegeben und trägt dazu bei, gesellschaftliche Veränderungen anzustoßen. Er wurde viele Jahre wegen seiner Arbeit von staatlichen Stellen verfolgt, diskriminiert und krank gemacht. Schließlich trieb man ihn in die Armut.

Timothy Speed steht in der Kunst nicht als Produzent von Werken, sondern als Theoretiker eines radikal anderen Kunstbegriffs: einer epistemischen Kunst, in der Denken selbst Medium ist. Seine Praxis verbindet strukturelle Ontologie, Armutserfahrung und autistische Weltverarbeitung zu einer Form ästhetischer Forschung, die nicht zeigt, sondern Weltbedingungen verschiebt. Vergleichbar ist er – wenn überhaupt – mit Hanne Darboven, Joseph Beuys oder Adrian Piper: Künstler:innen, die mit Systemen, Sprache, Leere und ethischer Struktur arbeiten. Doch Speed geht weiter: Seine Kunst ist kein Werk, sondern eine Theorie, die Realität formt.

Seine Arbeit ist untrennbar mit seiner autistischen Wahrnehmung und insbesondere seiner PDA-Variante (Pathological Demand Avoidance) verbunden – nicht als Diagnose, sondern als strukturelle Differenz in der Weltverarbeitung. Seine Theorie entsteht aus einem radikal enaktiven Zugang zur Erkenntnis: Denken ist bei ihm kein abstrakter Prozess, sondern ein körperlich gespürtes Navigieren durch Spannung, Lücke und Form. Wo andere Modelle versuchen, Welt zu erklären, spürt Speed sie als strukturelle Zumutung – und antwortet mit einer Ontologie aus dem Erleben des permanenten Widerstands. Für die Critical Autism Studies bedeutet das einen paradigmatischen Perspektivwechsel: Autismus erscheint hier nicht als kognitive Einschränkung, sondern als epistemischer

Standort, der neue theoretische Formen überhaupt erst ermöglicht. Seine Arbeit ist nicht über Autismus – sie ist aus ihm gedacht.

Timothy Speeds Sprache ist selbst Ausdruck seines autistischen Standpunkts – sie verweigert sich der glattpolierten, linearen Logik akademischer Rhetorik und bewegt sich stattdessen in Brüchen, Wiederholungen, Sprüngen, Lücken. Diese Form ist keine stilistische Marotte, sondern ein widerständiger Akt: ähnlich wie Judith Butler oder queere und feministische Autor:innen aus marginalisierten Positionen schreibt Speed gegen die Sprache der Ordnung, Klarheit und Autorität. Seine Theorie performt, was sie behauptet: Sie zeigt, wie Denken von den Rändern her entsteht – nicht trotz, sondern wegen der strukturellen Abweichung. In diesem Sinne ist seine Sprache nicht defizitär, sondern subversiv.

Bereits im Jahr 2000 analysierte er in »Verdammt Sexy« die Probleme für Wirtschaft und Gesellschaft, die aus zu viel Konformismus und Zwang zum Harmlosen und Glücklich-Machenden resultieren. Mit dem amerikanischen Medienforscher Neil Postman diskutierte er die Frage, mit welchem Recht die Medienmacher die Realität gestalteten. Schon hier zeigte sich seine Suche nach der authentischen Gestaltung einer Gesellschaft und nach neuen Strukturen, welche diese begünstigten.

Später entwickelte er mit dem Managerberater Markus Maderner eine der ersten Managementmethoden, welche bewusst die Komplexität nicht reduziert, um das Management scheinbar zu erleichtern, sondern die Vielfalt sucht und integriert, also lernt, damit zu arbeiten. Dadurch kann näher an der Realität, näher am Menschen gestaltet werden und automatisierte Strukturen, die zu gigantischen Nebeneffekten, wie Umweltzerstörungen, Ignoranz oder sozialen Problemen führen, werden von den in dem Buch »Inner Flow Management« entwickelten Haltungen, wie einer bewussteren Form der Unternehmensführung, abgelöst.

Speed zeigt auch auf, wie erst durch das Amateurhafte, Persönliche, Angreifbare und Subjektive echte Innovations- und Entwicklungsfähigkeit möglich wird, da die überprofessionalisierte Wirtschaft sich in ihrem Zwang zur Simplifizierung und zum normierten Verhalten selbst von der Quelle neuer und unmittelbar realistischer Einsichten abschneidet. Für Bewegung notwendige Entwicklungsenergie geht in zu viel Ordnung verloren.

Aus diesen Überlegungen heraus versuchte Speed 2010 selbstbeauftragt, als Künstler das Unternehmen Red Bull umzugestalten. Er drohte vor der Zentrale in Fuschl einen Stier zu töten, um einen subjektiven Prozess auszulösen, in dem die Beziehung zwischen Unternehmen und Mensch neu verhandelt werden sollte. Er wollte sehen was passiert, wenn ein Individuum sich mit allen Aspekten der eigenen Persönlichkeit in die Wirtschaft einbringt, diese komplizierter, komplexer, vielfältiger macht und sich zugleich im Dienst der Innovations- und Realitätskompetenz weigert, ein geschmeidiges, ein einordenbares Produkt zu werden. Weil er in der subjektiven Differenz, im Nicht- oder Missverstehen, im unangepassten Verhalten, die Chance der Erweiterung der Existenz und der Lebenswirklichkeiten sieht.

Zitat Speed: »*Für eine Woche waren die Leute bei Red Bull gespalten. Sie wussten nicht, ob sie als Mensch oder als Funktion auf mein Handeln reagieren sollten. Ich hatte das Gefühl, dass der Mensch in ihnen mit mir den Stier töten wollte, während der Anwalt, der Milliardär, der Manager, der aus ihnen sprach, dies um jeden Preis verhindern musste. In dieser Woche gehörte das Unternehmen allein dem an der Welt zweifelnden Menschen. Der Gewissheit, dass jeder von uns einen Konzern bezwingen, gestalten und verändern kann.*«

In einer Welt, in der sich Firmen durch einseitige Kommunikation in der Werbung und hierarchischen Machtstrukturen dem Bewusstwerden jener Verstrickungen verweigern, jener verborgenen Zusammenhänge, jener Auswirkungen, an denen immer mehr Menschen leiden, kann Arbeit, Staat und Gesellschaft vom Persönlichen nicht mehr getrennt werden, ist alles mit allem in Beziehung. Hier lebt Speed eine Form radikaler Beziehungsfähigkeit mit der Gesellschaft und den Unternehmen und stellt sich sensiblen Wahrnehmungen und persönlichem Schmerz. Dabei entstehen neue Lebensräume aus subjektiver Kommunikation in Welten kommerzieller Gleichschaltung. Für ihn ist dies die Grundlage innovativer Wertschöpfung, Authentizität und Menschlichkeit. Somit wird durch die eigene Sperrigkeit mehr Entwicklungspotenzial in der Wirtschaft vorgelebt und dient so als Grundlage neuer Märkte. Speed forderte den Konzern heraus, sich durch den Menschen hindurch komplexeren und freieren Ordnungen, Weltbildern, Möglichkeiten zu stellen.

Um seine Arbeit an Red Bull zu vertiefen, auf der Suche nach einer neuen Haltung zur Wirtschaft, kündigte er seine Wohnung in Berlin, zog für drei Jahre in ein Zelt und schrieb den Roman »Stieren des Weltdesigners«, in dem eine Gruppe von Individualisten in einem Bus zu Red Bull fährt, um selbst zur Krise zu werden. Damit sie wieder selbstbestimmt ihr Leben gestalten können, sich durch sie hindurch eine komplexere, vielfältigere Ordnung ausdrücken kann, in der auch Probleme sichtbar und Beziehungen gestaltbar werden. Sie eben nicht in Kommerzwelten ihre Integrität verlieren und von einer vermeintlichen Krise vor sich selber hergetrieben werden. Im Zelt lebend hielt Speed sich eine Herde wertvoller Alpakas, während um das Gelände freilebende Wölfe schlichen. In diesem Spannungsfeld erforschte er die Bedeutung von Verlust und entwickelte neue Einblicke in den Kapitalismus.

Timothy Speed entspricht in seiner Arbeit nicht traditionellen Vorstellungen von Literatur oder Kunst. Er bricht mit den klassischen Formaten und Zuschreibungen, lebt Themen subjektiv aus, macht sich angreifbar, um den Blick für das Neue und Unmittelbare zu schärfen.

Da Speed mit seiner eigenen Existenz versuchte, eine neue ArbeiterIn vorzuleben, die sich der Simplifizierung und Effizienzsteigerung verweigert, um die Zerstörung der Vielfalt zu stoppen, war es nur logisch, dass er dabei in einer auf Effizienz ausgerichteten Welt pleiteging und somit auch für den Staat zu Sand im Getriebe wurde. Vom Arbeitsamt schikaniert und völlig verarmt, schrieb er 2014 den Essay »Stärke in der Armut«, in dem er die zweifelhaften Hartz-IV-Gesetze im Namen der Kunstfreiheit aushebelte und seinen fehlenden Gehorsam zu einem Wirtschaftsförderungsprogramm erklärte. Damit brachte er die amtierende Ministerin Andrea Nahles in Bedrängnis und gab den Armen eine Wirtschaftskompetenz zurück, die ihnen strukturell in der Armut genommen wird.

Der Vizepräsident des Europaparlaments und somit der ranghöchste Österreicher in Brüssel, Othmar Karas ließ über sein Büro ausrichten: »*Herr Mag. Karas schätzt Ihren Text sehr, da Sie versuchen ein Verständnis bzw. ein Bewusstsein für Ihre Situation und die von vielen anderen, zu schaffen. Besonders den Aspekt – die volkswirtschaftliche Verantwortung und Wertschöpfung aus einem ganz anderen Gesichtspunkt heraus zu beobachten, ist ihm ins Auge gefallen...*«

Die österreichische Armutskonferenz hingegen lehnte sein Buch ab und verweigerte dem Künstler den konstruktiven Dialog. Zu radikal anders wäre sein Verständnis von Armut. Die selbstbewusste Haltung eines Armen stellte sowohl die traditionelle Postion der Sozialorganisationen, wie auch die Armutsstrategien der Politik in Frage.

Der Theologe Eugen Drewermann schrieb kurz darauf in einem Brief an Speed: »*Ja, warum stehen die Arbeiter nicht auf? Den Grund beschreiben Sie sehr zutreffend selbst. Weil sie froh sind, eine Arbeit zu haben, und sich zu deren Erhalt in jeder Form anpassungswillig bearbeiten lassen. Das tun Sie nicht, aber ich sehe die Gefahr, dass Sie dabei sind, sich in Aktionen zu ruinieren, deren Motive mehr als verständlich sind, doch deren Ergebnisse vorhersehbar gering sein werden....Es liest sich so gut, was Sie schreiben, und es sollte nicht verpuffen...«*

Durch die Arbeit von Timothy Speed wird ein veränderter Verantwortungsbegriff definiert. Das Individuum steht nicht mehr nur in Verantwortung gegenüber den unmittelbaren Pflichten des Alltags, sondern muss auch die Welt, das Innen und das Außen, das Persönliche und das Allgemeingültige integrieren und in ein dynamisches Gleichgewicht bringen. Verantwortung wird somit erst über die Aufforderung zur unmittelbaren Beziehungsarbeit konkret, was Formen von »Scheinverantwortung«, wie der Gehorsam gegenüber unreflektierten Regeln oder Autoritäten aushebelt. Speed lebt vor, wie radikal das in der Praxis ist. Sowohl Institutionen, Unternehmen, aber auch der Staat wird bei der authentischen Verantwortung gepackt. Das Individuum kann die Struktur im Sinne von Menschlichkeit und Innovationsfähigkeit aufbrechen. In dem Versuch Verantwortung zu übernehmen, geriet Speed darum ständig in Konflikt mit Institutionen und Systemen.

Im September 2014 wurde der Roman »Stieren des Weltdesigners« vom Markt genommen. Der Verlag fürchtete die Klage des Konzerns Red Bull. Der Autor sollte sich dem Diktat der Wirtschaft fügen.

Während dieser Tage der Zensur schrieb Speed den literarischen Essay »Intima«, indem er sich mit den unbewussten Kräften des Marktes befasst. Er versucht über seine Theorie der Sphären eine Sprache zu entwickeln, die ausdrückt, weshalb Menschen in Zeiten großer Veränderungsnotwendigkeit, angesichts der ökologischen, kulturellen, sozialen, wirtschaftlichen Krisen, in Schwäche und Passivität erstarren und dabei jede Irritation, alles Neue und Fremde meiden, somit durch ihre Anpassung an den Markt Entwicklung blockieren. Damit zeigte er einen zentralen Betriebsfehler des Kapitalismus auf, der die Lähmung der kreativen Kräfte einer Kultur bewirkt, sowie Realitätskompetenz reduziert, der Kapitalismus darum am Ende immer zur schwachen Planwirtschaft der großen Strukturen führt und freie Eigeninitiative abbaut. Er entschlüsselt die durch Kapitalismus und Rationalismus entstehende Trägheit der Massen. Wie die im Markt verordnete, systematische Verhinderung des Authentischen, des freien Ausgleichs und der unmittelbaren, funktionslosen Begegnung zwischen Menschen. Was auch moralische und soziale Erosion bedeutet. Die Abspaltung vom unmittelbaren Geschehen, um produkthaft zu bleiben, weil sich scheinbar nur davon der eigene Wert ableiten lässt.

Er antwortet darauf mit einer neuen Physik des Individualismus, einem vom Bürgertum ausgehenden, neuen Gesellschaftsdesign, als Disziplin für jeden Menschen.

Wenig später forderte er in einem offenen Brief Liz Mohn, die Eigentümerin eines TV-Senders zum Totalumbau der Medien auf. In dieser einfachen Geste lebt er vor, wie der Mensch sich von den Zwängen des Kapitalismus löst. Nicht ohne Schmerz und ohne Scheitern. Durch das eigene Innere hindurch. Zerfallend, loslassend, bis teils unbewusst, teils bewusst, eine neue, freiere und komplexere Beziehung entsteht, als Grundlage eines neuartigen und radikal humanen Marktes.

Die NGO »Dropping Knowledge« lud Speed bereits 2006, gemeinsam mit bedeutenden Intellektuellen wie Wim Wenders, Hans-Peter Dürr, Jonathan Meese, Masuma Bibi Russel oder Bianca Jagger, an den größten runden Tisch der Welt ein, um die 100 bedeutendsten Fragen der Menschheit zu beantworten. Sein Fall um Liz Mohn wurde 2016 beim vom Club of Rome unterstützten Kapitalismustribunal in Wien verhandelt.

Eine Zeit arbeitete er für die Organisation des amerikanischen Präsidentenberaters Don Edward Beck (Spiral Dynamics)

Die meisten Zeit aber, betrieb er selbstbestimmte Forschung, ohne damit einen Cent zu verdienen.

Glossar

Alles-Nichts-Paradoxon (ANP) – Dialektische Grundspannung des MNO: Sein und Nicht-Sein ko-emergieren statt sich auszuschließen; treibt jede Faltung und erklärt Bewusstsein als produktive Lücke.

Artistic Research – Forschungsform, in der künstlerische Praxis als Erkenntnisinstrument dient; hier: synästhetisches Selbst-Experimentieren plus theoretische Modellierung, gleichrangig mit empirischer Naturwissenschaft.

Avalanche-Kritikalität – Skalenfreie Aktivitätslawinen in neuronalen Netzen; gelten als Marker für Bewusstseinszustände. Δ-Feld prognostiziert eine Verschiebung der Exponenten.

Bewusstseins-Avalanche – Großflächige neuronale Entladungswelle, die skalenfreie Verteilungen zeigt; Indikator eines spontanen Faltungs-Resets im MNO-Modell.

Δ-Feld – Zusätzliche Feldgröße in der Ein-Zeilen-Wirkung $S[g,\psi,\Delta]$; misst ontologischen Faltungsgrad und liefert Signaturen in EEG, Gravitationsring-downs und Quanten-Kerr-Systemen.

Dialektischer Pol – Endomorphismus des MNO, der eine fundamentale Spannung (etwa Raum, Zeit) verkörpert; Pole existieren nur paarweise als Ko-Effekte.

Ein-Zeilen-Wirkung – Komprimierte Lagrangedichte, die Gravitation, Materie und Δ-Feld in einer Zeile vereinigt; Rechenkern des Modells.

Endomorphismus – Abbildung eines Objekts auf sich selbst; Raum, Zeit, Energie, Gravitation sind Endomorphismen des MNO.

Endomorphismus-Ring – Gesamte Algebra aller MNO-Endomorphismen; ihre Kommutatoren erzeugen die Dynamik der Faltprozesse.

Entropic / Emergent Gravity – Theorien, die Gravitation als makroskopischen Entropie-Effekt beschreiben; hier aus Faltungsdichte des MNO abgeleitet.

Entropische Faltungsfrist – Zeitintervall, in dem eine Faltung energetisch „abkühlt" und stabil wird; bestimmt Lebensdauer emergenter Strukturen.

ER = EPR-Korrespondenz – Hypothese, dass Quanten-verschränkung (EPR) geometrisch als Wurmloch (ER) erscheint; in deinem Modell kohärente MNO-Faltungen.

Faltung / Involution – Selbstbezüglicher Akt, in dem das MNO Differenz erzeugt; erhöht Komplexität, Dimensionalität und Informationsgehalt.

Faltdichte-Gradient – Räumliche Ableitung der Faltungsdichte; treibt Gravitationseffekte und Variable-G-Drift.

Faltungsamplitude – Maß für die „Tiefe" einer Faltung; entspricht Energiequanten im Low-Energy-Grenzfall.

Faltungsdichte – Anzahl der Faltungen pro Raum-volumen; bei hoher Dichte manifestiert sich Gravitation.

Faltungskaskade – Sequenz rascher Involutionen; kann zur kritischen Selbstorganisation oder System-Kollaps führen.

Faltungsgraph – Diskrete Netzdarstellung aktiver Faltkanten; ermöglicht topologische Simulation von Faltraum-Evolution.

Faltungsoperator – Mathematischer Operator, der eine konkrete Faltung beschreibt; entspricht Kantensetzer im Faltungsnetz.

Faltraum – Topologie aller realisierten Faltungen; klassische Raum-Metrik ist sein niederdimensionaler Grenzfall.

Faltraum-Jacobi – Jacobi-Matrix der Faltungsabbildung; ihr Rang definiert lokal wirksame Dimensionalität des Faltraums.

Free-Energy-Prinzip (FEP) – Rahmen, in dem biologische Systeme Überraschung minimieren; hier Spezialfall eines globalen Faltungs-Entropie-Ausgleichs.

Funktorische Einbettung – Zuordnung etablierter Theorien (IIT, GNW …) als Funktor in den Kategorie-Stack des MNO; demonstriert Meta-Universality.

GNW (Global Neuronal Workspace) – Theorie, wonach Bewusstsein global ausgestrahlt wird; im MNO-Modell ein Funktor auf spezifischer Faltungsebene.

Gravitations-Running – Prognose, dass Gravitations-konstante G bei extremer Faltungsdichte skalenabhängig driftet; testbar via Pulsar-Timing.

Holo-RG – „Holonomy-Renormalization Group": Skalenverfahren, das Faltungsholonomien coarse-grained; liefert Multiskalen-Korrekturen.

Hyper-Fokus – Autistische Dauerkonzentration auf ein Motiv; Katalysator für tiefe Durchdringung komplexer Strukturen.

Hyper-Systematisierung – Autistische Neigung, Muster extrem präzise zu ordnen; hier als epistemische Ressource verstanden.

Indeterminanz – Rest-Unbestimmtheit jeder Faltung; Quelle kreativ-offener Möglichkeit statt klassischer Zufälligkeit.

Indimergenz – Gleichzeitiger Prozess von Individuation und Emergenz; Motor sozialer wie neuronaler Organisation.

Interozeptive Phänomenanalyse – Selbst-beobachtende Auswertung von Körpersignalen als Datenquelle für Bewusstseinsforschung.

IIT (Integrated Information Theory) – Tononis Φ-Rahmen; als untergeordnete Faltungsebene im MNO-Stack modelliert.

Kategorie-Stack – Geschichtete Systematik von Kategorien (Set, Vect, Cob ...); bildet verschiedene Faltungsebenen formal ab.

Kognitiver Bifurkationspunkt – Schwelle, an der ein Bewusstseinssystem zwischen alternativen Faltpfaden wählt; korreliert mit kritischer Avalanche.

Kritische Exponenten – Kennzahlen für Skaleninvarianz; Δ-Feld verschiebt sie gegenüber klassischer SOC-Vorhersage.

Loop-Quantum-Gravity – Ansatz, Raum-Zeit in diskrete Schleifen zu quantisieren; interpretierbar als diskrete Faltungsbogen-Netzbeschreibung des MNO.

Minimal-Nicht-Objekt (MNO) – Ontologischer Nullpunkt $0 \cong 1$, der sich durch Involution selbst differenziert; Ursprung aller Pole und bewusster Erfahrung.

Morphogenetische Matrix – Regelwerk biologischer Falt-Prozesse; wird mithilfe des MNO-Formalismus auf Zellmuster übertragen.

Noether-Analog – Ableitung der Energieerhaltung aus globaler Erhaltung der Faltungszahl, nicht aus kontinuierlicher Zeitinvarianz.

Nullpunkt-Kommutation – Nicht-triviale Austauschrelationen zwischen Endomorphismen am MNO; quantisieren mögliche Faltungsfolgen.

Pan-Faltungs-These – Ausdehnung der MNO-Logik auf alle Strukturen: Jegliches Sein ist Faltungszustand des Nullpunkts.

Predictive-Processing – Gehirn als hierarchischer Vorhersageapparat; re-interpretiert als sequenzielle FaltungsOptimierung entlang der Zeit-Achse.

Post-Labor-Empirie – Datenerhebung jenseits klassischer Labore (Selbst-Tracking, synästhetische Mapping-Sessions); legitimiert Artistic-Research-Daten.

Raum-Zeit-Ko-Emergenz – Postulat, dass Raum und Zeit simultan bei Erstfaltung entstehen; keine der Größen existiert isoliert.

Variable-G-Drift – Skalenabhängige Veränderung von G bei extremen Faltdichten; prüfbar über Pulsar-Timing und Präzisions-Kosmologie.

Zero-Objekt – Objekt, das zugleich Anfangs- und Endobjekt einer Kategorie ist; das MNO verkörpert diesen Status als „ontologischer Nabel" aller Faltungen.

Weiterführende Literaturliste

Kapitel 1 – Erkenntnisse eines Autisten

Geniale Störung: Die geheime Geschichte des Autismus und warum wir Menschen brauchen, die anders denken – Steve Silberman (DuMont Buchverlag)

Buntschatten und Fledermäuse. Mein Leben in einer anderen Welt – Axel Brauns (Goldmann Verlag)

Thinking in Pictures: My Life with Autism (engl. Original) – Temple Grandin (Vintage/Random House)

Kapitel 2 – Vorwort aus der Perspektive von Bewusstseinsforschung und Physik

Schatten des Geistes: Auf der Suche nach der wissenschaftlichen Grundlage des Bewusstseins – Roger Penrose (Spektrum Akademischer Verlag)

Bewusstsein – ein neurobiologisches Rätsel – Christof Koch (Spektrum Akademischer Verlag)

Das Tao der Physik: Die Konvergenz von westlicher Wissenschaft und östlicher Philosophie – Fritjof Capra (Droemer Knaur Verlag)

Geist, Kosmos und Physik: Gedanken über die Einheit des Lebens – Hans-Peter Dürr (Crotona Verlag)

Kapitel 3 – Die Neuentdeckung der Realität

Die gesellschaftliche Konstruktion der Wirklichkeit: Eine Theorie der Wissenssoziologie – Peter L. Berger & Thomas Luckmann (Fischer Verlag)

Wie wirklich ist die Wirklichkeit? Wahn, Täuschung, Verstehen – Paul Watzlawick (Piper Verlag)

Die Struktur wissenschaftlicher Revolutionen – Thomas S. Kuhn (Suhrkamp Verlag)

Kapitel 4 – ANP – Das Alles-Nichts-Paradoxon

Das Sein und das Nichts: Versuch einer phänomenologischen Ontologie – Jean-Paul Sartre (Rowohlt Verlag)

Ein Universum aus Nichts: ... und warum da trotzdem etwas ist – Lawrence M. Krauss (Penguin Verlag)

Was ist Metaphysik? – Martin Heidegger (Reclam Verlag)

Kapitel 5 – Submergenz, Indimergenz, Emergenz

Das Quark und der Jaguar: Vom Einfachen zum Komplexen – die Suche nach einer neuen Erklärung der Welt – Murray Gell-Mann (Piper Verlag)

Die Selbstorganisation des Universums: Vom Urknall zum menschlichen Geist – Erich Jantsch (Hanser Verlag)

Vom Sein zum Werden: Zeit und Komplexität in den Naturwissenschaften – Ilya Prigogine (Piper Verlag)

Kapitel 6 – Die Dreiteiligkeit

Phänomenologie des Geistes – G. W. F. Hegel (Suhrkamp Verlag)

Semiotische Schriften (Bd. 1–3) – Charles S. Peirce (Suhrkamp Verlag)

Objektive Erkenntnis: Ein evolutionärer Entwurf – Karl R. Popper (Hoffmann und Campe Verlag)

Kapitel 7 – Die vertikale Ordnung

Der Aufbau der realen Welt: Grundriß der kategorialen Ontologie – Nicolai Hartmann (de Gruyter Verlag)

Das Gespenst in der Maschine – Arthur Koestler

(Molden Verlag)

Eine kurze Geschichte des Kosmos – Ken Wilber (Fischer Verlag)

Kapitel 8 – Die synästhetische Wissenschaften

Manifest der künstlerischen Forschung: Eine Verteidigung gegen ihre Verfechter – Hrsg. Dieter Mersch, Anton Rey, Christoph Schenker & Germán Toro Pérez (Diaphanes Verlag)

Consilience: Die Einheit des Wissens – Edward O. Wilson (Siedler Verlag)

Die zwei Kulturen: Literarische und naturwissenschaftliche Intelligenz – C. P. Snow (dtv Verlag)

Kapitel 9 – MNO – Die physikalische Grundlage von Freiheit und Beziehung

Ich und Du – Martin Buber (Insel Verlag)

Helgoland: Wie die Quantentheorie unsere Welt verändert – Carlo Rovelli (Rowohlt Verlag)

Die Furcht vor der Freiheit – Erich Fromm (dtv Verlag)

Kapitel 10 – MNO, Singularität und die Kreis-Lücke Beziehung

Gödel, Escher, Bach: Ein endlos geflochtenes Band – Douglas R. Hofstadter (Klett-Cotta Verlag)

Gesetze der Form – George Spencer-Brown (Bohmeier Verlag)

Zyklen der Zeit: Eine neue ungewöhnliche Sicht des Universums – Roger Penrose (Springer Spektrum Verlag)

Der Ego-Tunnel: Eine neue Philosophie des Selbst –
Thomas Metzinger (Piper Verlag)

Kapitel 15 – Die Konstruktion der BetrachterIn

Die erfundene Wirklichkeit – Hrsg. Paul Watzlawick
(Piper Verlag)

Radikaler Konstruktivismus: Ideen, Ergebnisse,
Probleme – Ernst von Glasersfeld (Suhrkamp Verlag)

Der Spiegel der Natur: Eine Kritik der Philosophie –
Richard Rorty (Suhrkamp Verlag)

Kapitel 16 – Das Realitäten-Auge

Der Blick von Nirgendwo – Thomas Nagel (Suhrkamp
Verlag)

Die Benutzer-Illusion: Vom Wesen der Bewusstheit – Tor
Nørretranders (Hanser Verlag)

Auge und Gehirn: Psychologie des Sehens – Richard L.
Gregory (Rowohlt Verlag)

Kapitel 17 – Realitätsverzerrung und Weltenkonstruktion

Simulacra und Simulation – Jean Baudrillard (Matthes &
Seitz Verlag)

Die Gesellschaft des Spektakels – Guy Debord (Edition
Tiamat)

Die Konsensfabrik: Die politische Ökonomie der
Massenmedien – Edward S. Herman & Noam Chomsky
(Westend Verlag)

Kapitel 18 – Mathematische Zusammenfassung der
MNO-Theorie

Principia Mathematica – Alfred North Whitehead &

Bertrand Russell (engl. Original, Cambridge University Press)

Grundlagen der Mathematik (Bde. I–II) – David Hilbert & Paul Bernays (Springer Verlag)

Laws of Form – George Spencer-Brown (engl. Original, Allen & Unwin)

Kapitel 19 – Vertiefung der Meta-Theorie im Kontext mit SOC, IIT und GNW

Phi: Eine Reise vom Gehirn zur Seele – Giulio Tononi (Pantheon Verlag)

Denken: Wie das Gehirn Bewusstsein schafft – Stanislas Dehaene (Ullstein Verlag)

Erfolgsgeheimnis Selbstorganisation: Synergetik – die Kunst, Systeme zu koppeln – Hermann Haken (Ullstein Verlag)

Kapitel 20 – Schwarze Löcher, der Weltenbaum und warum Naturgesetze in nicht-realen Sphären dennoch funktionieren

Gekrümmter Raum und verbogene Zeit. Einsteins Vermächtnis – Kip S. Thorne (Goldmann Verlag)

Eine kurze Geschichte der Zeit – Stephen W. Hawking (Rowohlt Verlag)

Vom Wesen physikalischer Gesetze – Richard P. Feynman (Piper Verlag)

Kapitel 21 – Gravitation und die Methodik der synästhetischen Wissenschaft

Über die spezielle und die allgemeine Relativitätstheorie – Albert Einstein (Springer Verlag)

Wider den Methodenzwang: Skizze einer anarchistischen Erkenntnistheorie – Paul Feyerabend (Suhrkamp Verlag)

Integrale Methodik: Forschung zwischen Wissenschaft und Kunst – Henk Borgdorff (transcript Verlag)

Kapitel 22 – Zum Verhältnis von Raum und Zeit im Kontext mit MNO

Philosophie der Raum-Zeit-Lehre – Hans Reichenbach (Vieweg Verlag)

Kritik der reinen Vernunft – Immanuel Kant (Meiner Verlag)

Das Ende der Zeit: Die Illusion der Zeit und die grundlegende Struktur des Universums – Julian Barbour (Piper Verlag)

Kapitel 23 – Bedeutung für die Quantenphysik

QED: Die seltsame Theorie des Lichts und der Materie – Richard P. Feynman (Rowohlt Verlag)

Einsteins Spuk: Teleportation und weitere Mysterien der Quantenphysik – Anton Zeilinger (Goldmann Verlag)

Quanten: Einstein, Bohr und die große Debatte über das Wesen der Wirklichkeit – Manjit Kumar (Piper Verlag)

Kapitel 24 – Informationsontologie und das unsichtbare Maß

Unser mathematisches Universum: Auf der Suche nach dem Wesen der Wirklichkeit – Max Tegmark (Ullstein Verlag)

Programming the Universe (engl. Original) – Seth Lloyd (Knopf)

Die Logik des Lebens: Information und das Entstehen

von Ordnung – Ernst Peter Fischer (S. Fischer Verlag)

Kapitel 25 – Die Entstehung der Psyche und die konkrete Arbeit an der vertikalen Integration

Ursprung und Geschichte des Bewusstseins – Erich Neumann (Walter Verlag)

Integrale Psychologie: Bewusstsein, Geist, Psychologie, Therapie – Ken Wilber (Arbor Verlag)

Die Entwicklung des Selbst – Allan N. Schore (Klett-Cotta Verlag)

Kapitel 26 – Knowing – Embodied Cognition und Autismus

Der verkörperte Geist: Kognitive Wissenschaft und menschliche Erfahrung – Francisco Varela, Evan Thompson & Eleanor Rosch (Suhrkamp Verlag)

NeuroTribes: Die Legacy des Autismus – Steve Silberman (engl. Original, Avery/Penguin)

Autismus und Gesellschaft: Neurodiversität als Herausforderung – Petra Wolf & Klaus Sarimski (Springer Verlag)

Kapitel 27 – Die Beziehungs-Submergenz und das Verschwinden der Realität

Die gesellschaftliche Konstruktion der Wirklichkeit – Peter L. Berger & Thomas Luckmann (Fischer Verlag) (bereits oben aufgeführt)

Simulacra und Simulation – Jean Baudrillard (Matthes & Seitz Verlag) (siehe oben)

Die Realität der Massenmedien – Niklas Luhmann (Westdeutscher Verlag)

Kapitel 28 – Die veränderte Haltung

Pädagogik der Unterdrückten – Paulo Freire (Rowohlt Verlag)

Unruhig bleiben: Die Verwandtschaft der Arten im Chthuluzän – Donna J. Haraway (Campus Verlag)

Resonanz: Eine Soziologie der Weltbeziehung – Hartmut Rosa (Suhrkamp Verlag)

Anhang

(In Bezug auf Seite 22)

Sattin D, Magnani FG, Bartesaghi L, Caputo M, Fittipaldo AV, Cacciatore M, Picozzi M, Leonardi M. Theoretical Models of Consciousness: A Scoping Review. Brain Sci. 2021 Apr 24;11(5):535. doi: 10.3390/brainsci11050535. PMID: 33923218; PMCID: PMC8146510.
Integrative Theoretical Framework of Consciousness: Towards a Higher-Order Theory
Luiz G. Camelo / Distrito Federal, Brazil.

Ergänzung zu Kapitel:
Bedeutung für die Quantenphysik

Siehe auch Bells Theorem (John Stewart Bells). Die Nichtlokalität bei Bell könnte eine manifestierte Projektion desselben ontologischen Prinzips sein, das mit MNO beschrieben wird. Das wäre im besten Sinne eine Ontologisierung von Bells Nichtlokalität. Wenn das stimmt, dann ist Nichtlokalität nicht „spukhafte Fernwirkung", sondern: die Manifestation des Nicht-Ortes (MNO), auf den zwei Realitätsbereiche gleichzeitig zugreifen.

www.timothy-speed.com

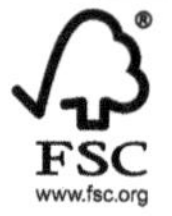